Des réseaux intelligents
à la nouvelle génération de services

LAVOISIER
11, rue Lavoisier
75008 Paris

www.hermes-science.com
www.lavoisier.fr

ISBN 978-2-7462-1218-3

Printed and bound in England by Antony Rowe Ltd, Chippenham, February 2007.

Des réseaux intelligents à la nouvelle génération de services

sous la direction de

Noëmie Simoni

Hermes Science publications

Lavoisier

Il a été tiré de cet ouvrage
25 exemplaires hors commerce réservés
aux membres du comité scientifique,
aux auteurs et à l'éditeur
numérotés de 1 à 25

Des réseaux intelligents à la nouvelle génération de services

sous la direction de Noëmie Simoni

fait partie de la série RÉSEAUX ET TÉLÉCOMS dirigée par Guy Pujolle

TRAITE IC2 INFORMATION – COMMANDE – COMMUNICATION

sous la direction scientifique de Bernard Dubuisson

Le traité Information, Commande, Communication répond au besoin de disposer d'un ensemble complet des connaissances et méthodes nécessaires à la maîtrise des systèmes technologiques.

Conçu volontairement dans un esprit d'échange disciplinaire, le traité IC2 est l'état de l'art dans les domaines suivants retenus par le comité scientifique :

Réseaux et télécoms
Traitement du signal et de l'image
Informatique et sciences du vivant
Informatique et systèmes d'information
Systèmes automatisés et productique
Management et gestion des STICS
Cognition et traitement de l'information

Chaque ouvrage présente aussi bien les aspects fondamentaux qu'expérimentaux. Une classification des différents articles contenus dans chacun, une bibliographie et un index détaillé orientent le lecteur vers ses points d'intérêt immédiats : celui-ci dispose ainsi d'un guide pour ses réflexions ou pour ses choix.

Les savoirs, théories et méthodes rassemblés dans chaque ouvrage ont été choisis pour leur pertinence dans l'avancée des connaissances ou pour la qualité des résultats obtenus dans le cas d'expérimentations réelles.

Liste des auteurs

Tatiana AUBONNET
CNAM
Paris

Zakaria BENAHMED DAHO
INFRES
Ecole Nationale Supérieure
des Télécommunications
Paris

Thierry CHAMFRAULT
Bouygues Telecom
Paris

Geneviève CHARPIN
Bouygues Telecom
Paris

Bertrand MATHIEU
R&D
France Télécom
Lannion

Claude RIGAULT
INFRES
Ecole Nationale Supérieure
des Télécommunications
Paris

Sassan ROSTAMBEIK
INFRES
Ecole Nationale Supérieure
des Télécommunications
Paris

Noëmie SIMONI
INFRES
Ecole Nationale Supérieure
des Télécommunications
Paris

Table des matières

Avant-propos

Pour qui cet ouvrage ?

Pour, bien sûr, les étudiants de 2e et 3e cycle, d'école d'ingénieur et de Mastère ou pour des auditeurs de formation continue, mais aussi et surtout pour les ingénieurs et les décideurs du paysage des télécommunications. Nous pensons et souhaitons qu'il sera d'une très grande utilité, pour accompagner la compréhension, à travers une *grille de lecture originale*, des solutions existantes et de la nouvelle génération de services.

Caractéristiques pédagogiques

L'articulation de l'ouvrage est induite par notre objectif pédagogique. Notre but est de faciliter la compréhension des concepts et aider le lecteur à retenir les points essentiels et surtout suivre l'évolution inéluctable, à notre sens, des nouvelles générations de services. Une structuration en parties et chapitres, une bibliographie, un index et surtout *un fil rouge* sont proposés.

Chaque partie regroupe des chapitres pour identifier les domaines porteurs d'une avancée particulière et *le fil rouge* pour véhiculer les messages importants, tout au long de l'ouvrage. Une liste d'objectifs de connaissance à acquérir est donnée. Ainsi, c'est en lecteur averti que le sujet traité est abordé.

Le « fil rouge »

C'est l'élément que nous voulons original de cet ouvrage. Une grille d'analyse des solutions existantes est proposée par les auteurs. Le « fil rouge » est le support des réflexions pour interpréter les solutions d'aujourd'hui et pour préparer les réponses de demain. Ce lien entre les parties permet d'avoir une interprétation des méandres de la réalité du terrain sans interférer avec les connaissances à acquérir.

Remerciements

Cet ouvrage est le fruit de toutes les explications et réponses qu'il a fallu donner, aux judicieuses questions des élèves, pour satisfaire leur curiosité et aux industriels, pour les aider dans leur questionnement au quotidien. C'est à l'esprit critique des thésards et aux exigences de nos partenaires de recherche, qu'il faut rendre hommage. Pour toute cette activité intellectuelle, qu'ils en soient ici remerciés.

Noëmie SIMONI

Introduction

Pourquoi une nouvelle génération de service (NGS) ou pourquoi repenser les services ?

Préalable au « service »

Le XXIe siècle sera celui du « service ». Un mot magique qui résonne dans notre vie au quotidien au travers d'expressions variées et très souvent composées. Pour exemple : la qualité de service, la continuité de service, rendre service, être au service de, service administratif, être en service, une promesse de service, service compris, qu'y a-t-il pour votre service, le couloir de service, le service de bout en bout…

Toutes ces acceptions usuelles couvrent plusieurs domaines. Ainsi transparaît :
- l'organisation d'une entreprise,
- la vie sociale de l'être humain et ses devoirs,
- l'engagement et son implication juridique,
- le bon fonctionnement et l'état opérationnel d'un fournisseur,
- la fourniture ou l'achat d'une prestation,
- l'assistance…

Cette mise en évidence du *service* par composition n'est pas fortuite. Elle fait naître un contexte de réalisation de type « relation ». Relation entre le fournisseur du

---

Introduction rédigée par Noëmie SIMONI et Thierry CHAMFRAULT.

service et l'utilisateur ou plus exactement le client. C'est ainsi qu'un des plus grands enseignements que nous allons avoir, se rapporte au « client ».

C'est cette *relation* qui nous conduit à repenser les services. La relation client est guidée par ses attentes ! Mais avant d'aller plus loin, revenons sur le terme de *service*, s'il est usité à tout bout de champs dans les entreprises (de services), il est bien loin d'offrir une définition claire et précise, voire une définition tout court. Plusieurs normes traitent des services, sans pour autant définir ce qu'est un service ! C'est pour cette raison que nous allons commencer par une analyse la plus exhaustive possible, afin de vous proposer une définition du *service.*

Un retour aux origines

Dans des temps plus anciens, on considérait que le service n'était pas la propriété du serviteur car il n'était jamais sûr de conserver sa place quand il était au service d'autrui. C'est ainsi que Molière disait : « qui veut noyer son chien l'accuse de la rage et *service* d'autrui n'est pas un héritage ». Et auquel Boistet, quelques siècles plus tard ajoutait « celui qui a reçu des services doit s'en souvenir, celui qui les a rendus doit les oublier ».

Le mot « service » a une origine latine « servitium » qui exprime *l'action de servir*. Pour plus de précision et dans l'intérêt de notre étude, le mot servir, issu de *servire*, signifie « être esclave de ». Cette expression, certes forte, est transposable facilement au métier de l'IT (*Information Technology*) ou de la qualité, qui ont donné naissance à une relation de type *maître-esclave*.

Poursuivons notre promenade dans le jardin des mots pour observer et analyser les approches liées à des métiers, autres que l'informatique. Il est par exemple, intéressant de noter que le service, vu des économistes, est quelque fois rangé parmi les *produits*, distinguant ainsi, *les produits matériels*, c'est-à-dire produits où la force de l'homme s'est incorporée dans la matière et *les produits immatériels* ou services.

Le service est aussi l'accomplissement des fonctions d'un militaire, forme active du service, qui peut amener ce dernier, à titre anecdotique, lors d'une prise de service à présenter ses « états » de service.

Un autre point de vue est de donner de la *valeur par l'échange* et/ou la communication en mettant un produit « immatériel » ou « matériel » à la disposition de quelqu'un qui en a besoin, faute de ne pouvoir le fabriquer.

Très concrètement et pour exemple : si un cultivateur d'une région céréalière française prospère amène à un habitant du Sahel, pays peu enclin à cultiver ces produits, une tonne de blé, il lui rend un service. C'est ainsi que l'armateur, le taxi, la poste, etc., rendent ou plus précisément produisent des services.

Et pour terminer ce périple, ne sommes-nous pas souvent amenés à faire valoir nos services auprès de personnes et entreprises qui n'en auront qu'une vision très immatérielle !

Définition du « service »

Fort de cette première analyse, qui prouve que le service couvre des domaines très larges, nous avons essayé de faire converger tous les points de vue et proposer la définition suivante :

> *Un service est une prestation immatérielle composable,*
> *manifestée de manière perceptible et qui*
> *dans une condition d'utilisation prédéfinie*
> *est source de valeur pour le consommateur et le fournisseur*[1].

Comme vous pouvez en juger, chaque mot a un impact majeur et un poids très précis sur la définition. C'est ainsi que nous allons essayer au travers de cette introduction d'expliquer leur choix et préciser les concepts sous jacents. Puis, nous vous proposerons à travers les chapitres de ce livre une analyse du « vécu des services » pour éviter les écueils et opter pour une vision *user centric*.

Le contexte des télécommunications

Cette vision *user centric*, c'est-à-dire, celle de mettre l'utilisateur, le client, comme point central de départ à l'analyse des besoins a commencé avec l'avènement de la dérégulation et l'ouverture à la concurrence. Les services offerts et les réseaux de communication prirent une place importante dans la société de l'information. Les acteurs de télécommunication doivent maintenant relever des défis majeurs qui conditionnent leur survie et leur maintien dans ce nouveau paysage. En effet, avec l'évolution de l'industrie des télécommunications, les offres de services sont de plus en plus variées et complexes. Les exigences en matière d'introduction rapide des nouveaux services, de garantie de leur QoS (*Quality of Service*) conforme aux contrats, de la maîtrise des nouvelles technologies de communications et de réduction des coûts associés, sont parmi les facteurs les plus

1. Cette définition a été élaborée au sein de la commission de normalisation de l'AFNOR – ITIL/ISO20000.

déterminants du succès des opérateurs de télécommunication et fournisseurs de services sur les marchés d'aujourd'hui.

La progression technologique se manifeste à travers l'émergence de générations successives de réseaux. Le concept des réseaux intelligents a permis aux deux dernières décennies du XXe siècle de sortir de la « téléphonie monolithique ». Nous sommes aujourd'hui à la 3e génération (3G) et préparons la 4e génération (4G) où les technologies du « tout IP », les aspects d'ubiquité et de convergence fixe/mobile seront déployés. L'émergence de réseaux autogérables et dynamiques (VPN reconfigurables, routeurs qui s'autoconfigurent, etc.) est également à nos portes. Ces évolutions concernent ce qui est communément appelé *Next Generation Networks* (NGN).

Mais qu'en est-il des services ? Ne doivent-ils pas eux aussi évoluer pour mieux répondre aux défis des fournisseurs de services et aux attentes de leurs clients ? Les nouvelles offres de services et les nouveaux besoins en matière de mobilité des clients, de personnalisation des services, de leur continuité et de leur omniprésence, exigent une autre façon de « penser » les services.

L'évolution des services est impérative vers des architectures de services ouvertes favorisant l'autonomie, la personnalisation, la composition dynamique de composants de service partageables et réutilisables. Les plates-formes de service doivent également s'auto-organiser et s'autogérer, au même titre que les réseaux d'acheminement, pour maintenir la qualité de leurs services conformément aux SLA. Nous avons donc besoin d'une *nouvelle génération de service* (NGS).

Le contexte du service

Au regard de ce qui a été écrit, il nous parait important d'apporter quelques précisions sur le couple : *produit versus service*.

Dans un des paragraphes précédents, il a été écrit qu'un service pouvait être assimilé à un produit immatériel, voire virtuel. Que pensez d'un produit, qui en réalité, n'est pas tout à fait un produit ? Pourtant nous prétendons que cette dichotomie est nécessaire et que le principal critère de classification porte très justement sur l'*immatérialité*. Ceci permet de différentier par exemple le produit « voiture », du « service de transport ». Mais ne vous avisez pas de dire à un paysan que son tracteur est virtuel, même s'il est à son service !

En revanche, il nous est aisé d'imaginer que cette forme d'immatérialité va apporter une *subjectivité* dépendante du *percept* et de la *vie sociologique* de chaque consommateur, client ou utilisateur. Concrètement, une source d'ennuis inévitables pour le producteur de services.

REMARQUE.– La langue anglaise nous affranchie de certaines acceptions. Pour exemple, le mot « service » ne se rapporte jamais à une organisation.

Le service et sa mécanique

Lorsque l'on s'attarde à observer le fonctionnement d'un service, il est assez facile de trouver une similitude avec les principes de la mécanique, tels que Newton et grands physiciens, ont pu nous le démontrer.

Le service draine deux principes fondamentaux de transformation du mouvement :

– la *potentialité* (l'eau immobile retenue par le barrage) ;

– la *cinétique* lorsqu'il est mis en action (ouverture des vannes, ce qui génère l'action).

Pour revenir plus précisément à notre approche « service », il est aisé d'admettre que sa mise en action (ou en vie) n'est manifestée que par un acte de consommation du client ou de l'utilisateur.

C'est ainsi que nous pouvons prétendre que le producteur de service va mettre à la disposition de ses clients, des services potentiellement utilisables et que « l'acte client » ne fera que les manifester et leurs donner vie. Dès lors un adage peut être exprimé :

> *Vous pouvez avoir les meilleurs services du monde au sens de leur qualité, s'ils ne sont pas consommés, personne ne le sait.*

Sans préjugé de la suite, il est intéressant de comprendre, à cet instant, que cette forme de dynamique va donner naissance à deux principes sous jacents :

– l'acte de consommation du client révèle le service (c'est donc lui qui « pilote »),

– le service semble être tiré par le client.

Dans notre cheminement physique et pour trouver terme à cette section, cette dernière proposition oppose donc le *produit* qui est poussé par le producteur et ce, dans un *espace* donné, au *service* qui lui est tiré par le client et occupe le *temps* dans un espace donné, car très souvent un produit est nécessaire à son expression (exemple d'un téléphone qui reçoit une alerte de consommation).

Cette dernière relation « d'espace-temps » atteste d'une réalité de situation plus conforme au monde vivant (conceptualisé au travers du Fractal) et démontre l'importance que peut jouer le service dans la vie quotidienne.

Le service et la sociologie

Jusqu'alors, que de choses bizarres, n'avons-nous pas dites ! Mais là, le summum risque d'être atteint en abordant le thème de la sociologie. Espérons qu'Auguste Comte ne nous en tiendra pas trop rigueur. La composante sociologique qui nous intéresse plus précisément en termes d'approche, est à relier à des courants comme ceux de Raymond Boudon ou Max Weber, deux grands sociologues du XXe siècle. Ils ont développé une sociologie de « l'action » qui analyse les phénomènes sociaux comme le résultat de l'agrégation d'actions individuelles. Nous allons le décliner sous deux axes principaux :

– le *comportement* d'un utilisateur dans sa consommation d'un service, que nous appellerons *l'usage*. Ce dernier se déclinera plus précisément en *profil d'usage* ;

– le *contexte d'utilisation* et *d'exécution* du service qui sont certainement les sujets les moins bien traités par le producteur de services. Et pourtant, l'impact de leur non maîtrise peut être dramatique.

Pour illustrer ce dernier point par un exemple de la vraie vie, peut-être vous rappelez vous, ce constructeur de fours micro-ondes américain condamné pour n'avoir pas défini complètement les modalités d'usage du produit pour le service qu'il était à même de rendre. Une consommatrice avait porté plainte suite à la mort de son chat qu'elle avait voulu faire sécher dans l'appareil. Absurde ? Concrètement dans les services que nous construisons, combien de fois n'étudions-nous pas tous les cas d'utilisation et conditions d'utilisation ! Je vous laisse juge. En revanche, si nous voulons être réalistes, il faut avouer que ceci est absolument impossible (exemple : communiquer sous la neige, l'orage, par températures polaires, sous l'eau...). Seule une étude par le risque peut y répondre partiellement.

Pour revenir au premier axe du *comportement* : il est très intéressant et surtout très instructif d'observer un utilisateur et l'usage qu'il peut faire d'un service. Quelques exemples vous sont donnés ci-après (voir la figure 1).

Ces profils dépendent réellement de la nature du service et du profil comportemental de celui qui l'utilise. Pour exemple : le gestionnaire de portefeuille boursier, appartiendra la semaine, au profil « mûr de Berlin » et le week-end, au profil de « l'aquarium ».

Enfin, il nous parait utile de vous informer que les règles de pilotage à ce niveau, sont très souvent à dominante subjective. Le percept en est donc nécessairement très imprégné.

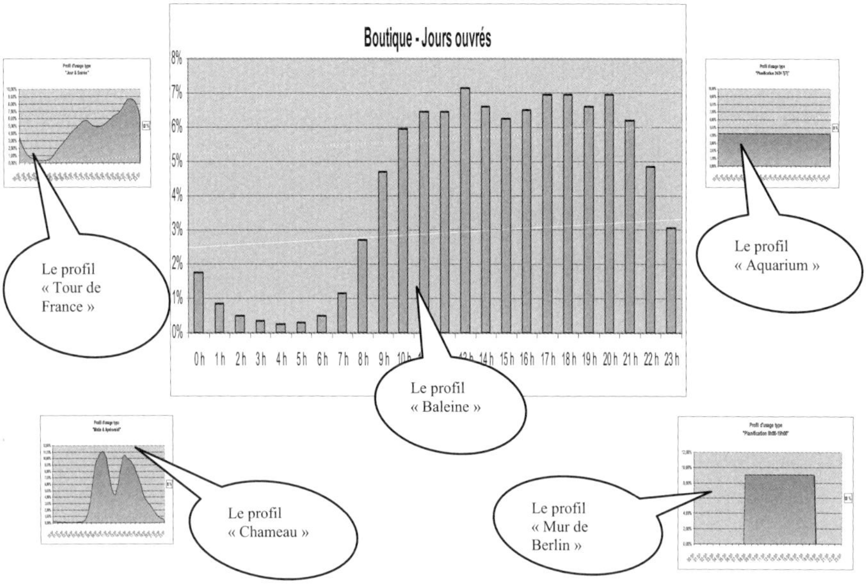

Figure 1. *Les profils d'usage de services*

Quelques exemples de service

Maintenant concrètement un service, ça ressemble à quoi ?

Dans le domaine des télécommunications, le service le plus simple est sans doute le service de communication interpersonnelle qui met en relation deux clients. Ce service permet d'échanger des informations de type « voix ». A ce service peut être ajouté un service de « double appel », qui en cours de communication leur permet d'être alerté qu'une autre personne essaye de rentrer en contact avec eux.

C'est ainsi que nous pouvons lister différents services :

– les services vocaux : consultation du répondeur, dépose d'un message ;

– les services de données : vidéo streaming, email, imode ;

– les services d'alertes : dépassement de forfait, réception d'un email ;

– les services clients : consultation des points de fidélité, montant de la dernière facture ;

– les services d'assistance : le 18, 15, 118 000 ;

– les services de personnalisation : téléchargement de sonneries, d'images…

Le contexte de l'entreprise IT

Pour étayer nos propositions, nous vous proposons de discourir autour d'une entreprise IT, tel que des opérateurs télécom mobile. Ce choix est motivé par le fait que de tels types d'entreprises ont la particularité de n'offrir que des services (produit immatériel), hormis le téléphone et la carte SIM.

Le pilotage de l'entreprise IT

L'entreprise IT, au cours de ces dix dernières années a beaucoup évolué. Soumise à une pression consumériste, tout comme une élévation de la maturité de ses *clients*, elle a pris conscience des enjeux du marché. Trois axes stratégiques ont contribué à cette évolution et adaptation entropique de l'entreprise, à savoir :

– une naissance du *pilotage par le client*, avec une nécessité d'analyser son parcours et le comportement de ce dernier (usages) – le *marketing des services par l'usage* ;

– la nécessité d'un *pilotage par le service* en temps réel où la notion de « bout en bout » est différenciatrice mais de plus en plus engageante (promesse) – la *qualité des services offerts* par le producteur ;

– le rôle stratégique d'un pilotage par le système d'informations (SI) du « service IT », en interne à l'entreprise.

Cette prise de conscience amène obligatoirement l'entreprise à intégrer et mettre en place de nouvelles règles de gouvernance et ainsi répondre à l'objectif à moyen terme suivant :

> *L'alignement des services « IT » sur le métier (source de valeur),*
> *est un pré requis, qui doit orienter l'entreprise vers*
> *un alignement « client » par les services.*

Si la première forme d'alignement vous est familière, il n'en est nullement le cas pour la seconde qui répond typiquement au critère de pilotage par le client. Mais il faut l'avouer, dépendre d'autrui, quand c'est vous qui investissez, n'est pas chose facile. Et pourtant, l'admettre est source de valeur. Enfin c'est notre avis !

Les processus métier : vecteur du pilotage

La « grande tendance » actuelle (nous justifierons sa pertinence tout au long de l'ouvrage), au sein des entreprises porte sur l'application du BPM (*Business Process Management* ou la gestion des processus métier). Ce principe, certes très intéressant, est à la base de beaucoup de réflexions telles la gouvernance, la continuité de métier, etc. En revanche, comme pour toutes bonnes choses, les abus naissent et le concept se transforme très vite en dogme.

Le processus métier va contribuer, c'est indéniable, à la qualité et cohérence des services mis à la disposition des clients.

Le schéma de la figure 2 a pour objectif d'offrir une vue simplifiée de l'entreprise IT avec un positionnement des principaux éléments contributeurs.

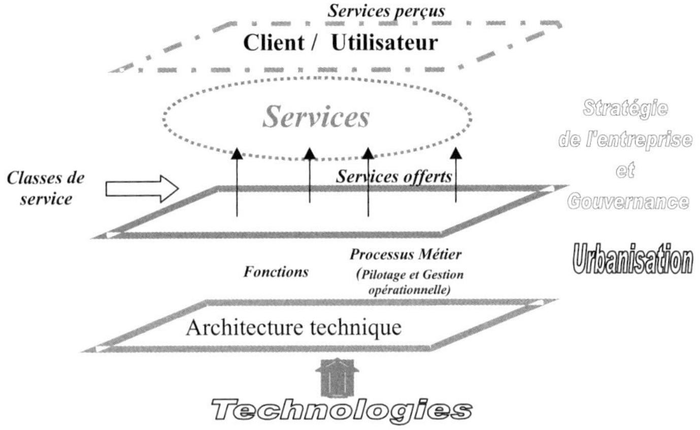

Figure 2. *Les Services et l'entreprise IT*

Comme nous avons pu déjà l'appréhender, la *publication* ou *l'exposition* de services au client par le producteur, passe par le fait que ce dernier s'acquitte de certaines fonctions envers lui. Plus concrètement, il établit un flux qui se manifeste dès lors que le client initie l'événement déclencheur de son exécution.

Ce flux transverse aux processus métiers, va solliciter certaines activités et plus spécifiquement, certaines fonctions de ces activités (type transport, affichage) pour mettre en exergue l'information y afférent (une image, un texte…).

Reste cependant un dilemme à cette exposition trop souvent occultée, voire plus exactement totalement oubliée : « Ai-je la *capacité* à rendre le service demandé ? ». Nous reviendrons sur ce point.

La notion d'*exposition* de services est, il nous semble, l'expression même de cette potentialité précédemment définie. En utilisant une métaphore, nous pouvons écrire : « je vois le service derrière une vitrine et seul l'acte d'achat fera qu'il sera mien ».

Nous arrivons au terme de cette introduction qui nous a permis de poser les jalons d'une nouvelle vision des services. Vision où l'utilisateur est au centre de la problématique. Utilisateur à considérer selon ses usages. Usages, qui aujourd'hui englobent, la mobilité, la possession de plusieurs terminaux, la possibilité d'accéder à plusieurs réseaux, la continuité du service et la conformité au SLA demandé. Ce qui signifie pour le fournisseur d'avoir des services personnalisés, adaptés au contexte, respectant la QoS. Sa maîtrise de cette nouvelle génération de service passe par sa capacité à offrir des services « composables » selon un « processus ».

Pour arriver au bout de notre raisonnement, nous vous proposons de suivre « le fil rouge » qui, tout au long des parties de l'ouvrage, tire les leçons à retenir pour appréhender cette nouvelle génération de service (NGS). Nous commençons par les réseaux intelligents (première partie) qui posèrent les prémisses de la technologie des services. Puis ce sera le tour des architectures de services (deuxième partie), qui prirent en compte la composition des services, pour parcourir dans la troisième partie, les architectures de gestion, qui sont un bon champ d'application des architectures de services et qui nous ont fait avancer sur les processus. Nous terminerons (quatrième partie) par les approches qui répondent au « comment repenser les services ».

PREMIÈRE PARTIE

Le réscau intelligent et les prémisses des technologies de services

Introduction de la première partie

Lorsqu'il s'est agit, à la fin des années 1960, de trouver une solution à l'électronisation des commutateurs, de grandes discussions eurent lieu pour savoir s'il fallait reproduire électroniquement le modèle réparti des commutateurs électromécaniques ou remplacer toutes les fonctions logiques par un ordinateur centralisé. C'est cette dernière solution qui a prévalu pour des raisons économiques. Il en est résulté une structure unifiée des commutateurs où toutes les fonctions de contrôle d'un réseau étaient exécutées dans un seul processus : le traitement d'appel du commutateur. La conséquence de ce choix technique est que le réseau téléphonique ne pouvait fournir aucun autre service que ceux qui étaient programmés dans l'unité de contrôle des commutateurs. Tout nouveau service nécessitait impérativement d'ajouter des lignes de code à un ensemble de logiciels déjà très lourd et très complexe avec, évidemment, la nécessité de tout revalider.

Dans les années 1990, l'idée que le réseau téléphonique ne pouvait fournir que les services qui étaient programmés dans le logiciel des unités de contrôle des commutateurs devenait intolérable. Un nouveau concept se développa, celui du Réseau intelligent (RI). Il s'agit de trouver un moyen de rendre le réseau plus coopératif pour pouvoir programmer plus rapidement et plus commodément des services dans des plates-formes extérieures aux centraux téléphoniques.

Une première norme, développée par le laboratoire américain Bellcore, est publiée en 1990 sous le nom de *Advanced Intelligent Network* (AIN). Cette norme est reprise et remaniée par l'UIT[1] (Union internationale des télécommunications). Elle

---

Introduction rédigée par Claude RIGAULT et Noëmie SIMONI.

1. Disponible à l'adresse : http://www.itu.int/ITU-T/publications/recs.html.

est publiée en 1992 sous le nom (plus modeste pour une norme en fait plus évoluée) de *Intelligent Network* (IN). L'industrie informatique, qui voit là un moyen de prendre pied dans le monde des télécommunications par l'intermédiaire des plates-formes de services, s'intéresse beaucoup à l'élaboration de cette nouvelle norme. En Amérique du nord, où la pratique commerciale normale (et la politesse élémentaire) veut que ce soit l'entreprise appelée par un client qui paye l'appel, le service « libre appel » (numéros 800) devient une *killer application* (application à succès phénoménal). Ce service constitue rapidement plus de la moitié du revenu des opérateurs, au point d'être finalement réintégré dans le logiciel des commutateurs et de ne plus être réalisé par la technologie « réseau intelligent » ! Dans beaucoup d'autres pays, en particulier dans les pays en voie de développement, la *killer application* des réseaux intelligents pour le grand public est réalisée par les services prépayés qui évitent les surprises de facturation en fin de mois. Ces services sont d'abord développés pour le réseau mobile. Pour ce faire, l'ETSI[2] (*European Telecommunication Standards Institute*) publie une nouvelle norme de réseau intelligent adaptée aux nécessités du réseau mobile sous le nom de CAMEL (*Customized Applications for Mobile Enhanced Logic*). Le succès des services prépayés est immense. Dans bien des pays, le prépayé est majoritaire et constitue l'essentiel du trafic. C'est ainsi que nous avons maintenant le GPRS prépayé, merveille de technologie puisqu'il combine à la fois le réseau mobile, les réseaux data, la signalisation du mobile et la signalisation du RI (CAMEL phase 3). Devant ce succès du prépayé, une offre est maintenant souvent proposée également dans les réseaux fixes.

Le RI est une technologie, basée sur un mécanisme de substitution du traitement d'appel « par défaut » du commutateur par un autre traitement exécuté dans une plate-forme de service. Nous allons d'abord examiner, dans le chapitre 1, les principes de ce mécanisme de substitution (section 1.1) et les normes du « RI » destinées à assurer l'interopérabilité (section 1.2). Sachant que, comme il était bien sûr impossible de produire d'un seul coup l'ensemble des normes définitives, il a fallu progresser par étapes dites « ensembles de capacités » (en anglais : *Capability Sets* ou CS). Après une première conclusion sur ces travaux (section 1.3), nous examinons plus précisément, dans le chapitre 2, le RI tel qu'il est défini par la norme IN-CS1 (*Intelligent Network Capability Set 1*) publiée en 1992 (sections 2.1 à 2.6). En réalité, seul l'IN-CS1 s'est trouvé entièrement implémenté par les industriels et même pour ce CS1, l'objectif d'interopérabilité est pour le moment, rarement atteint. Aujourd'hui, il est possible de dire que les travaux de normalisation sur le RI, dans le cadre de l'UIT sont terminés. La suite des travaux de normalisation sur le RI doit maintenant être recherchée dans les normes CAMEL de l'ETSI que nous examinons à la section 2.7. Pour comprendre les difficultés rencontrées (section 2.8), nous aborderons dans le chapitre 3, la problématique de la création de services. Nous

2. Disponible à l'adresse : http://www.etsi.org/.

reviendrons à travers des exemples (sections 3.2 à 3.4) sur les apports et les manques des réseaux intelligents. L'absence d'outils adéquats empêche une bonne perception des normes, des concepts et surtout « l'application des bonnes pratiques ». C'est pourquoi, à titre d'exemple, nous consacrerons la section 3.5 à la présentation d'un atelier de création de services. Nous conclurons ce dernier chapitre (section 3.6), par les avantages d'un tel outil. Le fil rouge de cette première partie mettra en évidence les écueils à éviter afin de prévenir les dérives.

La lecture de cette partie, regroupant les trois premiers chapitres, permettra de :

– connaître l'approche « service » préconisée par le RI,

– retenir les éléments structurants de cette approche,

– appréhender la création de services,

– entrevoir les outils manquants mais nécessaires aux développeurs,

– analyser la pratique des normes du RI (fil rouge).

Chapitre 1

Le réseau intelligent : l'évolution

1.1. Le concept de « réseau intelligent » et son mécanisme de base

Dans ce chapitre, nous examinons d'abord les mécanismes qui sont mis en œuvre par le logiciel des commutateurs du réseau téléphonique. Il est en effet nécessaire, pour bien situer le concept de réseau intelligent dans l'architecture globale des télécommunications, de re-préciser la nature et les rôles exacts des fonctions des commutateurs.

Ensuite dans un deuxième temps, nous examinons la nature des services dits « services de réseaux intelligents ». En effet, tout service n'est pas nécessairement du ressort de la technologie RI. Nous verrons qu'un service RI est un service qui ne peut être réalisé que par le réseau et plus spécifiquement qui est réalisé par une séquence d'actions que nous aurons identifiées qui sont individuellement réalisables par un commutateur. Nous serons alors prêts à comprendre le mécanisme fondamental de la substitution de traitement d'appel mis en œuvre par la technologie du RI.

1.1.1. *Rappel des fonctions essentielles d'un commutateur*

Pour établir une communication, deux types de fonctions sont nécessaires : les fonctions d'accès et les fonctions de transport. Nous verrons que la technologie RI rajoute d'autres fonctions dans un commutateur : les fonctions d'intelligence (ou de réseau intelligent). Avant d'aborder ces nouvelles fonctions d'intelligence, nous rappelons la nature des fonctions d'accès et de transport.

Chapitre rédigé par Claude RIGAULT.

1.1.1.1. *Fonctions d'accès*

Les fonctions d'accès peuvent être elles-mêmes classées en deux parties : l'accès demandeur et l'accès demandé. L'accès demandeur est exécuté au moment où un utilisateur du réseau se porte présent (*login procedure*), c'est-à-dire au décrochage pour un téléphone fixe ou à l'allumage du poste pour un téléphone mobile. L'accès demandeur est constitué par les fonctions de localisation, d'authentification et d'acquisition du profil. L'accès demandé est exécuté au moment où il faut localiser un abonné demandé. Il s'agit essentiellement de la traduction nom/adresse.

Dans le réseau fixe, la fonction d'accès demandeur est exécutée dans le central de rattachement, au moment du décrochage (présélection), pour obtenir le profil de l'abonné (droits, numéro d'annuaire, etc.). Dans le réseau mobile, la fonction d'accès demandeur est réalisée par le MSC (*Mobile Switching Center*) visité et sa VLR (*Visited location Register*) puis la HLR (*Home Location Register*) afin d'authentifier l'abonné mobile et de renvoyer à la VLR et au MSC le profil de l'abonné.

Dans le réseau fixe, la fonction d'accès demandé est exécutée dans le central d'arrivée pour traduire le numéro d'annuaire (nom) en numéro d'équipement (adresse). Dans le réseau mobile, la fonction d'accès demandé est réalisée par le premier MSC sur lequel est présenté l'appel pour interroger la HLR afin de transformer le numéro MSISDN (*Mobile System ISDN Number*) de l'abonné demandé (nom) en MSRN (*Mobile System Roaming Number*) permettant de router l'appel (adresse).

1.1.1.2. *Fonctions de transport : le service POTS*

Les fonctions de transport, dans le réseau téléphonique sont des fonctions de connexion. La fonction de connexion est réalisée de proche en proche et chaque commutateur du réseau a donc une fonction de contrôle de connexion. Cette fonction est réalisée par une séquence d'actions élémentaires de connexion.

Pour une première approche, nous pouvons trier ces actions de connexion élémentaires selon le classement suivant :

– connecter l'utilisateur à un récepteur de numérotation,

– connecter l'utilisateur à un générateur de tonalité ou d'annonces vocales,

– envoyer un prompt (tonalité sonore),

– envoyer une annonce vocale à l'utilisateur,

– recevoir les caractères composés par l'utilisateur,

– router un appel (traduire une numérotation reçue en numéro de route sur lequel l'appel doit être acheminé),

– connecter une entrée du commutateur à une sortie (appartenant à une route donnée),

– mettre un utilisateur en sonnerie,

– superviser les événements se produisant sur une ligne d'abonné,

– déconnecter une connexion établie,

– libérer des ressources affectées,

– mettre en place une taxation pour un appel,

– faire payer un appel.

Il y aurait bien des façons différentes d'enchaîner ces actions élémentaires de connexion pour établir une communication. Il se trouve que, depuis l'origine du téléphone, les opérateurs se sont mis d'accord sur une façon commune d'enchaîner les actions élémentaires de connexion pour réaliser le service ordinaire d'appel téléphonique. Nous dénommerons cette séquence particulière : service POTS (*Plain Old Telephone Service* ou bon vieux service téléphonique ordinaire). La séquence du service POTS est ainsi la séquence par défaut programmée dans les commutateurs des réseaux téléphoniques.

1.1.2. *Plates-formes de service et services réseaux intelligents*

Comme nous l'avons souligné, la séquence POTS d'actions élémentaires de connexion, programmée par défaut dans les commutateurs du réseau téléphonique, n'est pas la seule séquence possible. D'autres séquences seraient possibles aboutissant à un service différent du POTS. Par définition, nous disons *qu'un réseau est intelligent, s'il est possible de substituer à la séquence de connexion par défaut des commutateurs (service POTS), une autre séquence programmée dans une autre plate-forme dite plate-forme de services* appelée aussi Point de contrôle du service ou en anglais SCP : *Service Control Points* (voir la figure 1.1).

En d'autres termes, un « réseau intelligent » est un réseau qui permet à un ordinateur extérieur (SCP) de programmer, comme il lui convient, une séquence d'actions du traitement de connexion et un *service réseau intelligent* est *un traitement de connexion substitutif.*

Il découle de cette définition qu'un service RI est un service qui ne peut être réalisé que par le réseau, puisqu'il est réalisé à partir d'actions élémentaires de connexion qui ne peuvent être faites que par les commutateurs du réseau où à partir d'informations que seul le réseau possède. Un bon exemple de « service réseau intelligent » est fourni par les numéros en libre appel (numéros 800) où la tarification est imputée au demandé alors que la séquence par défaut du traitement d'appel l'impute normalement au demandeur.

Il découle également de cette définition qu'un service qui pourrait être entièrement réalisé dans un terminal sans recourir à un traitement particulier ou à des fonctions particulières qui ne se trouvent que dans le réseau, ne serait pas un service « réseau intelligent ». La technique « réseau intelligent » ne s'adresse donc pas à n'importe quel type de service, elle ne s'adresse qu'à des services qui ne peuvent être réalisés que par le réseau et plus précisément que par une séquence d'actions élémentaires qu'un commutateur peut réaliser.

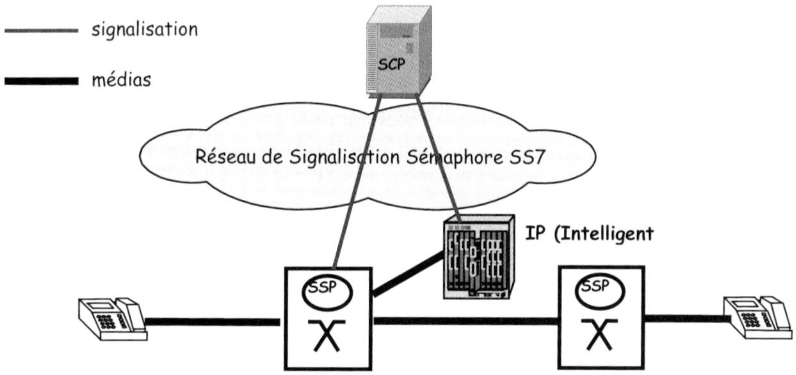

Figure 1.1. *Commutateurs et plates-formes de service dans le réseau intelligent*

1.1.3. *Déclenchement de la substitution de traitement*

Le fondement de la technique « réseau intelligent » se trouve dans la possibilité pour un commutateur de détecter des situations où il doit se débrancher de son traitement par défaut pour faire appel à une plate-forme de service, puis de pouvoir exécuter les commandes émises par cette plate-forme.

La mise en œuvre de la technique réseau intelligent n'est donc pas immédiate. Elle suppose la mise à jour d'un certain nombre de commutateurs du réseau pour les rendre compatibles RI. Ces commutateurs ainsi adaptés sont appelés *Service Switching Points* (SSP). Pour qu'un commutateur soit compatible RI, il faut qu'il soit doté des possibilités suivantes :

– existence dans ces commutateurs SSP d'un mécanisme de débranchement du traitement par défaut ;

– possibilité pour ces commutateurs SSP d'exécuter les commandes émises par la plate-forme de service substitutif SCP. L'UIT a normalisé sous le nom de INAP (*Intelligent Network Application Part*), un jeu de commandes correspondant aux actions réalisables par un commutateur. Pour le moment, INAP est défini pour une classe de services dits CS1 et CS2. Il s'agit là d'un langage de commande de commutateurs du type API (*Application Program Interface*). Le protocole INAP est basé sur la pile de protocoles de la Signalisation sémaphore n° 7 (SS7), donc sur l'ensemble MTP (*Message Transfer Part*), SCCP (*Signaling Connection Control Part*), TCAP (*Transaction CAPability*).

Le principe du débranchement du traitement de connexion par défaut est fondamental car il conditionne les possibilités de concevoir des services. Il est en effet basé sur l'existence de points (ou de moments) particuliers et normalisés dans le traitement de connexion appelés *Detection Points* (DP). Dans ces divers DP sont inscrites des conditions qui, si elles se trouvent réalisées, doivent entraîner le débranchement vers le service substitutif. *Tout DP est donc une possibilité de déclenchement d'un service.* Si le commutateur est doté du DP qui convient, on peut réaliser un service par la technique « réseau intelligent », s'il n'en est pas doté, le service n'est pas réalisable par cette technique.

Comment peut-on normaliser des points dans le traitement de connexion dès lors que chaque constructeur est libre d'organiser ses modules de programmation comme bon lui semble ? C'est ici que les concepteurs de la technique RI ont eu une idée absolument remarquable. Au lieu d'essayer d'imposer une manière standard de faire le traitement de connexion, ce qui n'aurait jamais été accepté, ils se sont contentés de demander aux réalisateurs de ces traitements « sous-jacents » de simplement reconnaître qu'ils étaient bien arrivés à des points normalisés appelés PIC (*Point in Call*). Normaliser les traitements de connexion ou d'appel aurait été impossible. Simplement normaliser des points de l'appel sans toucher au traitement d'appel natif ou sous-jacent était acceptable. L'arrivée où la sortie des PIC correspond à des points de détection DP (voir la figure 1.2). Au passage par ces DP, le traitement de connexion interroge une nouvelle fonction logicielle dite *Service Switching Function* (SSF) qui regroupe les diverses conditions de débranchement (d'appel à un service) pour chaque DP. Si aucune condition n'est vérifiée (on dit que le DP n'est pas armé), le traitement d'appel sous-jacent poursuit son cours. Si au contraire, l'une des conditions se trouve vérifiée, la SSF déclare le DP armé, interrompt le traitement de connexion sous-jacent et prend le contrôle du programme pour faire appel à la plate-forme de service appropriée (par une commande INAP dite « Initial DP ») et pour interpréter les commandes INAP que cette plate-forme enverra.

Nous voyons donc que le mécanisme fondamental de la substitution du traitement par défaut par un traitement de « service réseau intelligent » est donc basé sur un ensemble de points normalisés de l'appel : les PIC. Pour déterminer ces PIC, les normalisateurs ont défini un modèle d'appel que nous examinons maintenant.

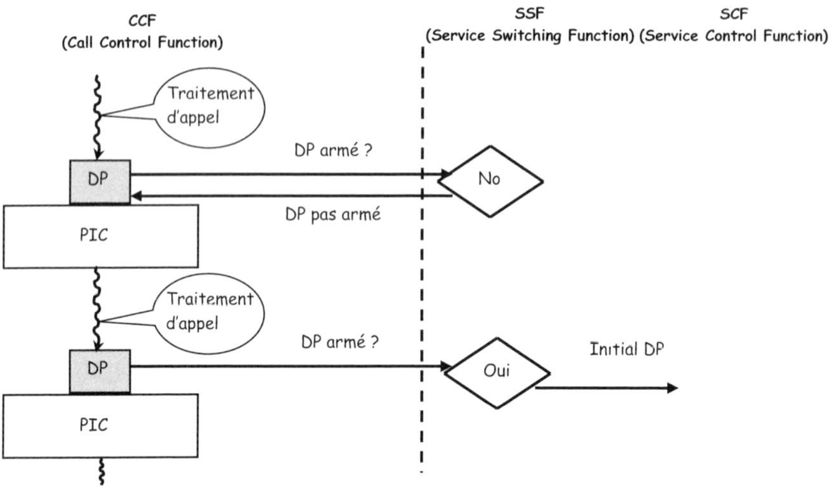

Figure 1.2. *Principe du débranchement du service par défaut*

L'appel au sens du RI n'est en aucun cas une communication globale, c'est simplement *une vue locale à un commutateur des connexions établies* par ce commutateur. Il est représenté symboliquement par un rond et deux pattes dites *legs* (voir la figure 1.3). Le rond représente l'appel proprement dit c'est-à-dire la page mémoire (ou contexte local) ouverte par le commutateur pour cette instance de communication. Les pattes représentent les connexions, une connexion étant, au sens du réseau intelligent, l'affectation d'une terminaison à un appel. Un appel met donc généralement en œuvre deux connexions : la patte demandeuse (*Originating leg*) représentant l'affectation de la terminaison demandeuse à l'appel et la patte demandée (*terminating leg*) représentant l'affectation de la terminaison demandée à l'appel.

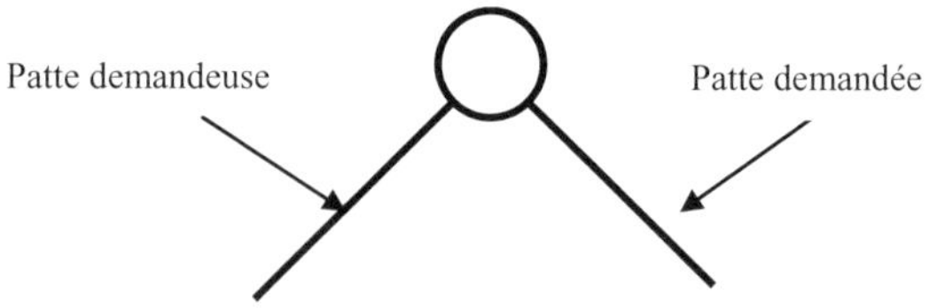

Figure 1.3. *Le modèle d'appel du réseau intelligent*

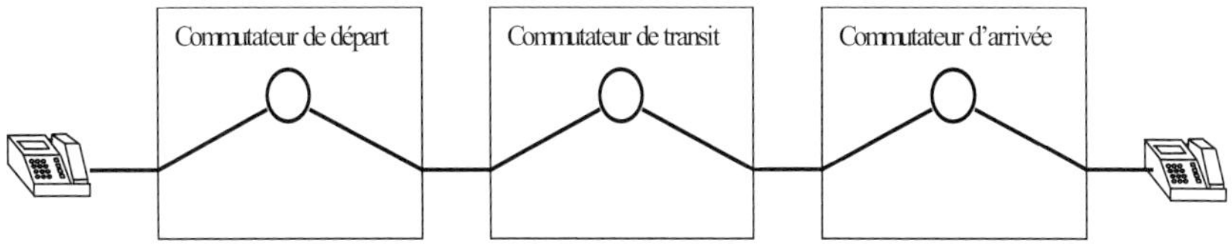

Figure 1.4. *Communication globale et modèles d'appels*

Une communication globale est représentée par un modèle d'appel dans chacun des commutateurs participants (voir figure 1.4).

Dans cette modélisation, l'état d'un appel est représenté par le produit cartésien de l'état de chacune de ses connexions. L'état d'une connexion est en fait défini par un *Point In Call*, PIC. Nous avons donc deux ensembles de PIC : l'OBCSM (*Originating Basic Call State Model*) qui définit les états possibles de la patte demandeuse et le TBCSM (*Terminating Basic Call State Model*) qui définit les états possibles de la patte demandée. Pour les deux modèles de connexions, les entrées ou les sorties des PIC correspondent à des DP, c'est-à-dire des occasions de déclencher des services.

Le schéma général de l'OBCSM est donné par la figure 1.5. Il est formé des PIC suivants :

– O_NULL et Authorize_Origination_Attempt : correspond à la supervision de l'état raccroché et à la traduction de catégorie appelante (*Originating translation*) ;

– Collect_Info : réception de la numérotation ;

– Analyse_Info : traduction ;

– Routing et Alerting : sélection ;

– O_Active : appel établi, supervision des raccrochages ;

– O_Exception : rencontre d'une exception. Libération des ressources réservées pour l'appel ;

– T_Exception : rencontre d'une exception. Libération des ressources réservées pour l'appel.

Le schéma général du TBCSM est donné par la figure 1.6. Il est formé des PIC suivants :

– T_NULL&Authorize_Termination_Attempt,

– Select_Facility and present_call,

– T_Alerting,

– T_Active.

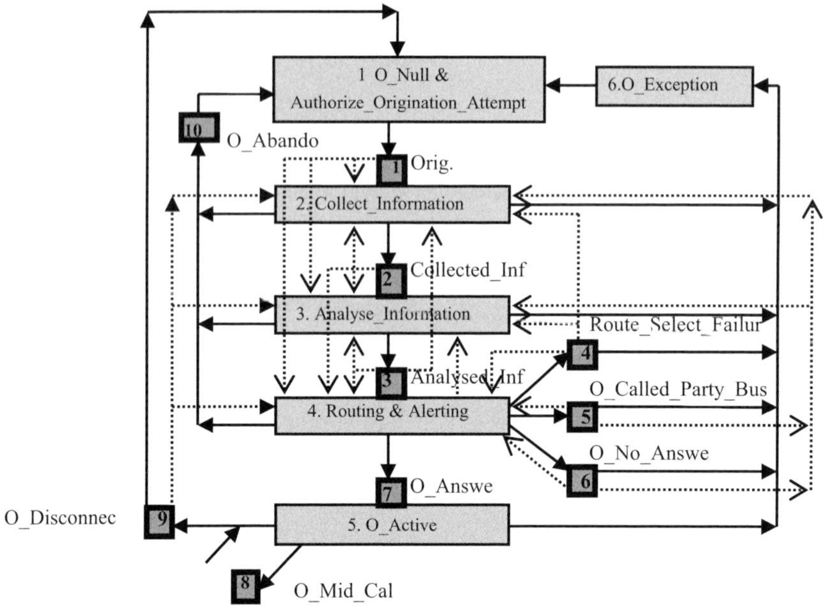

Figure 1.5. *OBCSM : états de connexion demandeuse*

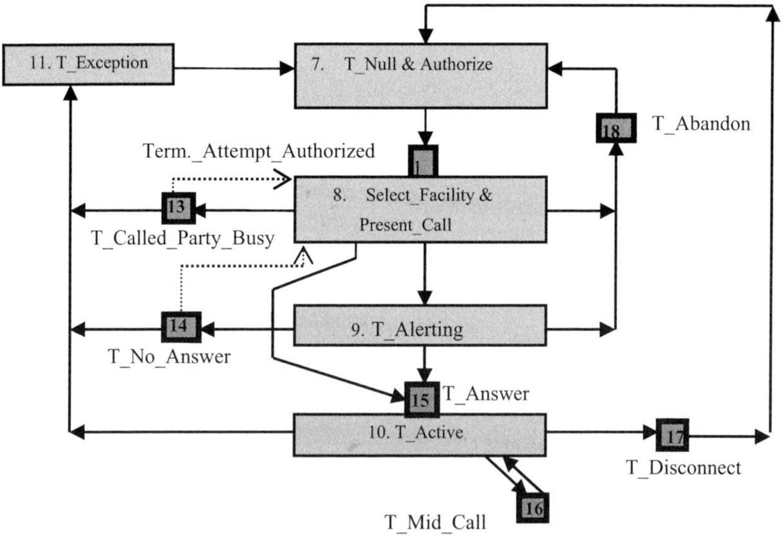

Figure 1.6. *TBCSM : états de connexion demandée*

Les normes de l'IN-CS1 [ITU 93] se limitent à des services de type A où les seuls DP impliqués dans le service appartiennent à la même patte ou connexion. Il ne peut pas y avoir jusqu'ici dans la technologie RI de services impliquant des DP simultanément dans plusieurs pattes. La patte où se trouve les DP impliqués par le service est appelée « patte de contrôle ». Les autres pattes qui n'interviennent pas dans le déroulement du service sont appelées « pattes passives ».

1.2. Un modèle conceptuel pour faire des normes

1.2.1. *Le cadre conceptuel*

Pour créer des normes, les concepteurs du RI ont imaginé un modèle dit « modèle conceptuel » (*Intelligent Network Conceptual Model,* INCM) destiné à représenter un ensemble de sujets devant être normalisés (voir la figure 1.7). Il est décrit par la recommandation UIT-T Q.1201 [ITU 92].

Le modèle conceptuel du RI n'est pas un modèle utilisable pour une réalisation d'équipement. Il est constitué de quatre « plans » où chaque plan représente un type de sujet nécessitant d'être normalisé.

Les plans 1 et 2 (plan service et plan fonctionnel global) ont une nature différente des plans 3 et 4 (plan fonctionnel réparti et plan physique).

Les plans 1 et 2 sont concernés par la définition des services :

– le plan des services ;

– le plan fonctionnel global (*Global Functional Plane*) donne une méthode formelle de description non ambiguë d'un service.

Les plans 3 et 4 sont concernés par la réalisation d'un environnement fonctionnel et matériel capable d'exécuter tout type de service pourvu qu'il soit défini en conformité avec les méthodes spécifiées dans les plans 1 et 2 :

– le plan fonctionnel réparti (*Distributed Functional Plane*) définit une architecture fonctionnelle d'exécution de service, c'est-à-dire des fonctions logicielles constituant un environnement d'exécution de tout type de service défini en conformité avec les méthodes spécifiées dans les plans 1 et 2 ;

– le plan physique (*Physical Plane*) indique comment répartir les fonctions du plan fonctionnel réparti dans des machines physiques. Nous verrons que plusieurs scénarii peuvent être mis en œuvre à ce point de vue.

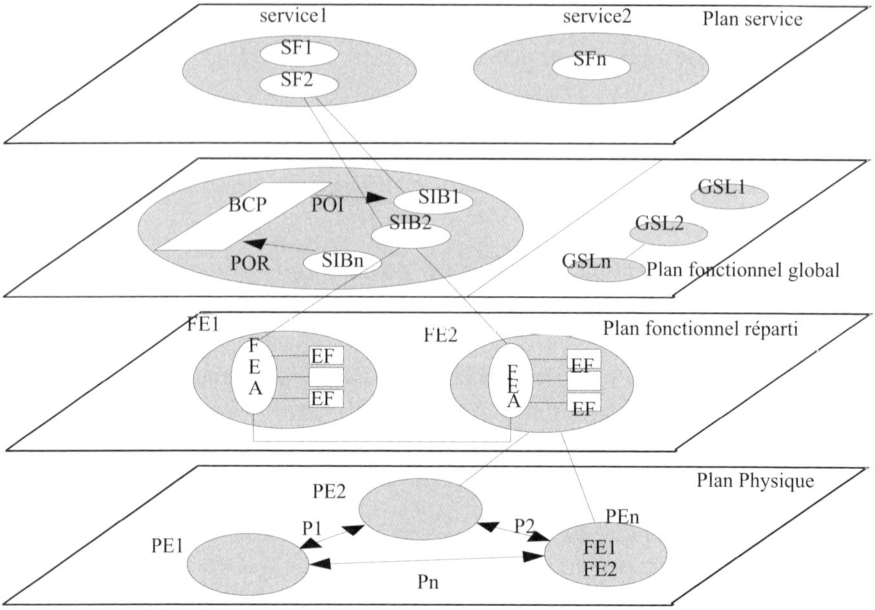

Figure 1.7. *Le modèle conceptuel du réseau intelligent*

1.2.2. *Des ensembles successifs de fonctionnalités*

La normalisation ITU-T a prévu différentes étapes pour la spécification du RI, appelées ensembles de CS. La norme de l'IN-CS1 est en réalité la seule norme du RI qui se trouve entièrement implémentée par les industriels.

Il avait été prévu qu'un nouvel ensemble de capacités serait publié tous les deux ans. A ce rythme nous devrions en être, à l'écriture de ces lignes, au CS7 ! En fait, les normes du CS2 ont finalement été publiées en 1998 et ne seront sans doute jamais implémentées dans la totalité des fonctions prévues. Il existe aujourd'hui des normes INCS3 et INCS4, très peu différentes des normes INCS2 et qui ne font pas l'objet d'implémentations industrielles.

Le CS1 regroupe l'ensemble des fonctionnalités de la première étape ; il précise la structure des quatre plans fondamentaux du RI avec en particulier :

– les types de services à mettre en œuvre (services de type « A »),

– les différentes entités de chacun des plans du modèle,

– les protocoles de communication entre les entités fonctionnelles.

X		Y
0	Général	
1	CS1	1 – Principes, introduction
2	CS2	2 – Plan service (pas très défini pour CS1)
3	CS3	3 – Plan fonctionnel global
4	CS4	4 – Plan fonctionnel réparti
5	CS5	5 – Plan physique
6	CS6	6 – Réservé pour utilisation future
7	CS7	7 – Réservé pour utilisation future
8	CS8	8 – Spécifications d'interface
9	Vocabulaire	9 – Guides utilisateurs du réseau intelligent

Tableau 1.1. *Nomenclature des normes du réseau intelligent*

Les normes UIT-T du réseau sont référencées selon la nomenclature *Q.12XY* avec les valeurs de *X* et *Y* indiquées par le tableau 1.1 : avec cette nomenclature, il est très facile de déterminer le numéro de la norme applicable à une problématique de RI. Par exemple, la norme du plan fonctionnel répsarti du INCS2 est référencée : Q1224 (X=2 pour CS2 ; Y=4 pour plan fonctionnel réparti).

Nous recommandons la lecture des guides utilisateurs [ITU 94, ITU 98]. Par exemple, le document Q1219 (guide utilisateur de INCS1) est un excellent document explicatif des méthodes du RI.

Aujourd'hui, bien que ces normes soient toujours la référence pour le réseau intelligent, ce sont maintenant les normes ETSI qui font autorité, au niveau mondial, en matière de RI. Les normes ETSI sont essentiellement des reprises des normes UIT avec quelques modifications mineures, surtout au niveau du protocole de signalisation INAP. C'est ainsi que la norme ETS 300 374-1 (septembre 1994) définit INAP pour le CS1 auquel on se réfère souvent sous le nom de « ETSICORE INAP ». Cette norme spécifie les interactions entre la SSF, la SCF et la SRF. Initialement, les interactions avec la SDF n'y sont pas définies. Elle comporte quelques simplifications par rapport à la norme UIT-T Q.1214 (plusieurs opérations sont remplacées par InitialDP et EventReportBCSM).

1.2.3. *Au-delà de IN-CS1*

Nous examinons maintenant, les évolutions du RI dans ses ensembles de capacités ultérieurs au CS1. Comme nous l'avons déjà indiqué, le rythme de production de nouveaux ensembles de capacités n'a pas été aussi rapide que prévu. Les normes du CS2 n'ont finalement été publiées qu'en 1998 et ne seront peut être jamais implémentées dans la totalité des fonctions prévues. Il existe aujourd'hui des normes IN-CS3 et IN-CS4, très peu différentes des normes IN-CS2 et qui ne font pas l'objet d'implémentations industrielles. Au fur et à mesure que le temps passait, il s'est produit, en effet, une certaine désaffection des industriels pour la technique réseau intelligent au profit d'autres technologies. Plusieurs raisons peuvent être invoquées :

– l'ouverture du domaine des télécommunications à la concurrence a fait perdre beaucoup d'importance à l'UIT en tant qu'instance de normalisation. Il devenait en effet difficile à des opérateurs devenus concurrents de continuer à développer en commun des nouveaux services ;

– les industriels de leurs côtés se sont aperçus que les volumes d'équipements vendus ne justifiaient pas forcément les efforts de développement consentis et ont préféré ralentir les développements de nouveaux CS pour rentabiliser ce qu'ils avaient fait en CS1 et reporter leurs efforts sur CAMEL ;

– de nouvelles normes sont en effet apparues, en particulier les normes CAMEL de l'ETSI spécifiant le réseau intelligent sur le réseau mobile pour lesquelles le marché était immédiat et qui demandaient donc un effort prioritaire. L'intérêt des normes CAMEL est devenu tellement important que ces normes ont finalement pris l'ascendant sur les normes du RI ;

– enfin, l'arrivée de la téléphonie sur IP et de la norme SIP a remis en question le modèle du RI au profit d'une autre stratégie pour la fourniture de services, celle des *Application Servers SIP* [IET 02] dont le principe est assez différent et les industriels préfèrent maintenant réserver leurs efforts en matière de création de services aux réseaux IP.

Pour terminer ce premier aperçu du RI, nous allons donner les grandes lignes d'IN-CS2 (voir paragraphe 1.2.4) et simplement mentionner les objectifs recherchés dans IN-CS3 et IN-CS4 (voir paragraphe 1.2.5).

1.2.4. *Aperçu de IN-CS2*

Dès le début du processus de normalisation, il était entendu que le CS1 n'offrait qu'un nombre assez restreint de possibilités, même si ces possibilités étaient déjà un énorme progrès dans les possibilités de fournir des services par un réseau téléphonique. En effet, les spécifications CS1 ne traitent que *des services de type A* concernant *des appels téléphoniques point à point* sans offrir de mécanismes pour les appels multiparties ou le multimédia, elles n'offrent que des possibilités très limitées pour la mobilité ; en particulier une interaction entre l'utilisateur et le service qui ne peut avoir lieu que durant un appel. Enfin, elles font l'hypothèse qu'il n'y a qu'un seul opérateur et elles ne prévoient rien pour l'interfonctionnement de réseau. La gestion des services et des équipements RI reste propriétaire, les interfaces pour l'interfonctionnement entre RIs ne sont pas normalisées et l'architecture RI-CS1 ne peut être déployée que sur le RTC.

Dans ces conditions, les objectifs prioritaires des normes UIT-T Q122x ont été les suivants [ITU 97] :

– enrichir les services d'appels :

- permettre le déclenchement de services une fois l'appel établi (*Mid Call Interuptions*),

- donner plus de possibilités à la SRF (scripts d'interaction utilisateur, récupération de messages),

- permettre les appels multiparties (entre plusieurs correspondants) et multiples (plusieurs appels liés comme le double appel) ;

– permettre la composition de service en enrichissant les SIB et en introduisant une possibilité de composer des SIB et de permettre le parallélisme et la synchronisation de plusieurs services ;

– assurer l'interfonctionnement entre réseaux intelligents pour permettre la fourniture de services internationaux (par exemple, réseau privé virtuel international) ;

– introduire en dehors des services d'appels, des fonctionnalités de gestion et de création de services et notamment permettre une interaction avec l'utilisateur hors du contexte d'un appel.

Il est à noter cependant que les services de l'IN-CS2 restent de type A, c'est-à-dire, *single-ended* et *single- point of control*. Les services *multiple ended* ou *multiple point of control* seraient dits de « type B ». Ils ne sont pas encore pris en compte par les normes de réseaux intelligents. Les innovations majeures de l'IN-CS2 [ITU 99a] sont donc les services d'interfonctionnement de réseaux, les services multiparties et les services de mobilité personnelle.

Nous donnons ci-dessous des exemples de service permis par l'IN-CS2 :

– *services d'interfonctionnement de réseaux* :

- libre appel inter réseaux,
- réseau virtuel mondial,
- kiosque téléphonique inter réseaux,
- appels groupés inter réseaux,
- télévote inter réseaux,
- carte de taxation des télécommunications internationales ;

– *services multiparties* :

- rappel automatique sur occupation,
- communication conférence,

- mise en garde,
- transfert d'appel,
- indication d'appel en attente ;

– *services de mobilité personnelle* :
- authentification de l'utilisateur,
- enregistrement de l'utilisateur,
- sécurité de réponse,
- suivi.

1.2.5. *IN-CS3 et IN-CS4*

Après 1998, l'intérêt des constructeurs s'est déplacé en faveur des normes du RI CAMEL produites par l'ETSI, puis maintenant pour les nouvelles solutions de services au-dessus de la téléphonie sur IP (*Application Servers SIP*). Néanmoins, l'UIT a continué un certain effort de normalisation et produit encore deux ensembles de capacités : l'IN-CS3 [ITU 99b] puis l'IN-CS4 [ITU 01]. Ces ensembles de capacités ne donneront sans doute pas lieu à des réalisations conformes à ces normes et nous ne ferons ici qu'indiquer quels étaient leurs objectifs.

La norme de l'IN-CS3 a été conçue pour les objectifs suivants :

– pouvoir mettre en œuvre plusieurs points de contrôle de services ;

– permettre l'interaction entre éléments de service ;

– permettre la portabilité des numéros ;

– prendre en compte la mobilité bande étroite ;

– assurer la compatibilité du réseau intelligent et du réseau RNIS à large bande (RNIS-LB). On appelle RNIS-LB une implémentation d'un réseau multimédia basée sur la technologie ATM ;

– réaliser l'intégration du RI et du réseau de gestion TMN (*Télécommunication Management Network*) tel que défini par l'UIT.

La norme IN-CS3 ne diffère pas beaucoup de l'IN-CS2. Comme l'indique le tableau 1.2, les spécifications du plan services, du plan fonctionnel global et du plan physique sont les reprises à l'identique des spécifications de IN-CS2.

En mai 2001, l'UIT propose de nouveau un ensemble de capacités supplémentaire : l'IN-CS4. L'objectif de ce nouvel ensemble de capacités est essentiellement l'interfonctionnement du RI téléphonique et d'Internet. Il s'agit d'assurer la compatibilité du RI avec de nouvelles normes de services proposées par l'IETF : PINT (*PSTN and InterNetworking for Telephony*) et SPIRIT (*Services in the PSTN/IN Requesting InTernet*).

Spécifications de IN-CS3
Q.1231 : introduction au CS3
Q.1222 : plan des services du CS2
Q.1223 : plan fonctionnel global du CS2
Q.1225 : plan physique du CS2
Q.1236 : spécifications et méthodologie du modèle d'information de gestion du CS3
Q.1237 : extensions du CS3 pour la prise en charge du RNIS-LB
Q.1238 : interfaces pour le CS3

Tableau 1.2. *Les spécifications de l'IN-CS3*

Les services de PINT sont des services initialisés dans le réseau Internet et se terminant dans le réseau téléphonique. Les plus connus sont : les *Click to Talk*, *Click to Talk Back*, *Click to Fax*, *Click to Fax Back* par lesquels un abonné peut déclencher un appel téléphonique ou l'envoi d'un fax, en cliquant sur une page *web*.

Les services SPIRIT sont des services initialisés dans le réseau téléphonique et se terminant dans le réseau Internet. Le plus connu était l'*Internet Call Waiting* qui permettait à un abonné surfant sur le net avec un modem dans la bande, de recevoir une notification sur son écran lui indiquant qu'un appel téléphonique était en cours vers sa ligne.

Les spécifications propres à l'IN-CS4 sont données par le tableau 1.3.

Spécifications de IN-CS4
Q.1241 : introduction au CS4
Q.1244 : plan fonctionnel réparti du CS4
Q.1248.1-7 : interfaces pour le CS4

Tableau 1.3. *Les spécifications de l'IN-CS4*

1.3. Conclusion

Ce premier survol du RI atteste de la difficulté à créer un cadre de normes qui soit bien « appliqué » par les acteurs concernés. En effet, seul l'IN-CS1 s'est trouvé entièrement implémenté par les industriels et même pour le CS1 l'objectif d'interopérabilité est, pour le moment, rarement atteint. Les industriels eurent entre autre des difficultés avec la notion de SIB. Ils mirent en cause la possibilité de réutiliser le même SIB dans plusieurs services différents et déclarèrent trop limité le jeu de SIB normalisé du CS1. Ils prirent de grandes libertés avec les normes. Au bout d'un an, il était courant de trouver des réalisations avec 90 SIB au lieu des 13 SIB normalisés ! Le résultat de ces écarts par rapport aux normes est que la plupart des implémentations du RI sont propriétaires et que l'interopérabilité nécessite en général un effort (et un coût) important pour faire les adaptations nécessaires. Nous allons maintenant revenir sur l'IN-CS1 pour comprendre l'apport du modèle INCM et sur les principes de CAMEL qui semble prometteur.

1.4. Bibliographie

[IET 02] IETF RFC 3261, Session Initiation Protocol (SIP), http://www.ietf.org/rfc/ rfc3261.txt, juin 2002.

[ITU 01] ITU-T Q.1241, Introduction to Intelligent Network Capability Set 4, 2001.

[ITU 92] ITU-T Q.1201, Principles of intelligent network architecture, 1992.

[ITU 93] ITU-T Q.1211, Introduction to intelligent network capability set 1, 1993.

[ITU 94] ITU-T Q.1219, Intelligent network user's guide for Capability Set 1, 1994.

[ITU 97] ITU-T Q.1221, Introduction to Intelligent Network Capability Set 2, 1997.

[ITU 98] ITU-T Q.1290, Glossary of terms used in the definition of intelligent networks, 1998.

[ITU 99a] ITU-T Q.1229, Intelligent Network user's guide for Capability Set 2, 1999.

[ITU 99b] ITU-T Q.1231, Introduction to Intelligent Network Capability Set 3, 1999.

Chapitre 2

Le réseau intelligent : le modèle conceptuel

2.1. Introduction

Le modèle INCM propose quatre plans que nous allons rapidement examiner : le plan [ITU 97a] service (section 2.2), le plan fonctionnel global [ITU 97b] (section 2.3), le plan fonctionnel réparti (section 2.4) et le plan physique (section 2.5). Un exemple sera donné (section 2.6) en IN-CS1. Son utilisation pour les réseaux mobiles sera décrit à travers les différentes phases de CAMEL (section 2.7) qui a permis de faire évoluer les normes pour tenir compte des nouveaux besoins. La conclusion (section 2.8) permettra de revenir sur l'importance des « bonnes pratiques », leitmotiv de notre ouvrage.

2.2. Le plan service Q1212

Le problème auquel s'adresse la spécification Q1212 du plan service est la description des services tels qu'ils peuvent être vus par un usager du service (réseau privé virtuel, numéro vert, télécommunications universelles personnelles, etc.). Cette vue ne contient aucune information concernant la mise en œuvre des services dans le réseau. Les services offerts par le RI sont décrits à l'utilisateur comme une composition de services plus élémentaires appelés « fonctionnalités de services » (*Services Features*). Les fonctionnalités de services peuvent être, par exemple, la mise en attente des appels, les annonces personnalisées, etc.

Chapitre rédigé par Claude RIGAULT.

La normalisation définit deux types de services, ceux de type « A » et ceux de type « B ». Les services de type « A » sont définis par la formule : *single ended, single point of Control, single medium*. *Single ended* signifie qu'ils ne font intervenir qu'une seule patte dans un seul modèle d'appel des différents modèles d'appels mis en œuvre dans la communication (voir la figure 1.4). *Single point of control* signifie que ces services ne font intervenir qu'une seule plate-forme de services. *Single medium* signifie que la communication n'est pas multimédia. Nous dirions aujourd'hui qu'un service de type « A » n'agit que sur une session ne mettant en œuvre qu'un seul média.

La liste des fonctionnalités de service définie par IN-CS1 est donnée par le tableau 2.1.

ABbreviated Dialing (ABD)	**Customized Recorded Announcement (CRA)**
ATTendant (ATT)	Customized RinGing (CRG)
AUThentiCation (AUTC)	Destinating User Prompter (DUP)
AUThoriZation Code (AUTZ)	Follow-Me Diversion (FMD)
Automatic Call Back (ACB)	MASs Calling (MAS)
Call Distribution (CD)	Meet-Me Conference (MMC)
Call Forwarding (CF)	Multi-Way Calling (MWC)
Call Forwarding on Busy (CFC)	Off-Net Access (OFA)
Call GAPping (GAP)	Off-Net Calling (ONC)
Call Hold with Announcement (CHA)	One Number (ONE)
Call LiMiter (LIM)	Origin Dependent Routing (ODR)

Tableau 2.1. *Fonctionnalités de service de l'INCS1*

En se basant sur ces fonctionnalités de service, la norme du plan service donne une liste de services réalisables selon la technologie IN-CS1. Le but n'est naturellement pas d'imposer une liste fermée de services en disant : voilà les services de l'IN-CS1, mais de donner des exemples de ce qui peut être réalisé avec la technologie, étant entendu que d'autres peuvent concevoir des services originaux à condition de suivre les mêmes règles.

La liste de services ainsi définis est indiquée par le tableau 2.2. Parmi ces services beaucoup sont très anciens et ne servent que d'exemples pour montrer que la nouvelle technologie peut également les prendre en compte. Parmi ces services anciens qui existaient déjà dans le réseau téléphonique nous pouvons citer *ABD* numérotation abrégée, *CF* transfert d'appel, *CON* conférence, *MCI* identification des appels malveillants. En revanche, de nouveaux services extrêmement innovants apparaissent :

– *FPH*, libre appel ou numéro vert (numéros 800). Pour ces appels, la facturation est à la charge de l'abonné demandé. Nous avons déjà dit qu'il s'agit de *LA killer application* des réseaux intelligents en Amérique ;

– *SEC*, *Security Screening* également très utilisé en Amérique par les professions sensibles (avocats, juristes, médecins) qui souhaitent que les personnes qui les appellent donnent un code ;

– *VPN*, réseau privé virtuel qui constitue une offre majeure des opérateurs pour les entreprises. Les abonnés de ce service, qui peuvent être raccordés sur des commutateurs publics différents et même appartenant à des opérateurs différents, communiquent entre eux avec une numérotation abrégée et bénéficient des mêmes facilités que s'ils étaient raccordés derrière un même PABX. Ce service est une extension de la facilité « CO-Centrex » à des abonnés répartis sur plusieurs commutateurs publics ;

– *CCC*, appel par carte de crédit. Ce service permet d'appeler depuis n'importe quelle ligne en mettant la facturation à la charge du propriétaire de la carte ;

– *UPT*, la télécommunication personnelle universelle. Ce service décorrèle complètement le numéro d'abonné du poste de téléphone utilisé. Comme pour l'appel à carte de crédit, l'abonné au service UPT peut appeler de n'importe quel poste, mais il peut aussi recevoir ses appels sur n'importe quel poste à condition de s'être déclaré utilisateur de ce poste par un appel particulier.

AAB Automatic Alternative Billing	*DCR* Destination Call Routing	*SPL* Split Charging
ABD ABbreviated Dialling ou numérotation abrégée	*FMD* Follow-Me-Diversion	*VOT* TeleVOTing
ACC Account Card Calling	*FPH* FreePHone ou numéro vert	*TCS* Terminating Call Screening
CCC Credit Card Calling ou appel par carte de crédit	*MAS* MASs Calling	*UDR* User Defined Routing
CF Call Forwarding ou transfert d'appel	*MCI* Malicious Call Identification	*UAN* Universal Access Number
CCBS Completion of Call to Busy Suscriber	*PRM* Premium Rate	*UPT* Universal Personnal Telecommunication
CON CONference Calling	*SEC* Security Screening	*VPN* Virtual Private Network ou réseau privé virtuel
CRD Call Rerouting Distribution	SCF Selective Call Forward on busy/not answer	

Tableau 2.2. *Services de l'INCS1*

2.3. Le plan fonctionnel global Q1213

Le plan service indique la ligne à suivre pour concevoir un service. Le plan fonctionnel global donne une méthode formelle pour décrire le service de manière non ambiguë. Selon cette méthode, le service est décrit par un enchaînement logique d'éléments de description (ou composants) formels réutilisables (éléments de description indépendants du service) appelés *Service Independent Building Blocks SIB*. Par exemple, le schéma de la figure 2.1 décrit le fonctionnement du service AAB (*Automatic Alternative Billing*).

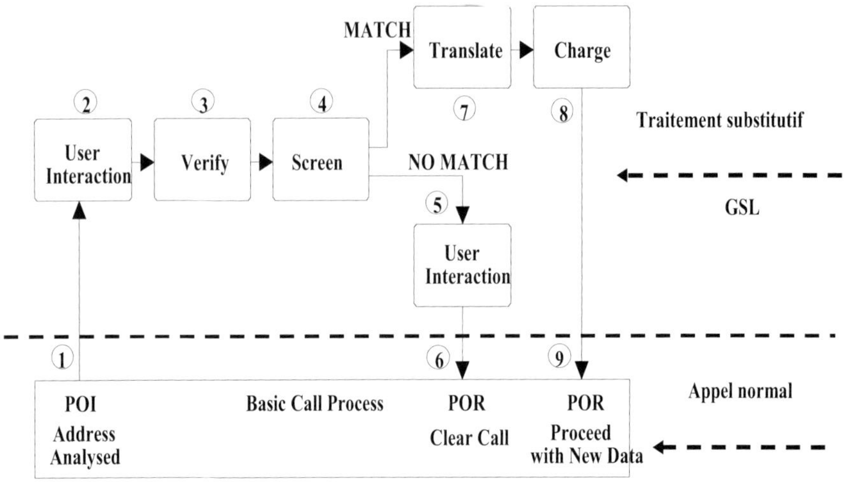

Figure 2.1. *Description formelle du service AAB*

Sur la figure 2.1, nous voyons que l'appel normal s'appelle le BCP (*Basic Call Process*) et que le service réseau intelligent ou traitement substitutif démarre à un point de débranchement de l'appel normal appelé *Point Of Initialization* (POI) et qu'il est décrit comme une suite de SIB. Il y a un ou plusieurs points de retour possibles vers l'appel normal appelés *Points Of Return* (POR). La suite de SIB obéit à la Logique globale de service (*Global Service Logic GSL*).

Un SIB n'est pas un programme, *c'est une description formelle d'activités* agissant sur des données. Les SIB définissent une activité complète avec un point de départ logique et un ou plusieurs points d'arrivées logiques. Les SIB sont définis d'une manière totalement indépendante de toute architecture spécifique du plan fonctionnel réparti ou du plan physique. Les SIB doivent théoriquement être réutilisables d'un service à l'autre et permettre de décrire tout service ou toute fonctionnalité de service.

Un schéma générique d'un module SIB est représenté sur la figure 2.2. Ce schéma montre que les SIB utilisent deux types de données :

– les données d'instance d'appel (CID : *Call Instance Data*), données de contrôle spécifiques de l'instance d'appel et effacées à la fin de l'appel, qui sont fournies au SIB par le traitement d'appel (numéro d'identification d'appel, état des ressources disponibles, etc.) ;

– les paramètres statiques de paramétrage (gestion) du service valable pour tous les appels. Ces paramètres de gestion sont appelés « données de support de service » (SSD : *Service Support Data*).

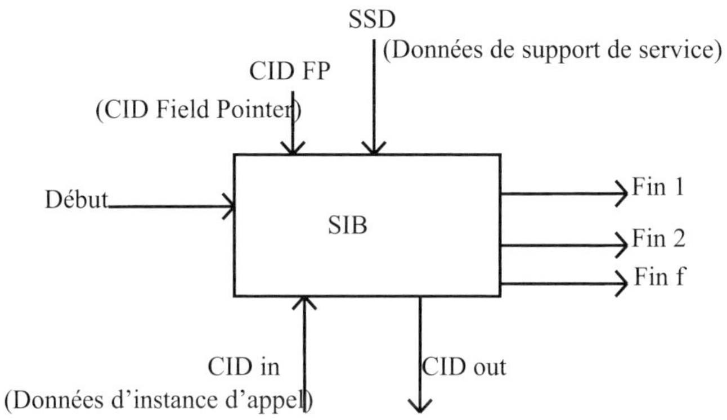

Figure 2.2. *Service Independant Building Blocks SIB*

Treize SIB ont été définis pour le CS1 :

– *algorithm* : applique un algorithme mathématique à une donnée en entrée, effectue des calculs sur des chiffres reçus ;

– *charge* : détermine la taxation de l'appel en partie ou totalement effectuée dans le RI ;

– *compare* : compare une valeur à une valeur de référence spécifiée ;

– *distribution* : répartit les appels vers différentes fins logiques, selon un algorithme déterminé par l'utilisateur ;

– *limit* : restreint le nombre d'appels associés à un service RI *via* des paramètres spécifiés par l'utilisateur ;

– *log* : consigne en détail, les informations relatives à chaque appel dans un fichier, pour une utilisation par des services de gestion (par exemple : statistiques, etc.) ;

– *queue* : assure les traitements indispensables à la mise en file d'attente d'un appel (passage facultatif d'annonces au demandeur en attente, retrait et transmission des appels de la file d'attente lorsque des ressources se libèrent) ;

– *screen* : compare une valeur à celles d'une liste située dans une base de données, pour déterminer si elle en fait partie. Par exemple : filtrage de numérotations ;

– *service data management* : permet au service de rechercher et éventuellement de modifier des données d'utilisateur situées dans une base de données ;

– *status notification* : permet de se renseigner sur l'état des ressources du réseau. Par exemple, pour le rappel automatique sur occupation ;

– *translate* : produit au niveau de la SDF des informations de sortie à partir d'informations d'entrée, en fonction de différents paramètres. Par exemple, traduit un numéro d'appel générique (800 pizza) en numéro spécifique ;

– *user interaction* : permet à la SCF de diriger la connexion d'un utilisateur vers une ressource spécialisée, de diffuser une annonce et, dans certains cas, de collecter l'information provenant d'un utilisateur : envoi de tonalités, de messages parlés vers l'usager, réception de chiffres ;

– *verification* : évalue si l'information reçue est syntaxiquement conforme à la forme attendue de cette information. A ces treize SIB, nous devons ajouter le BCP considéré également comme un SIB.

2.4. Le plan fonctionnel réparti Q1214

Le plan service et le plan fonctionnel global étaient concernés par la définition des services. Le plan fonctionnel réparti (*Distributed Functional Plane*) [ITU 93a] définit une architecture fonctionnelle d'exécution de service (voir paragraphe 2.4.1), c'est-à-dire des fonctions logicielles appelées « entités fonctionnelles » (FE) constituant un environnement d'exécution de tout type de service défini en conformité avec les méthodes spécifiées dans les plans supérieurs. Les points de déclenchement (DP) (voir paragraphe 2.4.2) et la signalisation (voir paragraphe 2.4.3) font également partie de la description de ce plan.

2.4.1. *Environnement d'exécution de service*

Une entité fonctionnelle (FE) est un groupe spécifique de fonctions localisées dans un même emplacement et constituant un sous-ensemble de toutes les fonctions nécessaires à la fourniture d'un service. Du point de vue de la répartition des entités fonctionnelles dans les entités physiques (du plan physique), il est à noter que :

– une entité fonctionnelle correspond entièrement à une entité physique spécifique et ne peut donc être répartie sur plusieurs entités physiques ;

– des entités fonctionnelles différentes peuvent en revanche être regroupées sur une même entité physique ;

– toute interaction de deux entités fonctionnelles qui communiquent entre elles est appelée « flux d'information ». Les relations entre entités fonctionnelles sont donc définies par des flux d'information qui sont normalisés.

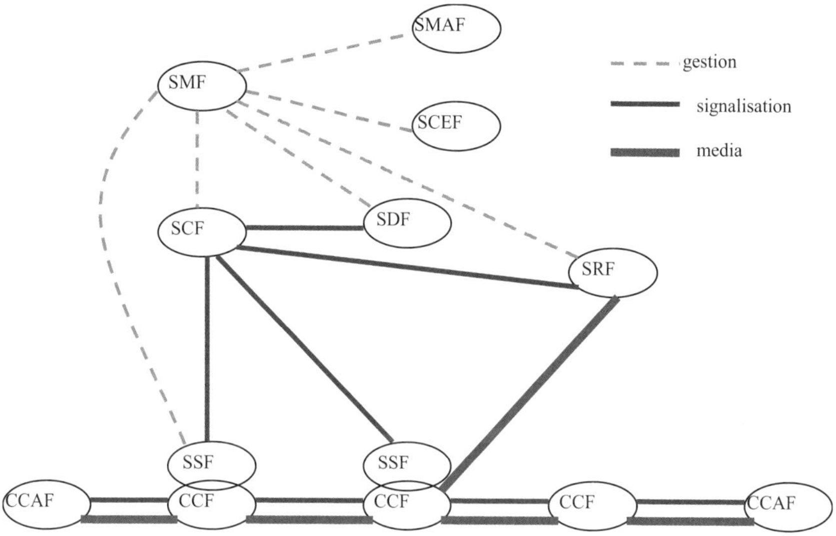

Figure 2.3. *Architecture fonctionnelle du réseau intelligent*

L'architecture fonctionnelle d'exécution de service du RI est indiquée sur la figure 2.3. Dans ce diagramme, on trouve deux types d'entités fonctionnelles : celles qui sont relatives à l'exécution des services et celles relatives à la création et la gestion des services. Les fonctions relatives à l'exécution des services sont les suivantes :

– la *Call Control Agent Function* (CCAF) représente le traitement d'appel d'un PABX RNIS qui traite la signalisation avec la CCF et qui assure une exploitation de type PABX à l'utilisateur ;

– la fonction de contrôle d'appel (CCF pour *Call Control function*). Il s'agit du logiciel de traitement d'appel des commutateurs ;

– la fonction de commutation de service (SSF pour *Service Switching Function*) est la fonction qui détecte que les critères de débranchement vers un service substitutif sont vérifiés. Cette entité assure l'ensemble des fonctions nécessaires à l'interaction avec les entités CCF et SCF en particulier la détection des points de déclenchement du service (d'appels à la SCF) et l'interprétation des commandes de la SCF ;

– la fonction de commande de service (SCF pour *Service Control Function*) réalise le traitement d'appel substitutif pour les demandes de services RI. Elle dispose de la logique et de la capacité nécessaires au traitement des services RI ;

– la fonction données de service (SDF pour *Service Data Function*) regroupe les données utilisateurs et réseau auxquelles la SCF doit accéder en temps réel pour l'exécution d'un service RI ;

– la fonction ressource spécialisée (SRF pour *Service Resource Function*) est la fonction de contrôle des ressources spécialisées (essentiellement des serveurs vocaux) nécessaires à l'exécution des services assurés par le RI (réception de chiffres, passerelles, etc.).

Les fonctions relatives à la gestion/création des services sont les suivantes :

– la fonction gestion de services (SMF pour *Service Management Function*) permet l'installation puis l'exploitation et la surveillance de services RI ;

– la fonction agent d'accès de service (SMAF pour *Service Management Access Function*) assure l'interface entre le personnel chargé de la gestion de services et l'entité SMF ;

– la fonction environnement de création de services (SCEF pour *Service Creation Environment Function*) permet de définir, créer et tester des services assurés par le RI puis de les transférer dans l'entité SMF.

2.4.2. Triggers *et événements*

En plus de l'architecture fonctionnelle d'exécution de service, la norme Q1214 du plan fonctionnel réparti décrit le mécanisme de substitution de service. Cette description contient donc le modèle d'appel et les graphes d'état OBCSM et TBCSM des pattes ou connexions demandeuses et demandées que nous avons déjà examinés (voir paragraphe 1.1.3), nous n'y revenons donc pas. Nous insisterons, en revanche, sur le rôle des DP (*Detection Points*). Les DP sont les opportunités de déclencher l'appel à un service réseau intelligent. En effet, normalement les DP sont « armés » par la gestion, préalablement à l'existence de toute instance de service. Lorsque le programme de traitement d'appel normal rencontre un DP armé, l'appel au service est déclenché. De tels DP armés par la gestion sont dits « statiques » dans la norme et nommés *Trigger points*.

Au contraire, il est possible, au cours du déroulement d'une instance de service, d'aller armer « dynamiquement » un DP pour que le traitement d'appel puisse le rencontrer plus tard et renvoyer l'information à la SCF. De tels DP armés « à la volée », au cours de l'instance de service, sont dits « dynamiques » dans la norme et nommés *Event points* ou « événements ». Par ce mécanisme, nous voyons que les DP constituent également des événements supervisables au cours du déroulement d'un service. Il y a deux commandes dans la signalisation INAP qui implémentent cette possibilité : la commande « RequestReportBCSMEvent » permet à la SCF de demander à la SSF de superviser le passage par un DP déterminé en « l'armant dynamiquement ». Lorsque le traitement passe par un tel DP « armé dynamiquement », il notifiera cet *événement* à la SCF avec l'opération « EventReportBCSM ».

2.4.3. *La signalisation INAP*

En plus, la norme du plan fonctionnel réparti décrit la signalisation INAP (*Intelligent Network Application Part*) permettant aux deux partenaires SCF et SSF d'invoquer des opérations dans l'entité distante. Comme nous l'avons déjà mentionné, la référence qui fait foi actuellement pour l'INAP est la norme de l'INAP produite par l'ETSI, souvent appelée ETSI Core INAP. Cette norme référencée ETS 300 374-1 (septembre 1994) définit INAP pour le CS-1, elle propose quelques simplifications par rapport à L'INAP Q.1214 de l'UIT.

Il y a vingt-neuf opérations ETSI Core INAP dont nous donnons maintenant la liste et une brève description. Cette liste est très intéressante parce qu'au fond, c'est la liste des vingt-neuf choses qu'un commutateur sait faire. En comparaison, un routeur du réseau Internet, machine strictement stateless, ne sait rien faire de tout cela et par conséquent Internet ne peut pas être un réseau intelligent ! La norme les classe par ordre alphabétique, nous préférons ici les classer par types de fonctionnalités.

2.4.3.1. *Débranchement du service normal et retour au service normal*

– *Initial DP procedure.* C'est l'opération qui déclenche tout ! Cette opération est envoyée par la SSF lorsque les critères d'armement sont vérifiés et qu'il faut donc faire appel à une SCF pour recevoir les instructions nécessaires à l'exécution du service substitutif.

– *Continue procedure.* C'est l'opération qui normalement termine le service ! Elle demande à la SSF de reprendre le traitement d'appel normal au point de l'appel où elle avait auparavant suspendu ce traitement pour attendre des instructions de la SCF. Le traitement d'appel reprend alors son cours normal sans autres substitutions de données ou d'actions de la part de la SCF.

– *Cancel procedure*. Cette opération permet d'annuler une demande de service à une SCF.

2.4.3.2. *Appels vers des destinations finales*

– *Collect Information procedure*. Cette opération demande au commutateur de récupérer les informations de traitement d'appel composées par l'abonné. Elle ne fait pas appel à une SRF.

– *Connect procedure*. Cette opération permet de demander à la SSF de connecter l'appel à une destination déterminée.

– *Initiate Call Attempt procedure*. La SCF demande à la SSF de créer un nouvel appel vers une nouvelle destination.

– *Call Information Request procedure*. La SCF demande à la SSF des informations sur un appel en cours.

– *Release Call procedure*. Cette opération permet à la SCF de demander à la SSF le relâchement d'un appel, à n'importe quel moment de l'appel et pour tous les partenaires de l'appel.

2.4.3.3. *Connexions à des serveurs vocaux, pilotage des serveurs vocaux*

– *Connect To Resource procedure*. Connexion d'un utilisateur à une SRF.

– *Establish Temporary Connection procedure*. Cette opération permet de demander à la SSF de connecter l'appel à une SRF (serveur vocal) dans le cas où la SRF est adressable séparément de la SSF.

– *Play Announcement procedure*. Envoi de tonalités ou d'annonces vocales à un utilisateur analogique ou d'informations alphabétiques à un utilisateur RNIS.

– *Prompt And Collect User Information procedure*. Interaction entre un serveur vocal et un utilisateur pour récupérer des informations.

– *Disconnect Forward Connection procedure*. Cette opération permet de demander à la SSF de déconnecter l'appel d'une SRF (serveur vocal) qui aurait été connectée précédemment.

– *Specialized Resource Report procedure*. Réponse de la SRF à la SCF pour indiquer qu'une annonce demandée est terminée.

2.4.3.4. *Mise en place de taxations*

– *Apply charging procedure*. La SCF demande la mise en place d'une taxation dans la SSF.

– *ApplyChargingReport procedure*. La SSF renvoie à la SCF les informations de taxation demandées.

– *Request Notification Charging Event procedure*. Demande de supervision d'un événement en vue de tarification.

– *Event Notification Charging procedure*. Notification d'un événement en vue de tarification.

– *Send Charging Information procedure*. La SCF demande à la SSF d'envoyer des signaux de taxe, par exemple des impulsions de taxe sur une ligne d'abonné.

– *Furnish Charging Information procedure*. La SCF demande à la SSF de générer un ticket de taxe pour tarification off-line ultérieure.

2.4.3.5. *Contrôle de service*

– *Activity Test procedure*. Opération utilisée par une SSF pour vérifier que sa relation avec une SSF donnée est bien toujours active.

– *Activate Service Filtering procedure*. La SCF donne des instructions à la SSF pour traiter certains appels d'une manière spécifique sans plus d'instructions de la part de la SCF.

– *Service Filtering Response procedure*. Dans le cas où un filtrage de service a été demandé par la SCF, cette opération permet de renvoyer le contenu de compteurs spécifiés dans la demande de filtrage à la SCF.

– *Assist Request Instructions procedure*. Une SCF qui se rend compte qu'il n'y a pas de serveurs vocaux (ressources spéciales) joignables directement depuis le commutateur d'initialisation du service redirige l'appel (par une opération *Establish temporary connection*) vers un autre commutateur duquel on peut se connecter au serveur vocal. La SSF de cet autre commutateur (*Assist SSF*) demande des instructions à la SCF avec l'opération *Assist Request Instructions procedure*.

– *Reset Timer procedure*. Il existe une temporisation dans la SSF pour limiter la durée d'une instance de service. Par cette opération, la SCF peut relancer la temporisation si elle s'aperçoit qu'elle risque de se déclencher.

– *Call Gap procedure*. Cette opération institue un contrôle de flux entre la SCF et la SCF : la SCF demande à la SSF de diminuer le taux de demandes de service par unité de temps.

2.5. Le plan physique Q1215

Le plan physique [ITU 93b] du modèle conceptuel du RI décrit des scénarios pour implanter les différentes entités fonctionnelles du plan fonctionnel réparti dans des machines physiques. Le plan physique correspond donc à l'architecture matérielle d'un réseau structuré en RI. La norme impose de respecter les règles suivantes :

– la même entité physique (machine) peut inclure plusieurs fonctions (entités fonctionnelles) ;

– une entité fonctionnelle ne peut pas être répartie dans plusieurs machines ;

– il est possible d'inclure une même fonction dans des machines de types différents.

Le scénario le plus simple, très souvent retenu, consiste à faire correspondre une machine à une fonction. Dans ce cas, la machine est identifiée par le même nom que la fonction qu'elle embarque en remplaçant la lettre F (fonction) par la lettre P (point). Il y a une exception notable à cette règle pour la machine embarquant la SRF (en général un serveur vocal). Il est convenu d'appeler cette machine un « IP » (*Intelligent Peripheral*). La figure 2.4 décrit ce scénario.

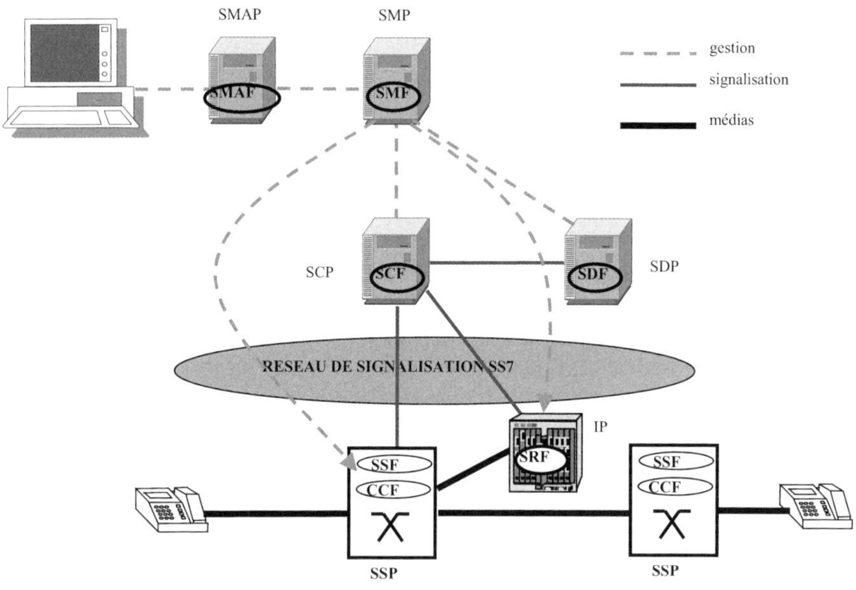

Figure 2.4. *Le scénario le plus simple d'architecture physique du réseau intelligent*

Les entités physiques PE (machines) que nous obtenons de ce scénario sont :

– le commutateur d'accès au service (SSP pour *Service switching Point*) est l'un des commutateurs du réseau téléphonique, vers lequel l'appel de type RI est acheminé. En général, les SSP sont des centres de transit. On peut penser qu'à terme, une majorité des commutateurs du réseau seront des SSP ;

– le point de contrôle de service (*Service Control Point* ou SCP) contient les programmes qui exécutent la logique du service RI. Typiquement, un SCP est composé d'une SCF et éventuellement d'une SDF. Le SCP est connecté aux SSP *via* le réseau sémaphore et le protocole de signalisation INAP et peut aussi être connecté à des IP ;

– le point de données de service (*Service Data Point* ou SDP) contient les données utilisées par les programmes de logique de service pour assurer les services. Typiquement, un SDP contient une SDF et communique avec des SCP, SMP (*Service Management Point*) voire d'autre SDP ;

– le périphérique intelligent (*Intelligent Peripheral* ou IP) contient des ressources matérielles spéciales nécessaires aux services. Ce sont souvent des Organes serveurs vocaux (OSV) qui permettent d'envoyer des indications vocales aux usagers d'un service. Typiquement, un IP est composé d'une SRF et est relié à un SSP. Un IP peut par exemple être un générateur de tonalité ou une passerelle d'audioconférence ;

– le point de gestion de service (SMP) effectue les commandes de gestion, c'est-à-dire, de création de paramétrage, d'exploitation et de supervision des services. Typiquement, un SMP contient une SMF et éventuellement une SMAF. Il peut accéder à toutes les autres entités physiques ;

– le point d'accès à la gestion de service (*Service Management Access Point* ou SMAP) permet aux concepteurs ou aux exploitants de services d'accéder au SMP ;

– le point d'environnement de création de services (*Service Creation Environment Point* ou SCEP) sert à définir, élaborer, valider les services RI et à les introduire *via* le SMP dans les autres machines.

Le scénario que nous venons de décrire est le plus simple. Il existe d'autres scénarios de positionnement des entités fonctionnelles d'exécution de service dans des machines. Par exemple, lorsque l'on décide de réorienter tous les appels qui invoquent un service donné vers un commutateur spécialisé, il embarquera la fonction de contrôle de service SCF et la SDF dans l'unité de contrôle du commutateur.

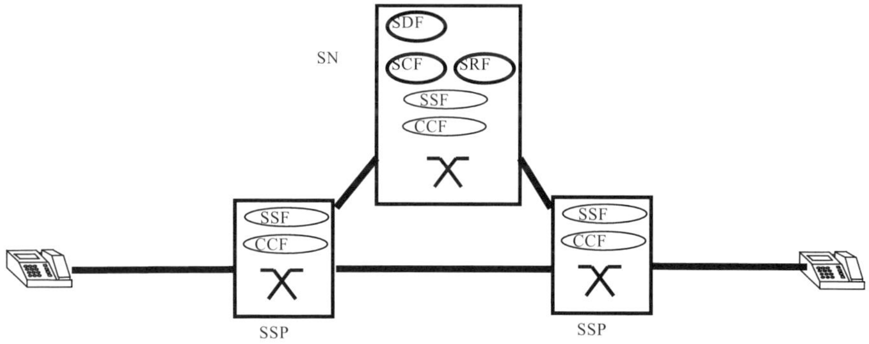

Figure 2.5. *Traitement de service par Service Node*

Ce commutateur spécialisé que l'on appelle un Service Node (SN) peut aussi contenir dans son équipement une SRF (voir la figure 2.5). Tous les échanges avec un SN se font donc par l'intermédiaire de circuits du plan utilisateur.

Enfin, nous pouvons trouver des commutateurs privés PABX ou publics disposant pour un groupe d'abonnés d'une exploitation privée (CO-Centrex) qui embarquent la totalité des fonctions : CCAF, CCF, SSF, SCF, SDF, SRF. Ces commutateurs tout à fait particuliers s'appellent des *Service Switching and Control Points SSCP* (voir la figure 2.6).

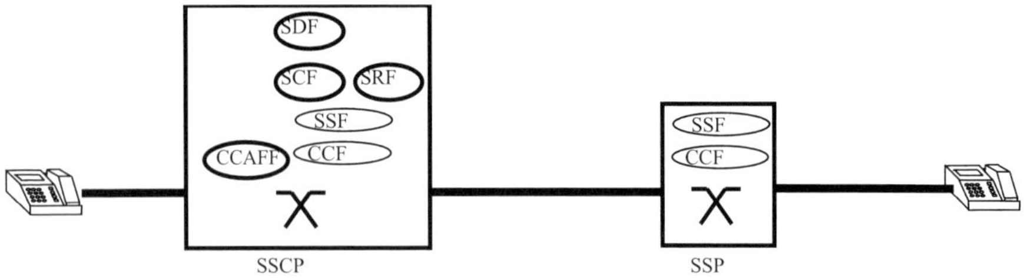

Figure 2.6. *Traitement de service par SSCP*

2.6. Exemple du déroulement d'un service IN-CS1

Pour illustrer les mécanismes que nous venons de décrire, nous prenons l'exemple du service libre appel. Le but du service est de rendre l'appel gratuit pour l'appelant et de faire supporter la taxation de l'appel au demandé, abonné au service. Les fonctionnalités de services utilisées pour ce service sont l'appel inversé et la traduction du numéro 0800.

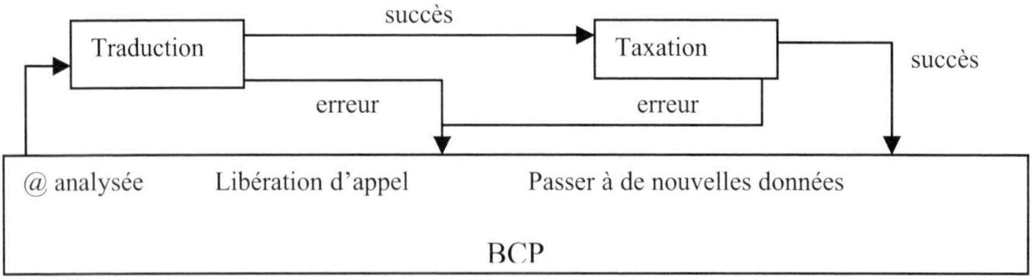

Figure 2.7. *Service libre appel.*
Description dans le plan fonctionnel global

La figure 2.7 donne la description du service dans le plan fonctionnel global. Les SIB utilisés sont le SIB *traduction* (pour traduire le numéro en un numéro routable) et le SIB *Taxation* (chargé de la tarification de l'appel) :

– le SIB *traduction* : il reçoit en CID (*Call Instance Data*), le numéro de l'appelant et le numéro de l'appelé 0800 PQMCDU (il n'a pas de signification routable). En SSD (*Service Support Data*), il reçoit des données à caractère permanent pour ce service, il s'agit ici de la correspondance 0800 PQMCDU→ numéro routable ;

– le SIB *Taxation* : il reçoit en CID des consignes pour connaître l'entité qui s'occupe de la tarification. Cela peut être le commutateur lui-même ou éventuellement la SCF, selon les types d'équipements en place. D'autre part, le SIB reçoit en SSD le tarif à appliquer et le numéro de l'abonné.

La figure 2.8 indique les premières étapes pour l'invocation du service : le traitement d'appel natif du commutateur se déroule en passant par les PIC de l'OBCSM et du TBCSM. Les services libres appels sont caractérisés par une numérotation 0800 PQMCDU. La patte de contrôle du service est la patte demandeuse et c'est l'OBCSM qui est concerné par le service « libre appel ». La gestion du service a armé le DP3 *Analysed Information* pour le critère « préfixe = 0800 ». A l'arrivée dans ce DP, le traitement d'appel CCF envoie un *trigger request* à la SSF et se suspend en attendant la réponse. La SSF, constatant que le critère « préfixe = 0800 » est satisfait, émet la commande *Initial DP* vers la SCF. Cette commande comporte comme paramètre la clé du service c'est-à-dire l'indicateur du service libre appel « 0800 ».

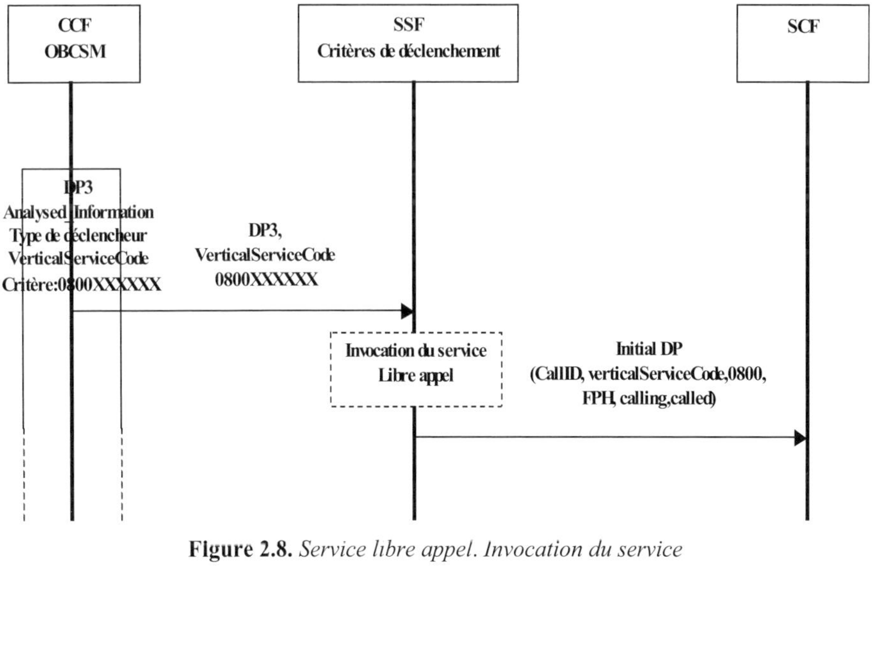

Figure 2.8. *Service libre appel. Invocation du service*

La SCF démarre la logique de service et les étapes sont maintenant indiquées sur la figure 2.9.

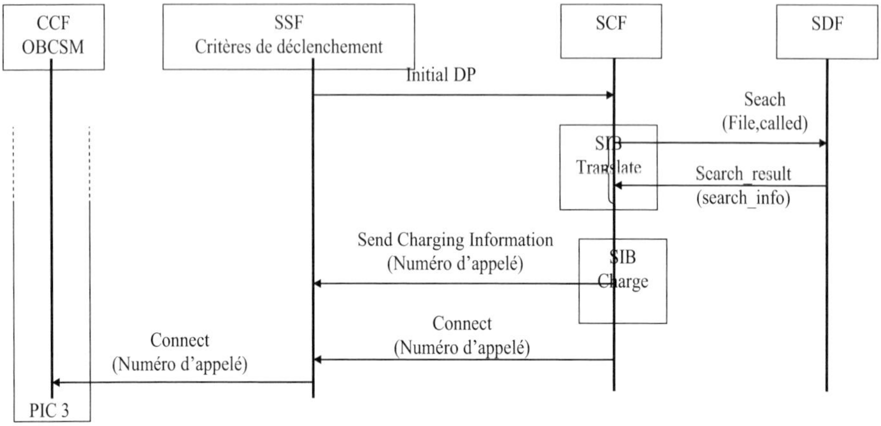

Figure 2.9. *Service libre appel. Exécution du service*

Il faut tout d'abord solliciter la base de données pour assurer la traduction du numéro 0800 PQMCDU non routable en un numéro physique vers lequel l'appel sera routé par la suite.

La SCF interroge donc la base de données SDF qui renvoie un numéro routable dans le réseau téléphonique et un numéro d'imputation pour la facturation de l'appel. La SCF met en place la facturation à la charge du numéro demandé en envoyant la commande INAP *Send Charging Info* à la SSF puis demande à la SCF de continuer l'appel vers le numéro demandé avec la commande Connect. Un *trigger notification* parvient au CCF en réponse au premier *trigger request.* Le CCF est alors capable d'acheminer l'appel.

En même temps que l'envoi du *connect* dans la traduction du numéro, la SCF peut envoyer un *request report BCSM Event* (*DP Answer* et *DP Disconnect*) pour mettre en place la supervision de la réponse du demandé et de la libération, dans le cas où la taxation est effectuée par la SCF.

2.7. Réseau intelligent et réseau mobile : CAMEL[1]

La normalisation des réseaux mobiles en technologie GSM étant assurée par l'ETSI, cet organisme de normalisation s'est rapidement intéressé à l'introduction des normes du RI dans les réseaux mobiles. La motivation principale était l'introduction du service de téléphones mobiles « prépayés ». Instruit par le retour d'expérience des normes de l'IN-CS1, l'ETSI a voulu introduire un certain nombre de simplifications et des fonctionnalités spécifiques aux réseaux mobiles, rendant la technologie ainsi définie légèrement différente de celle du réseau intelligent sur le réseau fixe. Pour cette raison, l'ETSI a choisi un autre nom pour cette nouvelle technologie pourtant très proche de celle du RI et l'a dénommée CAMEL pour *Customized Applications for Mobile Enhanced Logic.*

Pour comprendre les différences entre le RI sur réseau fixe et le RI sur réseau mobile, nous présentons sur la figure 2.10, la configuration d'un réseau fixe et sur la figure 2.11, la configuration d'un réseau mobile GSM.

Dans ces figures, nous distinguons :

– *des fonctions d'accès* : raccordement physique de l'abonné au réseau et stockage dans une base de données de son profil (ses droits, les services qu'il a souscrit, son nom (numéro d'annuaire) et son adresse (numéro d'équipement)) ;

– *des fonctions de transport* : traitement d'appel établissant la mise en relation avec l'abonné distant (appel) et la mise en continuité des ressources de transmission (connexion) ;

– *des fonctions d'intelligence* : services substitutif au traitement d'appel.

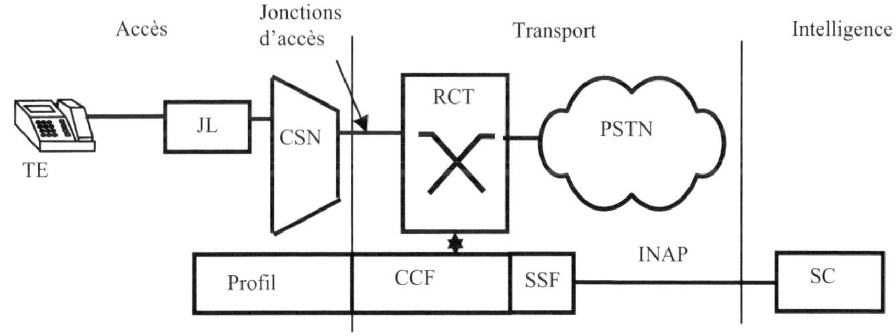

Figure 2.10. *Réseau intelligent sur réseau fixe*

1. Voir l'adresse http://www.3gpp.org/TB/CN2/camel-contents.htm.

Dans le réseau fixe, le raccordement physique de l'abonné se fait par une ligne constituée d'une paire torsadée de fils de cuivre. Cette ligne, après passage par divers répartiteurs, se termine sur un circuit appelé Joncteur de ligne (JL) localisé sur une carte d'abonné.

Typiquement, une carte d'abonné embarque seize ou trente-deux joncteurs de ligne. Les cartes d'abonné sont localisées dans des équipements appelés Concentrateurs Satellites Numériques (CSN) dont le rôle est de connecter l'abonné qui décroche à une jonction d'accès (canal de transmission entre le concentrateur et la matrice ou Réseau de ConneXion du commutateur RCX). Le nombre de jonctions d'accès est très inférieur au nombre d'abonnés, c'est pourquoi, l'on parle de concentrateur.

Typiquement, un concentrateur qui sert 1 000 abonnés n'est équipé que de 150 jonctions d'accès (il est typique que sur 1 000 abonnés, il ne puisse y en avoir plus que 150 qui puissent appeler à la fois).

Dans le réseau fixe, il y a une notion de commutateur de rattachement. La base de données contenant le profil de l'abonné est donc localisée dans l'unité de contrôle du commutateur et le traitement d'appel (CCF) n'a donc besoin d'aucune signalisation pour récupérer le profil (*Originating Translation*) ou faire une traduction nom/adresse (*Terminating Translation*).

Nous voyons maintenant sur la figure 2.11 que dans le réseau mobile, le raccordement physique de l'abonné se fait par radio numérique. L'équivalent du joncteur de ligne est un émetteur/récepteur radio appelé *Base Station Transceiver* (BTS) raccordé à l'équivalent d'un concentrateur appelé *Base Station Controller* (BSC).

Dans le réseau mobile, il n'y a plus de notion de commutateur de rattachement. Un abonné peut se porter présent sur n'importe quel commutateur du réseau. La base de données contenant le profil de l'abonné ne peut donc plus être locale à un commutateur, elle est forcément centralisée et s'appelle *Home Location Register* (HLR). Pour un abonné d'un réseau mobile, il n'y a qu'une seule HLR. Typiquement, une HLR contient les profils d'une tranche de 5 000 000 abonnés.

Lorsqu'un abonné se présente (se logue) sur un central du réseau mobile (appelé *Mobile Switching Center*, MSC), ce dernier doit donc récupérer le profil de la HLR et y mettre à jour la localisation. Nous appelons cette opération la « session d'accès ». Comme la HLR est distante, la session d'accès nécessite une signalisation d'accès appelée MAP (*Mobile Application Part*). Pour ne pas multiplier les échanges avec la HLR, le central visité stocke le profil de l'abonné dans une base de données secondaire co-localisée avec lui appelée VLR (*Visitor Location Register*).

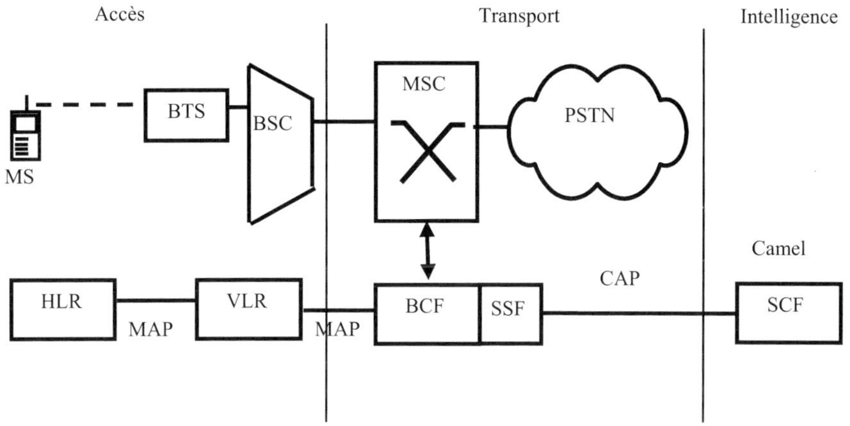

Figure 2.11. *Réseau intelligent sur réseau mobile*

Comme pour le RI, le développement des spécifications de CAMEL était prévu par étapes successives appelées ici « phases ». La première norme CAMEL est donc qualifiée de « CAMEL-phase1 » [ETS 98]. Cette norme est en fait extrêmement limitée, n'introduisant que le sous-ensemble de fonctions de l'IN-CS1 strictement nécessaires pour réaliser le service prépayé. Il se trouve que le prépayé s'est révélé être une *Killer Application* du fait qu'il évite les surprises de facturation en fin de mois.

Dans beaucoup de pays, en particulier dans les pays en développement, ce sont les services prépayés qui deviennent majoritaires. C'est ainsi que nous nous orientons maintenant vers le GPRS prépayé, merveille de technologie puisqu'il combine à la fois le réseau mobile, les réseaux data, la signalisation du mobile et la signalisation du RI (CAMEL-phase3).

Le principe de fonctionnement de CAMEL est indiqué sur la figure 2.12. Lorsqu'un abonné allume son poste mobile dans son réseau home ou dans un réseau visité, la VLR locale interroge sa HLR home pour obtenir les données d'authentification. Une fois cette authentification réussie, la VLR met à jour la localisation de l'abonné mobile (MAP_Update_Location), puis reçoit le profil de cet abonné (MAP_Insert_Subscriber_data). Le profil de l'abonné, contient, en plus des indications sur les services auxquels il a droit, des informations appelées O-CSI (*Originating Camel Subscriber Information*) et un T-CSI (*Terminating Camel Subscriber Information*).

Ces informations sont en fait, l'identification des DP qu'il faut aller armer dans la SSF du MSC visité pour que les services de cet abonné puissent être déclenchés. Autrement dit, la grande différence entre le RI et CAMEL c'est qu'en RI, les DP ou

Trigger Points sont armés par la gestion, à la création du service, alors qu'en CAMEL, les DP sont armés par la signalisation MAP de la session d'accès.

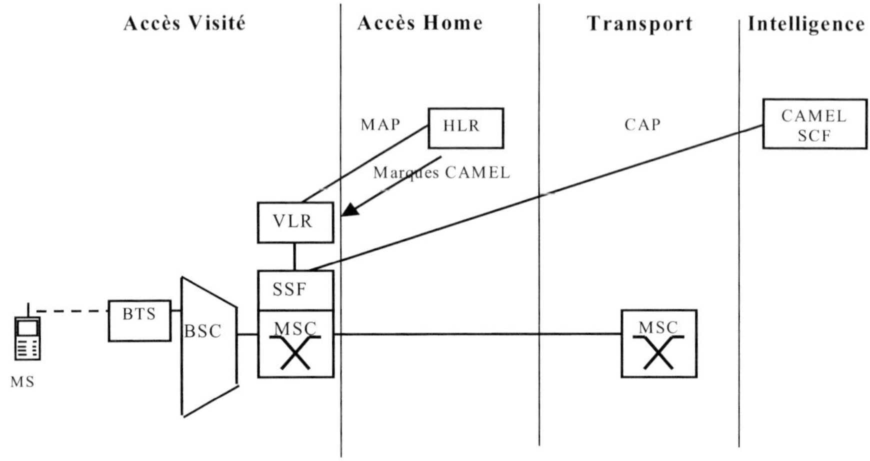

Figure 2.12. *Principe de CAMEL*

Chaque marque contient les champs suivants :

– la *clé* du service (*Service Key*) [0..231-1] ;

– le *type* du TDP-R [DP2/DP12] ;

– l'*adresse du gsmSCP* (gsmSCP Address) [format E164 : préfixe national (« A1 ») ou international (« 91 ») + 15 chiffre max] ;

– le comportement par défaut du gsmSSP, si absence ou erreur de dialogue avec le gsmSCP (*Default Call Handling*) [REL/CONT] ;

– le comportement si le VLR visité ne supporte pas CAMEL (version MAP < v3 ou option CAMEL non affirmée) [REL/CONT] ;

– le comportement si le GMSC ne supporte pas CAMEL (version MAP < v3 ou option CAMEL non affirmée) [REL/CONT] ;

– l'indicateur de demande de localisation de l'abonné [Y/N] ;

– l'indicateur de demande d'état de l'abonné [Y/N].

Par la suite, quand l'abonné fait un appel, le mécanisme de substitution de l'appel normal par un traitement substitutif est strictement semblable à celui du RI.

Dans CAMEL phase 1, les modèles d'appels O-BCSM et T-BCSM ont été considérablement simplifiés, avec un nombre de DP et de PIC très réduits. Des dix

DP de l' O-BCSM de l'IN-CS1, il ne restait en CAMEL phase 1 que trois et des huit DP du T-BCSM de l'IN-CS1, il n'en restait également que trois. La signalisation INAP de l'IN-CS1 s'est également trouvée modifiée, pour s'appeler maintenant CAP (*CAMEL Application Part*) [ETS 99]. Les vingt-neuf commandes de INAP-CS1 étaient réduites à six commandes en CAMEL phase 1, avec cependant un ajout de quatre nouvelles commandes.

Enhardis par le succès de CAMEL, les opérateurs ont donc étudié une deuxième phase dont les objectifs correspondaient à obtenir sur les réseaux mobiles les mêmes possibilités d'offre de service que sur les réseaux fixes avec IN-CS1. Pour ce faire, l'architecture d'exécution de service du plan fonctionnel réparti a été rétablie en conformité avec celle du IN-CS1, en réintroduisant les fonctions de ressources spécialisées : gsmSRF qui avaient été supprimées en phase 1.

Les modèles d'appels O-BCSM et T-BCSM ont été considérablement renforcés avec un nombre de DP augmenté, ce qui donne plus d'occasion de déclencher des services. Toutefois, il n'a pas été jugé utile de réaugmenter le nombre de PIC pour revenir aux PIC de l'IN-CS1.

Dans l'O-BCSM (voir la figure 2.13) et le T_BCSM (voir la figure 2.14), plusieurs DP de l'IN-CS1 sont réintégrés :

– occupation : O/T_Busy ;

– non-réponse : O/T_No_Answer ;

– échec de l'appel : Route_Select_Failure.

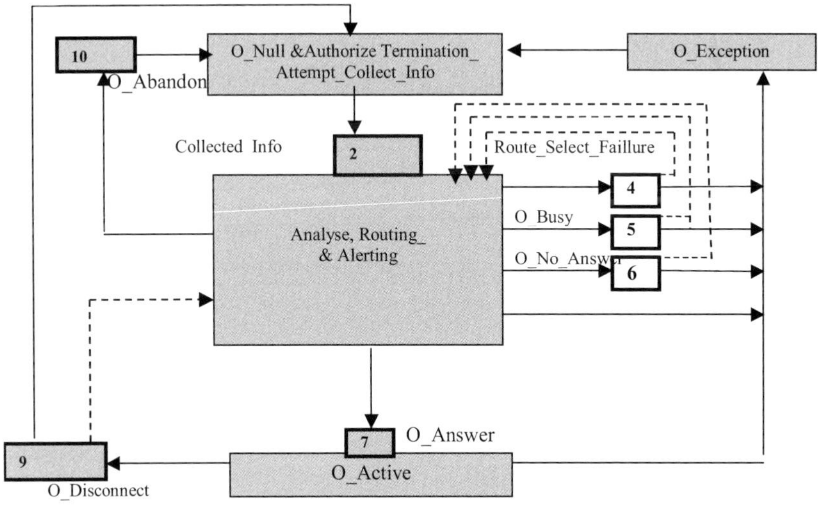

Figure 2.13. *Plan fonctionnel réparti de CAMEL phase 2 : O-BCSM*

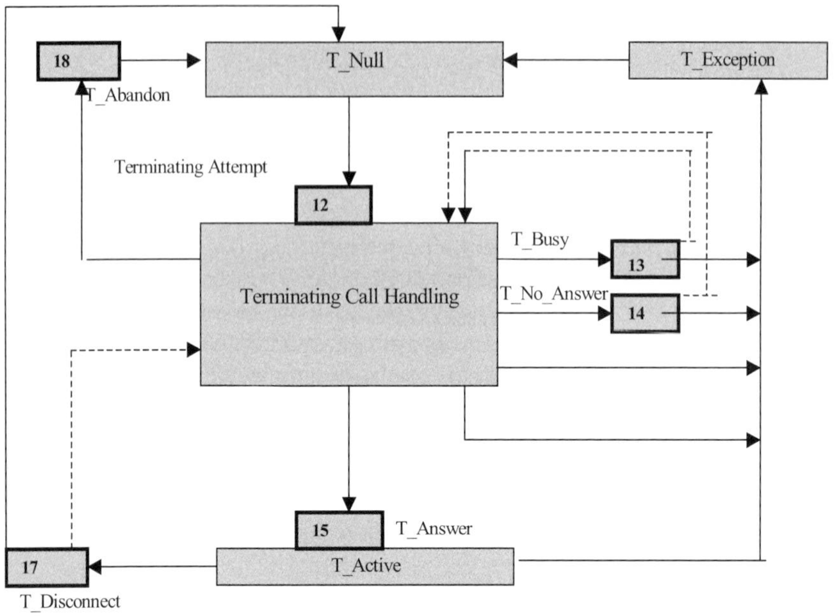

Figure 2.14. *Plan fonctionnel réparti de CAMEL phase 2 : T-BCSM*

Pour illustrer le fonctionnement de CAMEL, la figure 2.15 nous montre les échanges permettant de charger les marques CAMEL au moment de l'allumage du poste mobile (session d'accès) et donc d'armer les DP dans ce MSC.

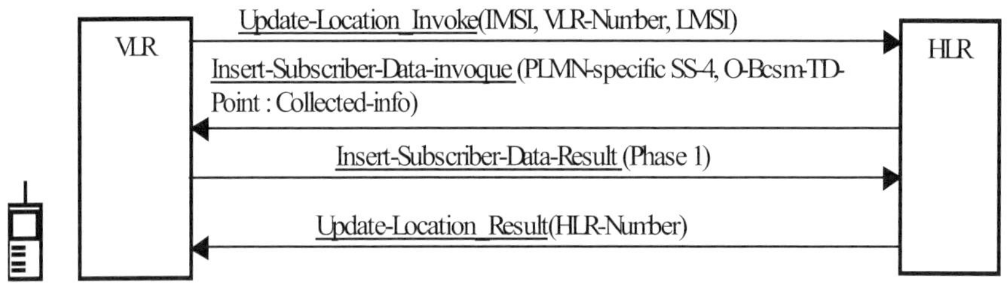

Figure 2.15. *CAMEL phase 1 : armement des DP dans le MSC visité*

La figure 2.16 nous montre les échanges lorsqu'un téléphone prépayé émet un appel. Nous voyons que les DP « réponse » et « raccrochage » sont armés dynamiquement par la signalisation CAP, en cours de session. A la réponse de la personne appelée, une commande *Event Report BCSM* entame la décrémentation du solde de l'abonné demandeur dans la plate-forme de service. Au raccrochage, une autre commande *Event Report BCSM* arrête cette décrémentation.

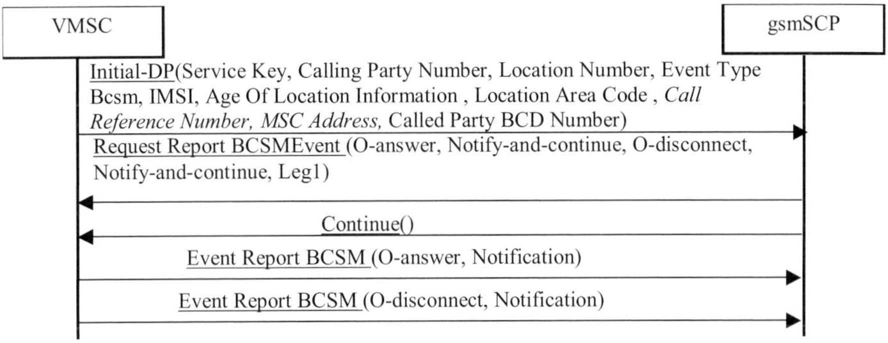

Figure 2.16. *CAMEL phase 1 : appel prépayé*

2.8. Conclusion

Nous avons décrit en premier, le modèle INCM dont nous retiendrons pour les services, surtout les deux premiers plans et la notion très puissante du SIB. Puis, nous nous sommes intéressés à CAMEL pour aborder les réseaux mobiles. L'effort de définition de CAMEL est destiné à continuer encore quelques temps. D'ores et déjà, les spécifications de CAMEL phase 4 sont en cours de publication. Il s'agit d'appliquer à CAMEL les principes importants de IN-CS2 et en particulier le CPH (*Call Party handling*).

Les normes évoluent lentement et deviennent de plus en plus complexes. Le décalage avec les besoins du terrain, laisse la place à la prolifération des solutions propriétaires. Néanmoins, les bons concepts perdurent à condition d'avoir été bien compris. Or, les services seront bien mis en œuvre, à condition, qu'ils aient été bien conçus. Nous proposons donc de nous tourner vers la création de services dans le prochain chapitre.

Les réseaux intelligents ont bien posé les prémisses et les règles de base des technologies de service. Cependant, il est à noter que de nouvelles idées se font jour, les industriels se tournent résolument vers les technologies de téléphonie sur IP. Ces nouvelles technologies conduisent à l'identification de domaines séparables dans le plan contrôle, comme ceux de l'accès, de l'intelligence, de l'appel et de la connexion.

2.9. Bibliographie

[ITU 93a] ITU-T Q.1204, Intelligent network distributed functional plane architecture, 1993.

[ITU 93b] ITU-T Q.1205, Intelligent network physical plane architecture, 1993.

[ITU 97a] ITU-T Q.1202, Intelligent network-Service plane architecture, 1997.

[ITU 97b] ITU-T Q.1203, Intelligent network-Global functional plane architecture, 1997.

[ITU 98] ETSI Final Draft EN 301 152-1. Intelligent Network (IN) ; IN Capability Set 1 (CS1) extensions ; Intelligent Network Application Protocol (INAP) ; Customized Applications for Mobile network Enhanced Logic (CAMEL) ; Part 1 : Protocol Specification, v.1.2.1, 1998.

[ETS 99] ETSI GSM 09.78 : Digital cellular telecommunications system (Phase 2+) ; CAMEL Application Part (CAP) specification ; v.5.3.0, 1999.

Chapitre 3

La création de services : les besoins

3.1. Introduction

La satisfaction des besoins des utilisateurs passe par la capacité à maîtriser la création de nouveaux services de télécommunications dans un environnement ouvert, multi opérateurs et multi fournisseurs. C'est même l'enjeu économique majeur de nos jours. Comme nous venons de le voir, le réseau intelligent (RI), est l'une des premières infrastructures de support créée pour faciliter l'introduction des nouveaux services de télécommunications en ayant pour souci d'introduire plus de flexibilité.

Certes le terme « service » doit être interprété ici de façon restrictive : ce sont des services de réseau de télécommunications (le numéro vert, le réseau privé virtuel ou RPV, le transfert d'appel, etc.), construits sur des services basiques de transfert d'informations tels que le transport de la parole, de données ou d'images vidéo.

En fait, il est possible de distinguer deux types de services :

– les services liés au traitement d'appel, appelés services de télécommunication de référence (tels que les services de traduction d'adresse pour l'acheminement des appels) ;

Chapitre rédigé par Tatiana AUBONNET, Noëmie SIMONI, Zakaria BENAHMED DAHO et Geneviève CHARPIN.

– les services de gestion de services RI (tels que la personnalisation du service par un usager qui peut changer son profil de service en modifiant, par exemple, son numéro de transfert d'appel ou des éléments liés à la facturation).

Bien que l'ambition était de pouvoir appliquer les principes de l'architecture du RI à tout type de réseau, ces principes sont :

– l'architecture doit être indépendante de la mise en œuvre des services. Cela veut dire que la mise en œuvre de nouveaux services ne doit pas impliquer une modification de l'architecture, ce qui serait alors fort coûteux ;

– l'architecture doit être indépendante de la mise en œuvre du réseau. Cela veut dire que l'architecture ne dépend pas de la configuration physique du réseau ni des systèmes spécifiques des fournisseurs.

L'objectif étant de permettre à un opérateur de réseau de choisir le matériel adéquat et de ne pas être obligé de redévelopper un service en cas de changement de configuration du réseau.

Dans ce chapitre, nous voulons mettre en exergue les concepts moteurs à la création et à l'introduction *rapide et flexible* des nouveaux services, dans un environnement ouvert, multi opérateurs et multi fournisseurs.

Les concepts du réseau intelligent ont permis le passage d'un service monolithique de téléphonie de base aux nouveaux services de télécommunications plus flexibles. Ainsi le UPT (*Universel Personnel Telecommunication*) a permis de désolidariser l'utilisateur du terminal, du propriétaire du terminal, le Contrôle parental (CP) que nous décrirons (section 3.2) s'adapte au désirata du client, etc. Cependant, l'architecture du RI ne peut pas aujourd'hui répondre à de nombreux besoins comme ceux, entre autre, d'offrir les services quand plus d'un utilisateur est actif à la fois. Nous le verrons avec le service PCV (PerCeVoir) (section 3.3).

Les deux points structurant du RI que nous retenons sont :

– le modèle conceptuel,

– la logique de service.

Cependant, l'architecture RI ne fournit pas de langage standard de modélisation pour la création de services. Cette activité est prise en compte dans l'architecture au niveau de l'entité fonctionnelle « Environnement de création de services (SCEF) », mais un langage de modélisation reste à définir. Les propositions UML de l'OMG semblent combler ce manque. Nous traiterons le service CPP (carte prépayée) à l'aide de certains diagrammes préconisés par ce langage (section 3.4). En fait, pour aboutir à une création rapide de services, les concepteurs doivent se doter *d'outils d'aide à la création traduisant les nouvelles techniques du métier* et offrant à leur communauté des référentiels aux formats d'échange normalisés. Il est nécessaire d'avoir un *Atelier de génie logiciel* destiné à accroître la maîtrise du processus d'ingénierie dans un environnement réparti. Ce processus générique devrait être suffisamment complet pour que, par une simple instanciation, on puisse obtenir autant de nouveaux processus que souhaités. Il y a, en outre, un besoin de réaliser automatiquement ces processus.

Le projet RNRT PILOTE [AUB 01] (Processus d'ingénierie du logiciel de télécommunications) a proposé un atelier où un processus de développement de services est exécuté dans un contexte de travail défini par des *profils UML*. Nous verrons comment l'atelier PILOTE (section 3.5) participe à un effort de modélisation à partir du modèle de référence. L'atelier de création de services contribue à la réutilisabilité. Les référentiels favorisent le partage des connaissances permettant la réutilisation de processus et de profils selon l'organisation. Les interfaces entre la modélisation, la production et le référentiel permettent l'échange de modèles dans des formats normalisés. Dans le contexte de l'atelier de création de services PILOTE, le rôle du référentiel est d'assurer la conformité entre la modélisation et les outils de production pendant la création de services.

3.2. Le service « contrôle parental » (CP)

Les services de RI permettent d'offrir à l'utilisateur des fonctions sophistiquées, basées sur l'origine de l'appel et sa destination, que ce soit en matière d'émetteur ou de récepteur, de leur localisation, des horaires ou de la nature du service.

Le service décrit dans ce chapitre concerne un service de téléphonie mobile, dit de contrôle parental. Le principe est de permettre à un enfant d'utiliser un téléphone mobile, tout en limitant les usages, afin de ne pas voir une facture « exploser » en fin de mois par une utilisation excessive.

3.2.1. *Présentation du service « contrôle parental » d'un téléphone mobile*

Le service de contrôle parental permet à des parents de souscrire un forfait d'appels téléphoniques à partir d'un mobile pour un enfant en interdisant tout appel lorsque le forfait est atteint sauf à destination d'une dizaine de destinataires prédéfinis qui sont, généralement, les parents (téléphone fixe du domicile, téléphones mobiles, téléphones de bureau) et les proches. Ces communications hors forfait seront alors facturées spécifiquement.

Le service se décline en deux parties qui sont la souscription ou la modification du service et l'exécution du service :

– lors de la souscription ou de la modification du service, le gestionnaire du contrat :

- choisit la durée du forfait : une heure, deux heures, etc.,

- indique les numéros de téléphone que l'enfant pourra appeler hors forfait et qui seront alors facturés selon des conditions déterminées. Ce dialogue peut avoir lieu sous différentes formes *via* un conseiller de clientèle, par Internet, par un répondeur automatique ou *via* tout terminal de communication ;

– lors de l'exécution du service, le système vérifie si le forfait est atteint. Si ce n'est pas le cas, tous les appels sont autorisés. Si c'est le cas, le système vérifie si le numéro demandé fait partie de la liste des appels autorisés :

- si l'appel est autorisé, la communication est établie,

- si l'appel n'est pas autorisé, un message du type « Nous sommes désolés, mais votre forfait de communication étant atteint, nous ne pouvons pas établir votre communication » est délivré à l'utilisateur.

3.2.2. *Spécification du service CP*

Lors de la souscription du service ou de la demande d'évolution, le SI met à jour le SCP avec la liste des numéros de téléphone autorisés en cas de dépassement du forfait (voir la figure 3.1).

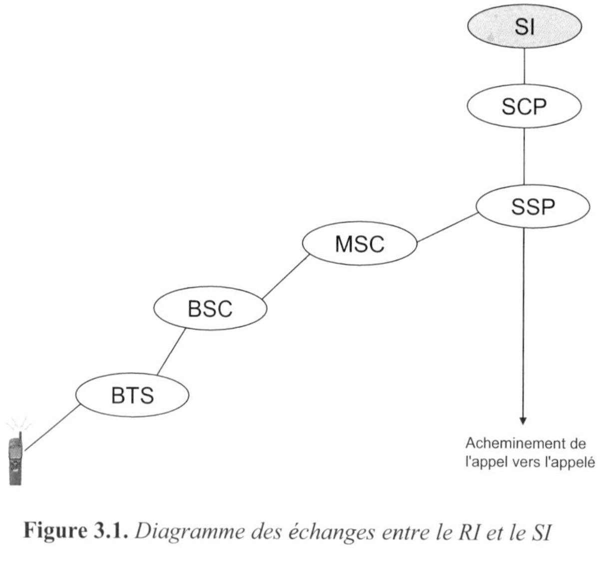

Figure 3.1. *Diagramme des échanges entre le RI et le SI*

Lors d'un appel, le SCP vérifie si l'appelé figure dans la liste des numéros autorisés en cas de dépassement du forfait :

– s'il figure dans la liste, le SCP autorise le SSP à établir la communication ;

– sinon, le SCP demande au SI le nombre d'unités qu'il est autorisé à délivrer à l'appelant en fonction du numéro appelé et du solde du forfait.

Dans les deux cas, le SI accorde au demandeur des unités. Le SCP autorise alors l'appel.

Lorsque ce nombre d'unités est épuisé, le SCP coupe la communication en ayant préalablement demandé au SSP de rediriger la communication sur une annonce qui va prévenir l'utilisateur que, son forfait étant atteint, la communication va être interrompue.

Si l'appelant tente de faire un appel vers un numéro non autorisé alors qu'il a dépassé son forfait, le SCP n'autorise pas le SSP à établir la communication et lui demande d'établir une communication avec l'annonce prévu pour prévenir l'appelant.

Dans tous les cas, les tickets de taxe sont collectés et sont imputés sur le forfait ou intégrés dans la facture en cas de dépassements autorisés.

3.2.3. *Conclusion*

Le réseau intelligent a permis d'introduire des nouveaux services correspondants bien à certains besoins personnalisés des utilisateurs. Cependant, il est à noter une différence d'échelle de temps d'exécution, entre le niveau réseau et le niveau service. En effet, nous avons un fort temps réel dans l'infrastructure de télécommunications (de l'ordre de la seconde ou du dixième de seconde) et des délais plus importants dans le SI (de l'ordre de la minute). Par exemple, le SI ne dispose pas d'une information en temps réel du solde exact de l'appelant. Soit, le solde est basé uniquement sur les informations acheminées par la signalisation et il ne tient pas compte de certaines informations possédées par le SI, telles que les promotions, soit le solde est calculé par le SI et le délai introduit par la collecte des tickets de taxe et leur valorisation font que les informations dont dispose le SCP ne seront pas rigoureusement à jour.

3.3. Le service PerCeVoir (PCV)

L'objectif poursuivi avec la présentation de ce deuxième service est toujours le même. Nous voulons montrer la puissance du modèle conceptuel (nous nous intéressons qu'aux deux premiers plans concernant le service) qui pose les prémisses des technologies de services, mais, des manques conduisent à des blocages qui seront fatals à l'expansion du RI. Comme nous allons le constater, le service PVC souffre de la dépendance avec le traitement d'appel.

3.3.1. *Présentation du service PCV*

Le service PCV permet aux clients « receveurs » de prendre à leur charge le paiement des communications initialisées par des personnes tierces à destination de leur ligne téléphonique. Le service PCV se déroule comme suit :

– pour accéder au service, l'appelant décroche. L'annonce A10 le conduit à composer un numéro. L'appelant compose le code du service PCV ;

– le système vérifie la validité du code introduit. Si le code est invalide, le système envoie l'annonce A01, sinon ;

– le système envoie l'annonce A11 invitant le demandeur à composer le numéro du destinataire et à prononcer son nom. L'appelant compose le numéro du destinataire et prononce son nom pour qu'il soit reconnu par le destinataire ;

– le système vérifie la validité du numéro introduit. Si le code est invalide, le système envoie l'annonce A01, sinon ;

– le système authentifie le destinataire. Il vérifie s'il dispose d'un abonnement (client de l'opérateur). Dans le cas contraire, il envoie à l'appelant l'annonce A02 ;

– le système vérifie que le destinataire peut recevoir des appels en PCV (vérification des droits). En cas de problème, le système envoie l'annonce A03 à l'appelant, sinon ;

– le système envoie au destinataire l'annonce A12 lui indiquant qu'un appel en PCV a été émis vers sa ligne. Le destinataire peut alors accepter ou refuser l'appel entrant. S'il refuse, le système envoie l'annonce A04 à l'appelant et déconnecte le service, sinon ;

– le système sélectionne le modèle du *charging* (en ligne, hors ligne). Dans le cas du *charging* en ligne *on-line* ; les informations de consommation doivent être fournies à l'appelé et à l'appelant. Le crédit de l'appelé est contrôlé. Si le crédit est insuffisant, le système envoie l'annonce A05, sinon ;

– la session du service PCV est ouverte entre l'appelant et l'appelé.

Durant la communication, le système affiche l'annonce A13 à l'appelant et à l'appelé pour les informer de la durée de la communication et du coût associé. Le crédit de l'appelé est contrôlé en continu. Annonce A05 si crédit insuffisant. Les échanges vont durer jusqu'à ce que l'un des deux communicants mette fin au service (raccroche) où si un problème (défaut de solde, limite de communication, coupure du signal, fautes, etc.) survient en cours de communication. Dans tous les cas de figure, une annonce A00 est envoyée aux communicants et le service est arrêté.

L'appelant ou l'appelé va réagir suivant l'annonce qu'il reçoit :

– annonce A10 : tonalité continue ;

– annonce A11 : entrer le numéro de téléphone du correspondant et prononcer votre nom. Appuyer sur # pour valider ;

– annonce A12 : appel en PCV de « NOM appelant», acceptez-vous cet appel ? si oui, appuyer sur # sinon raccrocher ;

– annonce A13 : durée : « durée », coût : « coût » ;

– annonce A00 : tonalité discontinue ;

– annonce A01 : numéro invalide ;

– annonce A02 : impossible d'appeler votre correspondant en PCV ;

– annonce A03 : votre destinataire ne peut être joint en PCV ;

– annonce A04 : votre correspondant a refusé votre appel en PCV ;

– annonce A05 : votre crédit est insuffisant pour cet appel.

3.3.2. *Analyse des besoins*

L'analyse des besoins permet d'identifier les fonctions suivantes :

– *accès au service PCV* : traduit le traitement de la demande d'accès au service PCV. Cette demande est initiée par l'agent appelant ;

– *traitement du service PCV* : reflète les traitements qui mettent en relation l'agent appelant et l'agent appelé et ce par l'établissement d'une session de service PCV entre les deux acteurs. Les traitements du service PCV nécessitent l'accès à différentes bases d'informations de l'opérateur ;

– *accès au réseau* : reflète la demande de connexion que le service formule au réseau de transport pour connecter les deux agents ;

– *gestion du service PCV* : ce sont les traitements nécessaires au gestionnaire pour effectuer, en particulier, la configuration du service PCV, l'activation des statistiques pour le contrôle de son usage et le contrôle des coûts engendrés. Ce module envoie aussi des notifications et des rapports au système de gestion concernant l'état du service PCV.

3.3.3. *Spécification du service PCV sur le plan service*

L'analyse du service PCV nous permet de faire ressortir les SF (voir la figure 3.2) suivants :

– pour l'accès au service PCV, il nous faut les SF suivants :

- *interface User-Service* : cet élément de service permet à l'appelant et à l'appelé d'interagir (présentation et collecte des informations) avec le service PCV,

- *autorisation* : permet de vérifier les autorisations nécessaires à l'usage du service PCV,

- *authentification* : permet l'authentification de l'appelant et de l'appelé et la vérification de leurs références dans les bases de l'opérateur ;

– pour le traitement du service PCV, au-delà de l'accès que nous venons de préciser, il n'y a pas de SF particulier. Le traitement cœur du PCV, qui est en fait la communication entre l'appelant et l'appelé, est pris en charge par le processus d'appel de base du réseau ;

– concernant l'évaluation du coût du service PCV, elle est presque identique à celle du service téléphonique de base. A ceci près, qu'en plus que le facturé est l'appelé, nous avons besoin du comptage du réseau de façon continue et pas simplement au moment du raccrochage, dans le cas du *charging* en ligne. Donc, nous avons besoin du SF *charging*.

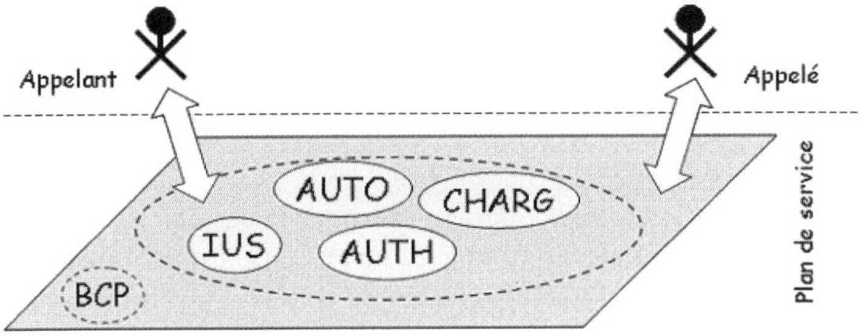

Figure 3.2. *Le service PCV sur le plan service*

3.3.4. *Spécification du service PCV sur le plan fonctionnel global*

La spécification du service PCV sur le plan fonctionnel global se traduit par la détermination des SIB et la logique de leur enchaînement.

Dans le cas que nous traitons, nous supposons que les phases suivantes font partie de la procédure de l'appel de base. L'appelant décroche son téléphone, la tonalité le conduit à composer un numéro. L'appelant introduit le numéro du service PCV. Le système vérifie le numéro.

Si le numéro est correct, c'est à partir de ce point que la logique du service PCV est lancée (contrôle de l'appel PCV par la plate-forme RI). La plate-forme RI lui demande d'introduire le numéro du destinataire et de prononcer son nom (SIB *User Interaction* : annonce A11). La plate-forme authentifie le destinataire (*Authentification = SIB Verify + SIB Screen*) et vérifie s'il peut recevoir des appels en PCV (*Autorisation = SIB SDM + SIB Compare*). Si ces opérations se terminent avec succès, la plate-forme détermine l'adresse physique (port de destination) de l'appelé et ce, grâce à l'opérateur de traduction (SIB *Traduction*). Le contrôle est rendu au réseau des télécoms pour trouver une route vers le destinataire. Une fois la route trouvée, le système doit rendre le contrôle à la plate-forme de service.

La plate-forme doit alors informer le destinataire (ce qui n'est pas possible en RI) qu'un appel en PCV a été émis vers sa ligne[1]. Le destinataire peut accepter ou refuser l'appel (SIB *User Interaction* : annonce A12 en cas de refus annonce A04). Dans le cas où il accepte, la plate-forme détermine le modèle de tarification (*on line/off line*). Dans le cas où le PCV est illimité, il n'y a pas de contrôle de la consommation. Elle pourra se dérouler jusqu'à ce que l'un des acteurs raccroche. Sinon, dans le cas où le PCV est limité, la communication pourra se faire tant que la limite du solde du destinataire n'a pas été dépassée (*Control Usage PCV = SIB SDM + SIB Compare*). L'évaluation du coût (*SIB Charging*) se fait durant toute la durée de la communication et ce, en récupérant les informations du comptage du réseau. Durant la conversation, la plate-forme envoie des messages d'information, indiquant le coût et la durée de la communication, aux deux interlocuteurs (SIB *User Interaction* : annonce A13). Quand l'un des deux acteurs raccroche ou si le solde n'est plus suffisant pour la communication, il y a déconnexion de la session de service et la libération des ressources du réseau.

3.3.5. *Conclusion*

La logique de service que nous avons décrite dans cet exemple est bien représentative de la spécification du service PCV, mais elle n'est pas conforme aux recommandations du RI, car il n'est pas possible d'armer des DP (*Detection Point*) dans plusieurs *legs*. C'est-à-dire que l'exécution d'un SIB (*User Interaction*) ne peut pas intervenir simultanément dans les deux BCSM des extrémités communicantes qui sont fonctionnellement séparées (O-BCSM et T-BCSM).

3.4. Le service carte prépayée (CPP)

Dans cette section, nous vous proposons l'exemple d'un autre service : la carte pré payée, en utilisant les notations proposées par UML [OMG 03]. Ce dernier fournit une plus grande puissance d'expression et une analyse méthodique du service. La spécification de service se fera de façon progressive comme lors d'un processus de développement. Nous procédons comme un développeur possédant un AGL (Atelier de génie logiciel).

L'objectif est de construire un service RI, la carte pré payée et d'insister sur les avantages de l'approche RI et de son modèle INCM, mais en y associant un langage.

---

1. A partir de cette action, la spécification n'est plus conforme aux recommandations du RI.

3.4.1. *Description du service « carte prépayée » (CPP)*

Commençons par la description textuelle du service « carte prépayée ». Le service CPP permet à l'utilisateur d'appeler à partir de son téléphone et d'être facturer sur un compte associé :

– le demandeur compose le numéro de son correspondant ;

– le souscripteur est validé, si non trouvé, annonce A11. Si non validé, annonce de blocage A12 ;

– en cas du premier appel, le compte et sa durée de validité sont initialisés. Annonce A21 si problème ;

– dans les autres cas, le service vérifie que le numéro du destinataire est autorisé. Annonce A22 si non autorisé ;

– si le numéro du destinataire est un numéro vert, la communication est établie. Sinon, le modèle de tarification est déterminé et le crédit est contrôlé. Si le crédit est insuffisant, une demande de recharge par annonce A0 est sollicitée ;

– si le crédit est suffisant, la communication est établie et la tarification en ligne est activée. Annonce A1 dès que crédit insuffisant.

Suivant l'annonce, l'appelant doit interagir avec le système :

– annonce A11 : « Nous ne pouvons pas identifier votre carte, renouvelez votre appel ». Le client retire sa carte et peut recommencer ;

– annonce A12 : « Nous ne pouvons pas donner suite à votre appel ». La carte est bloquée et le client ne peut l'utiliser ;

– annonce A21 : « La date de validité de votre carte est expirée » ;

– annonce A22 : « Votre correspondant est sur la liste noire » ;

– annonce A0 : « Recharger le crédit de votre carte » ;

– annonce A1 : « Votre crédit est insuffisant ».

3.4.2. *Analyse des besoins utilisateurs : plan de service*

Le but de cette étape est d'interpréter et d'évaluer les besoins des utilisateurs, puis de formaliser l'expression de ces besoins et les informations associées.

Dans ce cas d'étude, les besoins utilisateur sont représentés par le type de service demandé au RI. Le système doit répondre à une telle demande en fournissant le service adéquat. C'est à ce niveau que les spécifications du système doivent être décrites et formalisées pour bien concevoir le service.

Nous allons utiliser les trois diagrammes suivants parmi les treize préconisés par UML :

– diagramme des *Use Case*,

– diagramme de séquence,

– diagramme de classes.

3.4.2.1. *Diagramme* Use Case

Le cas d'utilisation (*Use Case*) est l'un des moyens pour représenter les besoins. Il permet d'identifier les acteurs, leurs rôles et leurs attentes. Les cas d'utilisation sont illustrés graphiquement par le diagramme *Use Case*. Cette représentation graphique est utile pour communiquer le modèle et pour le documenter. Elle constitue la base initiale des travaux du concepteur qui la fait valider par les utilisateurs.

La figure 3.3 représente le diagramme *Use Case* du plan de service.

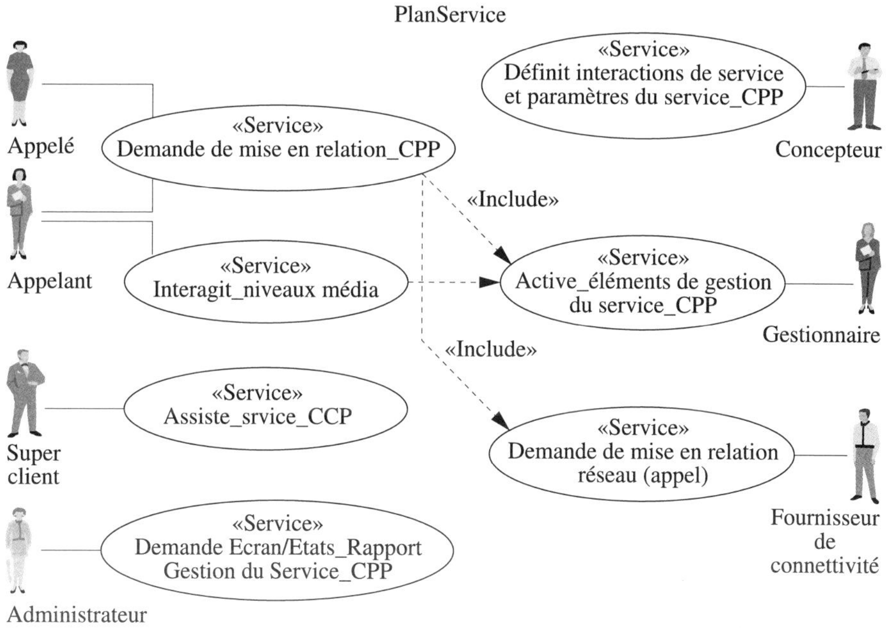

Figure 3.3. *Diagramme des* Use Case *de la CPP du plan de service*

Nous identifions d'abord les acteurs du service CPP. Puis nous associons à chaque acteur les fonctionnalités du système qu'il perçoit en réponse à ses attentes (besoins). L'acteur interagit avec le système.

Quels sont les acteurs potentiels de ce plan de service ?

– pour le CPP, le client est à la fois l'utilisateur interne et le souscripteur. Il a le rôle « appelant » ;

– l'utilisateur externe sollicité par le client. Il a le rôle « appelé » ;

– le support client, qui fait partie du *Call Center* de l'opérateur. Il assiste les clients du système CPP ;

– le gestionnaire, qui active les statistiques et initialise les interfaces de gestion des objets participant au service. Il active l'instrumentation du système en fonction des objectifs du service ;

– le concepteur, qui dimensionne, initialise les limites du système et introduit les contraintes induites par les interactions de service. Il instrumente le système ;

– l'administrateur, qui est responsable des applications de gestion (FCAPS) ;

– le fournisseur de connectivité, qui représente l'interface avec le réseau RTC support de l'appel.

Ensuite, chaque cas d'utilisation doit être décrit en détails pour bien comprendre les interactions entre les acteurs et les fonctionnalités du système, ainsi que les opérations exécutées pendant ces interactions.

De ce fait, nous associons à chaque *Use Case* des scénarios d'utilisation sous forme de diagrammes de séquence.

3.4.2.2. *Diagramme de séquence/scénario*

La description d'un cas d'utilisation peut se faire de plusieurs manières, de la plus informelle (textuelle) à la plus formelle (diagramme de séquence). Un cas d'utilisation est une abstraction, alors que les scénarios n'en sont que les instances. Un scénario est créé chaque fois qu'une instance d'un acteur déclenche un cas d'utilisation.

La figure 3.4 représente le diagramme de séquence du *Use Case* « demande de mise en relation de la CPP ».

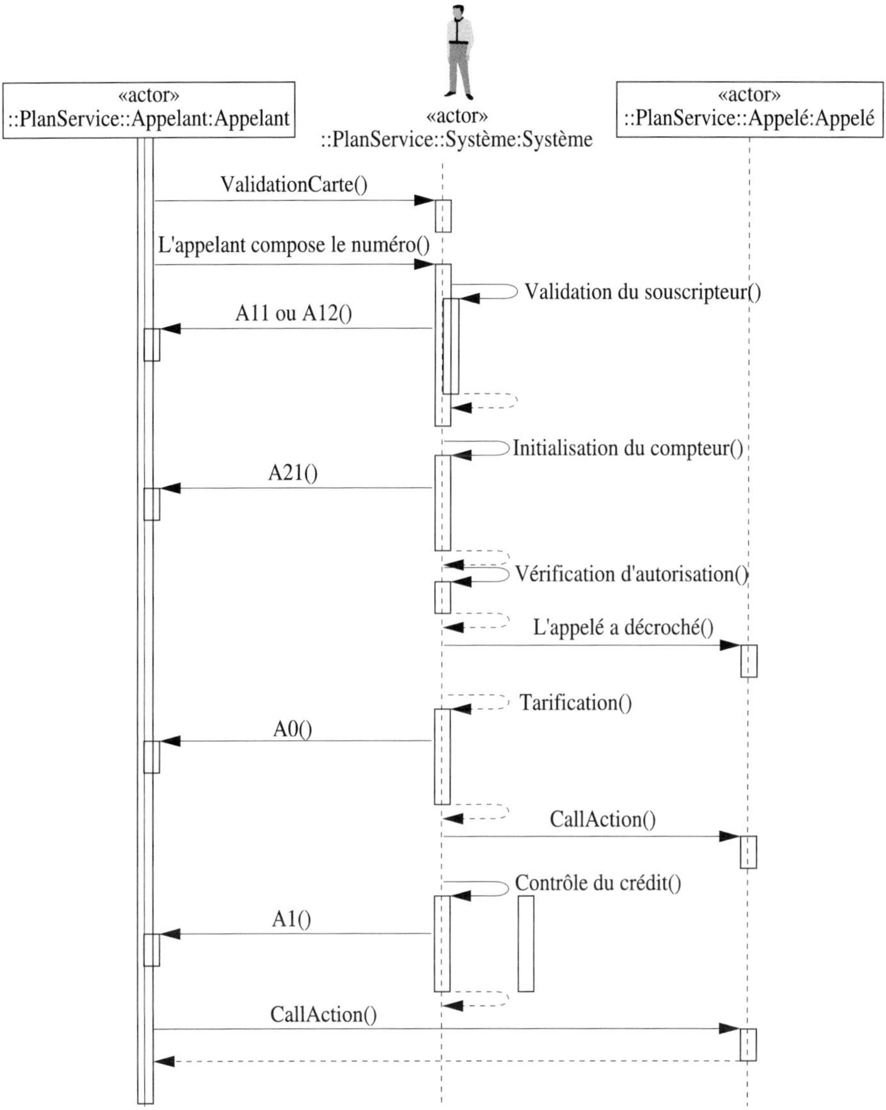

Figure 3.4. *Diagramme de séquence du* Use Case *« demande de mise en relation de la CPP »*

3.4.2.3. *Diagramme de classes*

Dans le plan de service, ce diagramme montre toutes les classes qui participent à un cas d'utilisation particulier. Les classes participant à la réalisation de chaque *Use Case* ont été identifiées.

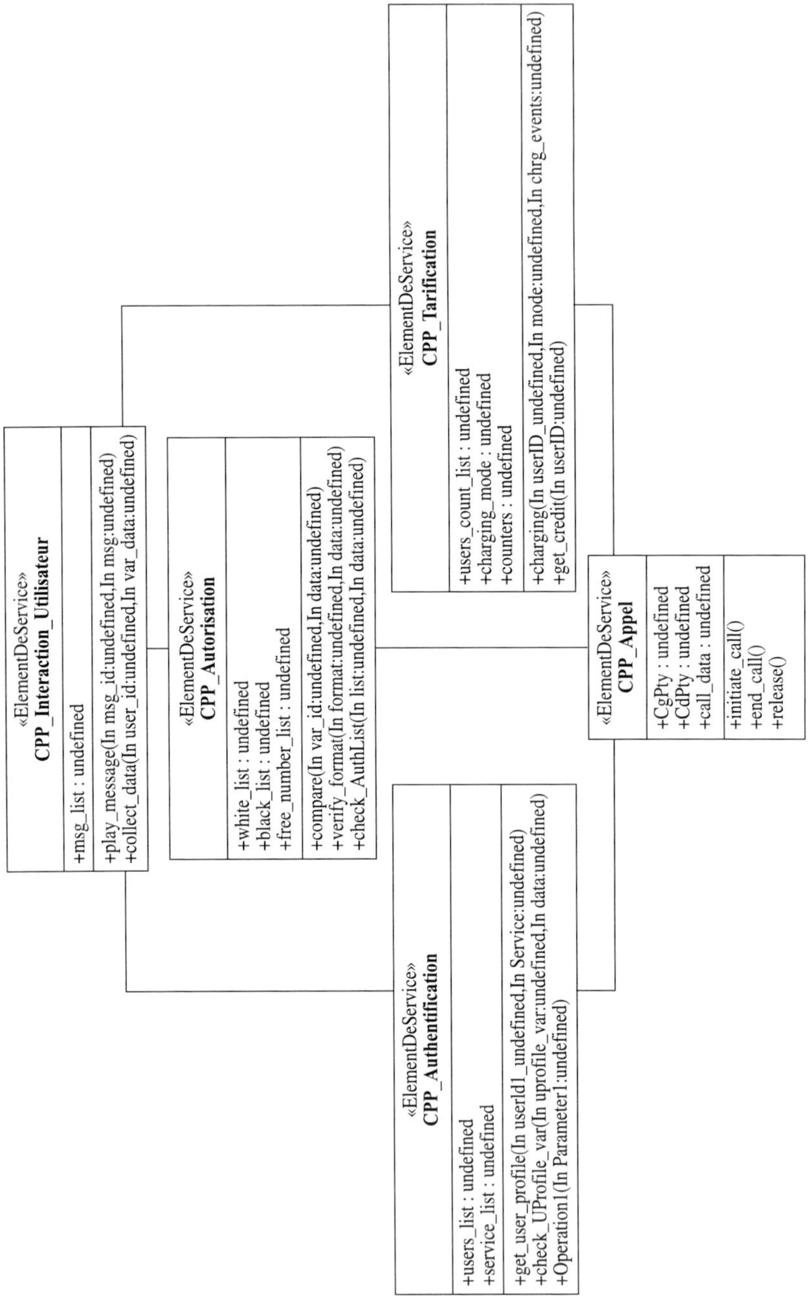

Figure 3.5. *Diagramme de classe du plan de service de la CPP*

La figure 3.5 montre les classes du service CPP. Nous avons défini les classes suivantes (réutilisables pour d'autres services) : authentification, autorisation, appel, tarification, interaction utilisateur. Ensuite, par exemple, la classe « CPP_Autorisation » sera du type « autorisation ». Il ne sera plus nécessaire de redéfinir tous ses attributs et ses opérations.

3.4.3. *Analyse des spécifications de plan fonctionnel global*

Le but de cette étape est de préciser les spécifications des besoins des utilisateurs et de les transformer en spécifications de besoins systèmes. Les spécifications élaborées sur le plan de service sont matérialisées par l'exécution d'une chaîne de SIB dans le plan fonctionnel global. Nous allons utiliser le diagramme de classe pour faire la correspondance entre les deux plans et le diagramme d'activité qui est le plus représentatif de la logique de service.

3.4.3.1. *Diagramme de classe*

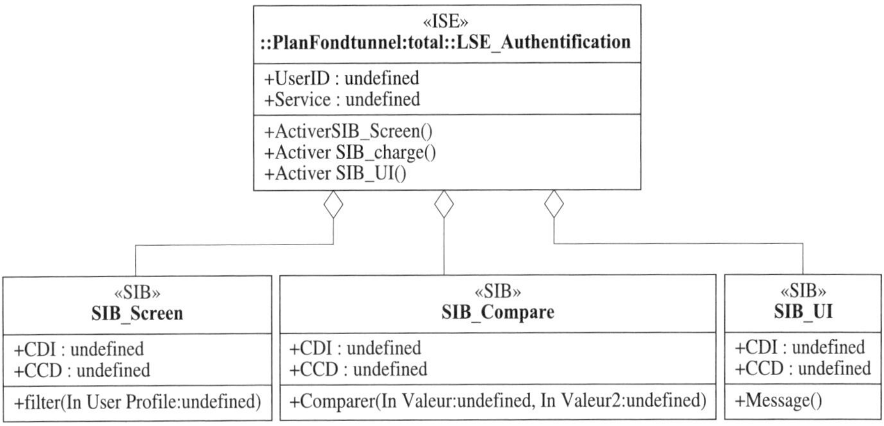

Figure 3.6. *Diagramme de la classe « CPP_Authentification » sur le plan fonctionnel global*

Chaque élément de service (ES) du plan de service doit avoir la classe correspondante sur le plan fonctionnel global (voir la figure 3.6). Chaque classe du plan fonctionnel global peut être associée à une classe du plan de service. Par exemple, la classe « CPP_Authentification » correspond à la classe « LSE_Authentification ». Chaque classe LSE (*Logic Service Element*, macro-SIB) est conçue comme une agrégation de SIB. En fait, l'exécution de plusieurs SIB fournit une fonctionnalité particulière du plan de service. Par exemple, la classe « LSE_Authentification » est une agrégation des classes, « SIB_Screen, SIB_Compare » et « SIB_UI ».

3.4.3.2. *Diagramme d'activité*

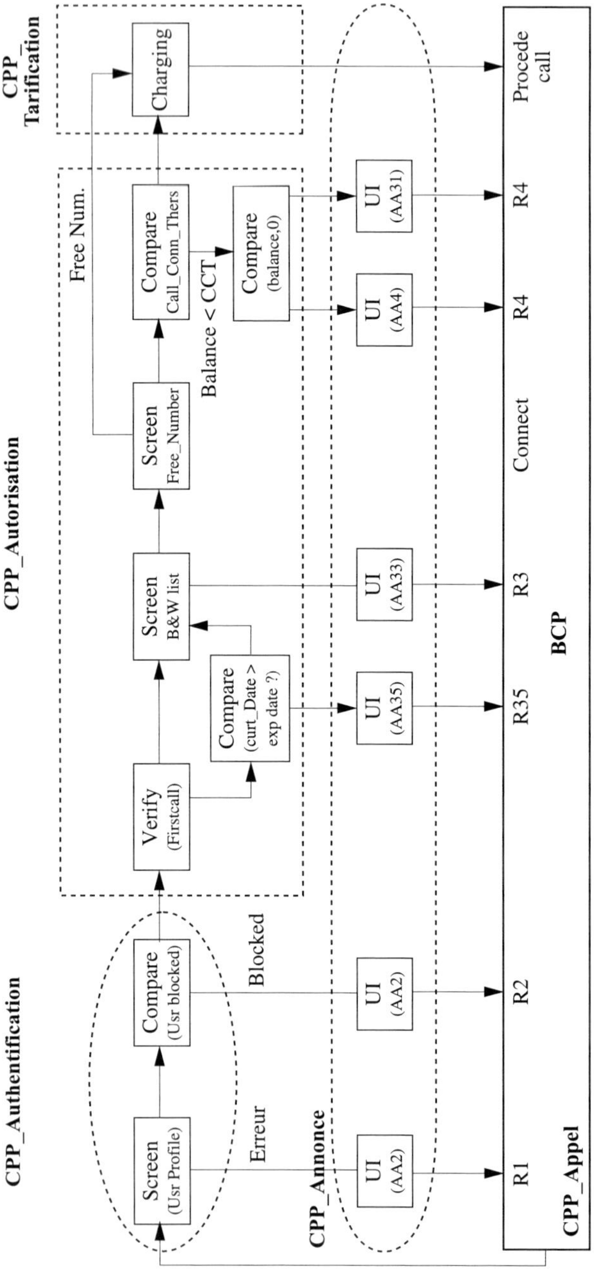

Figure 3.7. *Diagramme d'activité du service CPP*

La figure 3.7 représente la logique du service CPP sous forme de diagramme d'activités. Les pointillés permettent de retrouver les éléments de service définis au niveau plan de service.

3.4.4. *Conclusion*

Dans l'exemple de la CPP, nous nous sommes intéressés à la création du service en utilisant la notation UML, afin de montrer l'apport d'un langage pour l'expression des besoins et l'analyse du service. Nous avons appliqué des règles de constructions et des méthodes qui sont de l'ordre d'un atelier de création de services.

Pour terminer notre démarche, nous allons étudier, dans la section suivante, l'apport d'un atelier de création de services, à travers la présentation de l'atelier PILOTE.

3.5. Des outils pour la création de services

Le RI a prévu un troisième type de service, celui de la « création de services ». Pour ce faire, un environnement de création des services SCEF (*Service Creation Environment Function*) prévoyait d'offrir des outils, des techniques, des procédures et des langages (langage de spécification par exemple) efficaces et indépendants du mode de réalisation. Chaque service peut être représenté par différents types de logiques. Ces logiques peuvent être classées selon certaines caractéristiques, en fonction de leur type d'utilisation. Leur réalisation doit être indépendante du service, de la configuration de réseau et du type de réseau. La création de nouveaux services, indépendamment de la configuration ou du type de réseau, sera facilitée grâce à une bibliothèque des composants de services. L'architecture de cette bibliothèque, la méthodologie de conception des composants de service et la mise en œuvre d'un service relèvent d'un Atelier de Génie Logiciel (AGL). Les normes RI n'ayant pas couvert tous les objectifs prévus, nous allons présenter, à titre d'enseignement, un AGL, résultat d'un projet RNRT[2], dénommé PILOTE. Les apports consistent en, un cadre architectural (voir paragraphe 3.5.1), de nouveaux concepts (voir paragraphe 3.5.2) et une modélisation (voir paragraphe 3.5.3). Nous ferons une conclusion pour résumer les points forts (voir paragraphe 3.5.4).

3.5.1. *Un cadre architectural de développement de services*

Les travaux effectués au sein du projet PILOTE ont permis de définir une architecture de haut niveau pour la conception de systèmes de télécommunication (voir la figure 3.8). Cette architecture repose sur la séparation entre les processus et

2. Projet RNRT (réseau national de recherche en télécommunications), réunissant France Télécom R&D, Alcatel, Bouygues Télécom, l'ENST, Softeam et l'Université de Nantes.

le langage de modélisation UML. L'une des contributions importantes de ces travaux a été la proposition d'une méthodologie propice à la réutilisation des développements et à la flexibilité des systèmes.

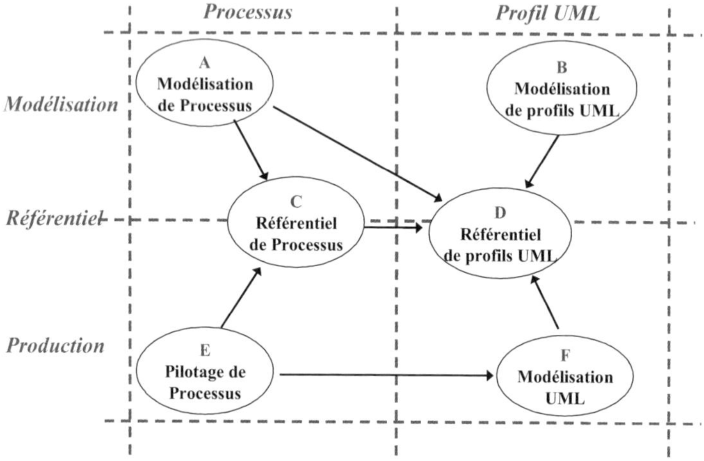

Figure 3.8. *Cadre architectural du projet PILOTE*

L'architecture proposée est fondée sur une double séparation :

– d'une part, entre *processus* (*Workflow*) et *profil* (*Work Context*),

– d'autre part, entre la *modélisation* et la *production*.

La *modélisation* désigne les fonctions de création des modèles de processus et de profil UML. La *production* fait référence à l'utilisation de ces modèles au cours du processus de développement logiciel.

L'objectif des modules *référentiels* est de permettre le partage d'information entre les différents outils qui composent l'atelier, tout en formalisant les échanges d'information. Notamment, ils assurent le lien entre les activités de modélisation (modules A et B) et les activités de production (modules E et F). Les référentiels constituent une base de connaissances commune pour les différents utilisateurs de l'atelier. Ils permettent d'archiver et de publier les modèles de profils et processus définis dans l'atelier, ainsi que leur documentation et des fichiers annexes comportant des informations propres aux outils de modélisation (modules C et D). Les formats d'échange utilisés dans cet atelier de développement sont les formats XMI (*XML Metadata Interchange*) [OMG 00b] et JMI (*Java-like Metadata Interchange*). Ils sont utilisés par les différents outils pour s'échanger les modèles de processus et les modèles de profils.

La chaîne d'outils intégrés dans cette architecture permet de :

– définir des profils (module *B* : modélisation de profil) afin d'adapter UML à une activité particulière (c'est-à-dire analyse métier). Il s'agit de définir des concepts pertinents pour une activité donnée et de leur support de notation, ainsi que des règles permettant de valider les modèles, de générer des vues normalisées et de générer automatiquement des parties de modèles comme le code ou la documentation ;

– définir un nouveau processus d'ingénierie (module *A* : modélisation de processus). Cette activité est placée sous la responsabilité d'un analyste méthodes ou d'un chef de projet qui cherche à adapter une méthode de développement au cas particulier de son projet. Dans la définition du processus, le responsable associe des profils aux tâches pour déterminer le contexte de travail approprié à la tâche ;

– gérer une base de démarches de développement et de profils UML (modules *C* et *D* : référentiels de processus et de profil). Les référentiels [BEL 99] permettent de publier et de diffuser dans l'entreprise les différentes démarches de développement définies ;

– créer un projet et lancer le pilotage des activités du projet (module *E* : pilotage de processus). Ces activités sont sous la responsabilité du chef de projet. Il choisit la démarche de développement qui sera appliquée pour obtenir le programme de pilotage du projet. Ce programme doit être configuré par rapport à l'environnement de travail (personnes ayant à charge la mise en œuvre des tâches du projet, outils associés à la production des livrables des tâches et à la localisation de ces produits) pour ensuite lancer le pilotage du projet. La communication entre le pilotage et les acteurs du projet est faite grâce au système de messagerie électronique ;

– modéliser en UML (module *F* : AGL UML). Le programme de pilotage configure l'AGL selon la démarche choisie ; l'utilisateur (un analyste, un concepteur) dispose alors d'un atelier adapté à la spécification d'un système complet.

3.5.2. *Relation processus-profil*

La partie contexte de travail (profil) doit être indépendante de la partie *Workflow* (processus), ce qui permet notamment la gestion autonome des profils UML [DES 00, DES 95].

La partie *Workflow*, qui prend en charge le *séquencement des tâches*, s'appuie en partie sur l'aspect contexte de travail. Ceci, d'une part, par les liens entre les modèles d'activité et les contextes et d'autre part, par le pilotage du processus, qui peut prendre en charge les changements automatiques de contexte.

La séparation des responsabilités entre *WorkFlow* et profil doit être claire. La définition des *WorkFlow* dépend fortement de l'organisation, de la culture d'entreprise et des types de relation contractuelle client-fournisseur. Ce domaine est par nature, instable dans le temps et l'espace. L'organisation globale est la principale difficulté à laquelle sont confrontés les projets de mise en place de *WorkFlow* automatiques. Cette opération touche aux structures de l'entreprise et va le plus souvent de pair avec une phase de re-engeneering.

Les profils ne doivent pas comporter de notions liées aux rôles, à l'organisation d'entreprise, à l'ordonnancement ou à la synchronisation. Les profils ne sont pas des phases au sens des cycles de vie. Ils ont pour objectif de déterminer les différents contextes de travail de manière précise, de façon à fluidifier les échanges intra et inter entreprise.

Dans le modèle de *WorkFlow*, un lien avec les contextes devra apparaître. Ce type de lien correspond à une réalité du travail : *les activités ou tâches* dépendent et s'appuient sur les éléments concrets (techniques) qui sont mis en œuvre dans le processus de production. Ce type de dépendance est à rapprocher du méta-modèle OPEN [FIR 02] du Process logiciel. Dans ce modèle, le couple *activité* et *tâche* s'appuie sur les notions de *déliverable* (produits) et *technique* qui s'apparente aux notions de contextes de travail et profils. Cependant, le terme « technique » recouvre un périmètre assez vague et étendu qui va des outils de management ou de planification au modèle de gestion de version.

L'approche PILOTE, avec les notions de contextes de travail représentés par un profil UML, a pour objectif une définition précise de ces contextes, avec l'ensemble de leurs propriétés et des contraintes associées. En fait, il s'agit de mettre au centre du processus un ensemble de points de vue (profil) particuliers sur le système en construction.

Les bénéfices de la séparation de *WorkFlow* et des profils sont les suivants :

– normalisation (quasi) indépendante de *WorkFlow* et des profils ;

– possibilité de modifier un *WorkFlow* sans changer les références de profils ;

– disponibilité rapide d'un référentiel de profils, reconnu et largement employé. Par exemple, on peut se situer dans un cycle de vie en cascade ou en spirale, tout en utilisant une même définition de contexte.

3.5.3. *Modélisation du processus PILOTE*

Le modèle de processus PILOTE (le module *A* de la figure 3.8) a été construit à partir du MOF (*Meta Object Facility*) [OMG 00a] et son package encapsulé (l'ensemble des éléments du méta-modèle). Ce méta-modèle regroupe la définition des éléments de modélisation du processus, modélisés sous forme de classes, ainsi que les relations entre ces éléments formalisées grâce aux différentes vues UML.

Dans le projet PILOTE, nous avons appliqué ce méta-modèle au domaine des télécommunications.

Un processus Télécom PILOTE (voir la figure 3.9) est constitué d'activités séquencées par des règles de séquencement. Une activité peut contenir d'autres activités, sans limite de niveau d'emboîtement. Au niveau atomique, une activité est constituée de tâches pouvant elles-mêmes être séquencées grâce à ces mêmes règles de séquencement. Une tâche est soit automatique, soit manuelle. Dans le dernier cas, la tâche est associée à un *worker* chargé d'exécuter les fonctionnalités définies dans la tâche. Pour cela, une tâche peut utiliser un ou plusieurs profils, récupérer et générer des *workproducts*, le tout sous la responsabilité du *worker* associé à l'activité dont dépend cette tâche. Les *workproducts* ainsi produits peuvent participer à l'élaboration des délivrables.

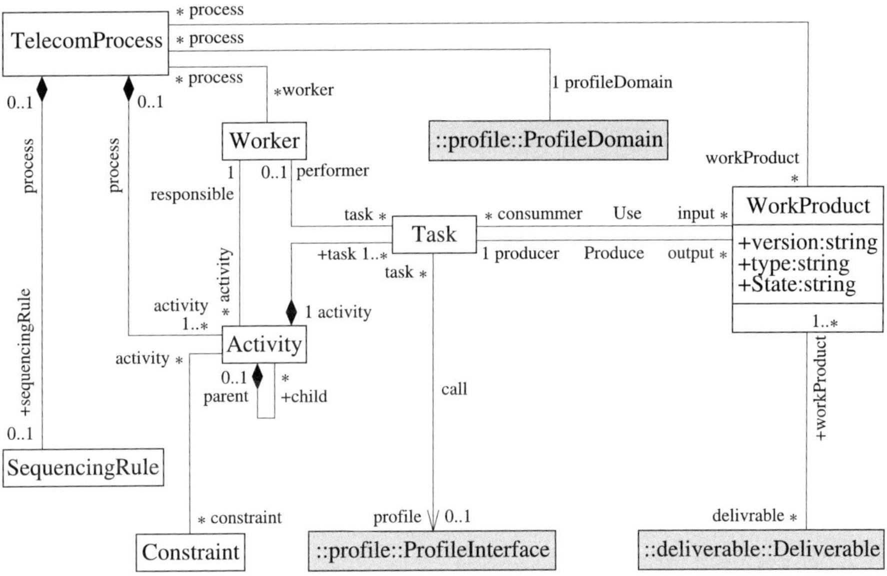

Figure 3.9. *Outil de modélisation d'un processus Télécom*

3.5.4. *Conclusion*

Un outil de type PILOTE peut offrir une interface graphique afin de définir les éléments du processus : tâches, produits, rôles ; de spécifier l'ordonnancement de tâches au moyen de décisions, synchronisations et transitions et de lier les tâches aux produits générés ou consommés, au rôle responsable et au contexte de travail (profil). Lors de la modélisation, il peut effectuer des contrôles de cohérence et des procédures de validation du modèle. Par exemple, un modèle peut être déclaré « non valide » si une synchronisation n'est associée à aucune transition entrante. De plus, avec la génération d'un code JMI exportable dans le référentiel, le modèle peut être réutilisé dans un autre contexte de travail. Tous ces éléments sont d'une aide capitale pour les concepteurs et développeurs.

3.6. Conclusion

Ce chapitre vous a proposé en premier *une grille de lecture par l'exemple* du réseau intelligent. En effet, nous avions d'un côté des besoins : introduction rapide des services, des services qui se voulaient plus ou moins multiformes (xfonctions, xutilisateurs, xmédia, etc.) et d'un autre côté le cadre normatif. Résultat, tout n'est pas possible et c'est à partir de là, qu'il y a divergence et que, plusieurs routes surgissent ! De notre point de vue, quitte à diverger, il faut respecter les concepts. C'est là qu'intervient le deuxième message de ce chapitre avec l'atelier PILOTE qui propose des outils et des interfaces, les plus près possibles des concepts avec des contrôles qui permettent la conformité.

3.7. Bibliographie

[AUB 01] AUBONNET T., SIMONI N., « PILOTE : A Service Creation Environment in Next Generation Network », *IEEE Intelligent Network*, Boston, 2001.

[BEL 99] BELAUNDE M., « A Pragmatic Approach for Building a Flexible and User-friendly UML Repository Tool », *The Second International Conference on the Unified Modeling Language,* Fort Collins, Colorado, 1999.

[DES 00] DESFRAY P., UML Profils versus Metamodeling Extensions… an Ongoing Debate, Uml In The .Com Enterprise : Modeling CORBA, Components, XML/XMI And Metadata Workshop, Palm Springs, 6-9 novembre 2000.

[DES 95] DESFRAY P., Hypergenericity : Automating Object Oriented development, Object Expert, 1995.

[FIR 02] FIRESMITH D.G., HENDERSON-SELLERS B., *The OPEN Process Framework. An Introduction*, Addison-Wesley, Harlow, 2002.

[OMG 00a] OMG, Meta-Object Facility (MOF) specification version 1.3, document ad/00-04-03, mars 2000.

[OMG 00b] OMG, eXtensible Metadata Interchange (XMI) specification version 1.0, document ad/00-06-01, juin 2000.

[OMG 03] OMG, Unified Modeling Language (UML) specification version 2.0, 2003.

Fil rouge
de la première partie

Le réseau intelligent et les prémisses des technologies de services

La technologie réseau intelligent a eu un immense mérite : c'est la première tentative pour mettre fin au modèle unifié des commutateurs. Jusque là, tout service devait obligatoirement être programmé dans le logiciel des commutateurs. Avec le réseau intelligent, une certaine forme d'indépendance service/connexion se faisait jour. Bien entendu, cette indépendance n'était pas complète, il eut fallu pour cela que le service précède la connexion, ce qui n'était pas le cas dans cette technologie, mais jamais auparavant un tel degré de séparation service/connexion n'avait été atteint. Pour aller au-delà, il faut continuer la séparation des domaines du plan contrôle, c'est-à-dire exécuter dans des processus différents chacun des domaines du plan contrôle : il faut exécuter dans des processus spécialisés (pouvant éventuellement être localisés dans des machines différentes) les fonctions d'accès, les fonctions d'intelligence (service), les fonctions d'appel et les fonctions de connexion.

Mais revenons sur ce que nous considérons comme les prémisses des technologies de services. En fait, pour les services, la contribution majeure ce sont les deux premiers plans de l'INCM. Le premier devant définir des composants de service et le second une logique de service, qui n'est rien d'autre qu'un scénario, qu'un processus de service. Et voilà nos ingrédients de base pour proposer autant de services que désirés !

Fil rouge rédigé par Noëmie SIMONI.

Pourquoi a-t-on dérivé, pourquoi cette avancée géniale n'a t-elle pas porté ses fruits ?

Les raisons ne sont pas seulement celles évoquées (voir paragraphe 1.2.3) comme l'apparition de nouvelles normes ou le découragement des industriels. La raison principale, à notre sens, est la difficulté à introduire des nouveaux concepts, compréhensibles de tous (surtout des développeurs) et propageables dans des environnements où les technologies en vigueur ont la peau dure. Une non maîtrise des concepts est source d'obstacles à leur mise en œuvre.

Notre analyse des normes du réseau intelligent, avec bien sûr notre grille de lecture, c'est-à-dire avec le filtre « service », nous fait pointer du doigt deux écueils. Celui d'une mauvaise définition des éléments de services du plan service et celui d'une utilisation non adéquate du SIB.

Les éléments de service ont certainement été les plus mal lotis. La norme les cite presque à titre d'exemple, sans définir les règles de structure, ni celles de composition de service. C'est ainsi que nous avons été très vite confrontés « à l'interaction de ces services ». Il est dit, qu'un élément de service est une fonction significative du point de vue du souscripteur, comme le renvoi sur non-réponse ou la taxation partagée. Mais nous n'avons que quelques indications sur une interface normalisée. Aucun modèle d'information n'a été évoqué. C'est dire la place laissée à l'imagination et donc aux problèmes d'interfonctionnement et de portabilité des composants.

Pour les SIB, nous avons constaté dans le premier chapitre que devant la complexité du problème, les industriels prirent de grandes libertés avec les normes. Au bout d'un an, il était courant de trouver des réalisations avec quatre-vingt-dix SIB au lieu des treize initiales. En fait, le plan fonctionnel global doit permettre l'expression de la logique de service. Donc un SIB doit représenter « l'opérateur » permettant l'enchaînement. C'est un automate qui exécute une opération logique (exemple : *Comparison ou Screen*). Ce n'est pas l'opérande, ce n'est pas la donnée qui intervient dans l'opération ! C'est là, toujours à notre sens, que la norme pèche ! Par le nom d'abord, *Service Independent building Blocks*, car ce qui est important c'est le terme *building*, cela permet de construire des *blocks* de service, ce n'est pas un *block* au sens composant de service. D'où la prolifération des SIB compris comme des composants de service et dans ce cas là, bien sûr que treize c'est peu. Dans un langage de haut niveau, moins nous avons d'opérateurs mieux c'est ! Certes, il aurait fallu mieux choisir et mieux définir cette liste de SIB, c'est l'autre écueil de cette norme qui a conduit aux dérives que nous avons mentionnées.

Néanmoins, le réseau intelligent nous a fait rentrer dans l'ère des services. Pour continuer notre survol, nous allons regarder, dans la prochaine partie, du côté des architectures de services.

Deuxième partie

Les architectures de services

Introduction de la deuxième partie

Aujourd'hui, le monde des télécoms et de l'informatique se rejoignent de plus en plus et la convergence de ces deux domaines devient enfin une réalité à travers leur mise en œuvre. De plus, l'émergence des nouveaux ordinateurs, plus transportables et plus communicants (Smart phones, PDA, Laptops, etc.) et leur application dans le monde des télécommunications, ont intensifié le traitement et la transmission des informations d'un endroit vers plusieurs destinations à travers le monde.

Ceci a ouvert sur de nouvelles opportunités et de nouveaux challenges économiques tels que le commerce électronique (e-commerce), la télémédecine, etc. Selon les statistiques fournies par [FOR 03, RAI 00], le trafic lié au commerce électronique aux Etats-Unis a augmenté de près de 50 billion de dollars en 1998 à plus de 1 331 billion de dollars en 2003 (voir la figure 1). La même source prévoit que 10 % de toutes les ventes aux Etats-Unis en 2008 seraient effectuées en ligne (voir la figure 2). De plus, les analyses de trafic montrent que l'usage d'Internet tourne en faveur du secteur des sociétés commerciales qui utilisent Internet pour pénétrer les marchés partout dans le monde et pour les échanges avec leurs clients [JEA 97].

Cet échange est basé sur l'architecture *client-serveur* qui s'appuie sur l'infrastructure d'Internet. Cependant, le monde très diversifié des services, évoluant rapidement, requiert des interactions dynamiques entre les utilisateurs et les fournisseurs de services. L'Internet d'aujourd'hui permet un partage de l'information entre un nombre important et arbitraire d'utilisateurs sans contrainte de QoS. Toutefois, avec l'émergence de nouvelles applications distribuées, par exemple le commerce électronique, il y a un besoin de changement pressant dans la philosophie des systèmes sous-jacents.

Introduction rédigée par Sassan ROSTAMBEIK et Noëmie SIMONI.

permettent d'intégrer les systèmes d'information (SI) d'entreprise. Le chapitre 8 présente les technologies des « services *web* », qui introduisent l'approvisionnement dynamique des composants de services. Pour terminer, le fil rouge poursuit son analyse et tire les leçons qui s'imposent de cette deuxième partie.

La lecture de cette partie, regroupant du quatrième au neuvième chapitre, permettra de :

– connaître les technologies de services,

– retenir les éléments structurants des architectures de services,

– comprendre les besoins d'intégration et de partageabilité,

– entrevoir la nécessité de composants de services autonomes,

– analyser la « bonne pratique » des concepts (fil rouge).

Bibliographie

[FOR 03] FORRESTER RESEARCH, Ipsos-Reid, http://www.jhemans.powerup.com.au/Internet_Statistics/ecommerce_ecommerce_statistics.htm, 2003.

[JEA 97] JEAN SMITH E., WEINGARTEN F.W., *Research challenges for the next generation Internet*, Computing Research Association, p. 20, Report from the workshop NGI, 1997.

[RAI 00] RAISINGHANI M.S., *Electronic Commerce at the Dawn of Third Millennium*, Idea Group Publishing, Electronic Commerce : Opportunity and Challenges, p. 1-20, 2000.

Chapitre 4

Les systèmes distribués : supports d'interopérabilité

4.1. Définitions

Un système distribué est un ensemble de domaines administratifs qui *partage* leurs ressources afin de répondre aux besoins des utilisateurs locaux ou distants. Le traitement distribué définit alors la capacité à décomposer le traitement en plusieurs tâches s'exécutant sur différentes machines reliées les unes aux autres.

4.2. Architectures des systèmes distribués

Comme la dénomination l'indique, les systèmes distribués résolvent d'abord le problème de la distribution des traitements. Notre analyse prend aussi en compte la mobilité de l'utilisateur (nomadisme) et du terminal. Nous avons ainsi classé les systèmes distribués en trois catégories.

Les premiers sont des systèmes dits systèmes distribués fixes (voir la figure 4.1). Dans un système distribué fixe, tous les hôtes (les machines qui hébergent les services) et les terminaux (les machines clientes qui accèdent aux services) sont fixes et donc la gestion de la mobilité (des clients et/ou des serveurs) n'est pas prise en charge.

Chapitre rédigé par Sassan ROSTAMBEIK.

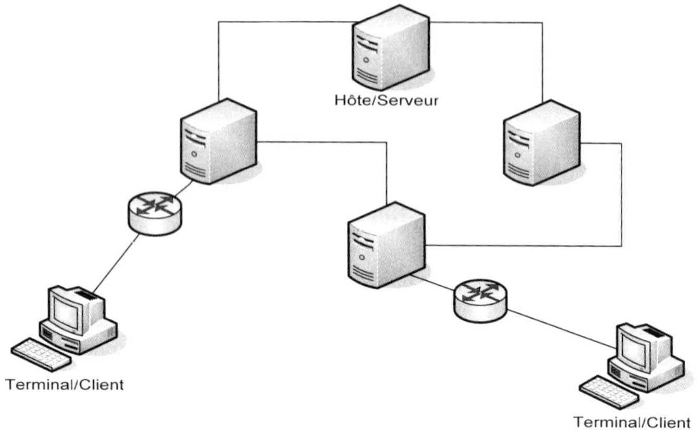

Figure 4.1. *Un système distribué fixe*

Le deuxième type de systèmes distribués concerne ceux qui permettent la prise en compte du nomadisme. Un *système distribué nomade* est composé des hôtes fixes et des terminaux fixes ou mobiles. Dans ce système, le service est uniquement rendu par la partie fixe alors que les clients peuvent être fixes ou mobiles (voir la figure 4.2). Ces systèmes permettent donc, la prise en compte de la mobilité des clients (mobilité personnelle), leur offrant la possibilité d'accéder à leurs services lors de leurs déplacements.

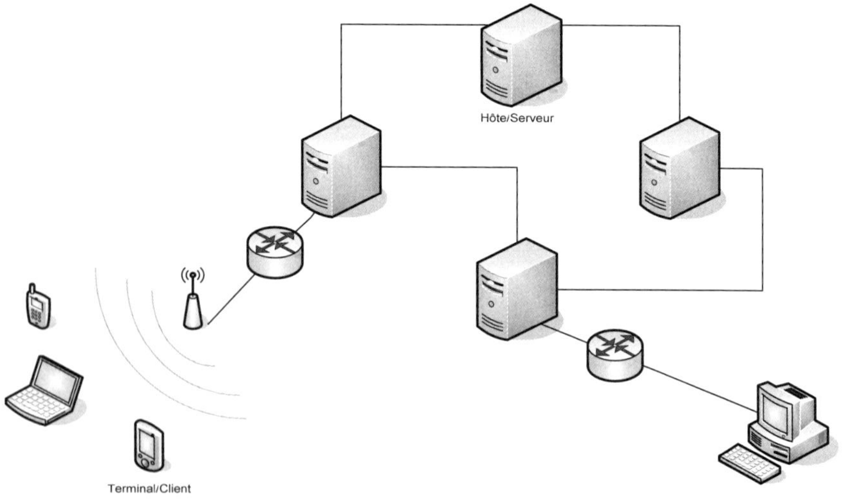

Figure 4.2. *Un système distribué nomade*

Enfin, le troisième type de systèmes distribués s'étend à tous les systèmes dans lesquels les hôtes aussi bien que les terminaux peuvent être mobiles. Ces systèmes sont connus en tant que *systèmes distribués ad hoc* (voir la figure 4.3). Dans un système distribué *ad hoc*, la continuité de service n'est plus assurée par la partie fixe de l'infrastructure (au contraire des deux cas précédents). Il est alors nécessaire d'intégrer des nouveaux mécanismes de la gestion de mobilité qui, selon la QoS négociée, peut être avec ou sans couture.

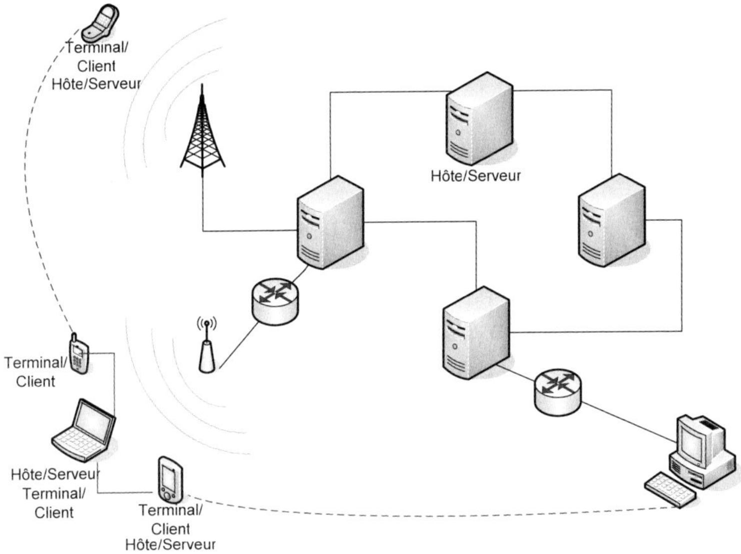

Figure 4.3. *Un système distribué ad-hoc*

Poursuivons l'étude en distinguant trois niveaux de visibilité, équipement, réseau et service :

– *niveau équipement* : la distinction principale est dans la mobilité. Alors que dans un système distribué fixe tous les équipements (hôtes et terminaux) sont immobiles ; dans les systèmes nomades et mobiles, ils peuvent se déplacer d'un endroit à l'autre. Les premiers (par exemple : home PCs, Unix Workstations, IBM mainframes...) sont généralement des machines puissantes dotées d'une quantité suffisante de mémoire et de processeurs très rapides, tandis que les derniers (par exemple : ordinateurs portables, PDA, téléphones portables...) ont des CPU relativement lentes, la mémoire limitée, la batterie faible, etc. ;

– *niveau réseau* : les hôtes fixes ont généralement une connexion permanente au réseau à travers des liens câblés possédant une bande passante assez large. La déconnexion se manifeste de manière explicite pour des raisons administratives ou suite à une éventuelle panne. Ces pannes sont considérées comme une exception par rapport au comportement normal du système. De telles suppositions ne pourraient plus être valables dans des configurations mobiles et nomades qui utilisent des liens sans fil pour leurs réseaux d'accès et/ou pour connecter les hôtes. La performance des réseaux sans fil peut varier selon les protocoles et les technologies utilisées. La bande passante peut rapidement se dégrader si le nombre d'hôtes ou de terminaux présents dans la même cellule augmente.

D'autre part, si un terminal bouge vers une zone non couverte ou avec un niveau d'interférence élevé, la bande passante peut diminuer brutalement voire même devenir nulle ce qui aboutirait à une perte totale de la connexion. Ainsi, la déconnexion imprévue n'est plus considérée comme une exception, elle devient plutôt une caractéristique à prendre en compte dans les configurations sans fil nomade et/ou mobiles.

Outre la défaillance des réseaux sans fil, dans les technologies commerciales comme le GSM, le coût de la communication est calculé en fonction de la durée pendant laquelle l'utilisateur est connecté. Ceci entraîne un modèle d'usage de courte durée en remplacement de celui qui correspond à une connexion permanente. Les pannes et les déconnexions explicites (dues au mode d'usage) font que la connexion réseau dans les systèmes distribués mobiles est typiquement intermittente ;

– *niveau service* : dans un environnement distribué fixe, le contexte est souvent considéré comme statique, alors que dans le cas mobile, le contexte est extrêmement dynamique. Dans un système mobile, les hôtes peuvent rejoindre et/ou quitter le réseau plus souvent que dans un système fixe. La découverte de services est plus compliquée dans un scénario mobile, surtout dans le cas où l'infrastructure fixe est totalement inexistante. L'envoi d'annonces (présence) est souvent considéré comme une solution pour pallier le problème de découverte. Cependant, celle-ci doit être gérée soigneusement afin de ne pas gaspiller les ressources et d'éviter l'inondation du réseau.

De plus, avec le progrès de la technologie électronique, la taille des équipements sans fil devient de plus en plus petite. Par conséquent, un utilisateur peut aujourd'hui avoir en permanence avec lui plusieurs équipements sans fil. En déplacement et selon la localisation actuelle de l'utilisateur, la bande passante et la qualité de la connexion réseau peuvent varier considérablement. Par exemple, si un PDA est équipé en même temps d'une carte 802.11b et du module GSM, la bande passante peut varier de 11 Mbps quand il est proche de la station de base (par exemple, dans une salle de conférence ou dans l'environnement bureau) à moins de 9,6 Kbps quand il utilise le réseau GSM (par exemple, dans une voiture ou sur le chemin vers la maison).

D'autres problématiques associées aux systèmes distribués se différencient les unes par rapport aux autres selon les propriétés considérées [FOR 94, SCH 95, LIU 95, CHE 00, FER 99, HUM 97]. Une analyse plus en détails afin d'établir plus finement les besoins et exigences de chacune de ces propriétés, fait l'objet des sections suivantes.

4.3. Propriétés des systèmes distribués

Les premiers systèmes distribués sont des structures relativement statiques, interconnectées. Elles sont composées d'hôtes fixes et puissants avec une connexion permanente au réseau qui évoluent dans un environnement stable (voir la figure 4.1).

Mais les aspects de communication et d'interconnexion dés lors que nous voulons prendre en compte les différentes mobilités (terminal, utilisateur, voire service) requièrent *plus d'efficacité* pour les *propriétés* suivantes :

– *la mise à l'échelle* qui est la capacité de s'adapter à une évolution de la charge dans le temps. Donc, l'extensibilité du système est liée à l'aptitude des serveurs à pouvoir supporter, dans un futur proche, un nombre plus grand de clients d'une manière efficace ;

– *l'ouverture* qui consiste en la possibilité d'étendre et de modifier aisément le système, au moment où le changement des besoins fonctionnels est nécessaire. En effet, tous les systèmes distribués évoluent durant leur durée de vie. Une bonne architecture stable doit permettre l'introduction aisée des nouveaux composants tout en préservant les investissements antérieurs ;

– *l'hétérogénéité* qui dans un système distribué, est quasi inévitable. Le challenge est de fournir des mécanismes et des automatismes afin de proposer aux utilisateurs finaux des services qui se veulent indépendants de toute la chaîne les reliant au client (l'utilisateur, un autre service, une application). Il faut donc fournir un moyen d'interconnexion certes, mais sans oublier des mesures afin de permettre l'interopérabilité entre les services. Finalement, l'hétérogénéité des couches inférieures doit être prise en compte afin que les services puissent s'adapter aux changements de contexte (environnement ou exécution). Elle doit être considérée alors aux différents niveaux suivants :

- au niveau du service, afin de supporter l'intégration des services (ou éléments de services) avec des interfaces hétérogènes,

- au niveau du *middleware* de réseau et du système d'exploitation pour supporter l'interopérabilité de ces plates-formes dans une architecture composée de différentes plates-formes. Les services de base offerts par un système peuvent être complètement inexistants dans un autre,

- au niveau du réseau, pour pouvoir s'adapter ou prendre de nouvelles mesures dans le cas où par exemple, les différents réseaux ne peuvent pas garantir la même QoS au niveau de la transmission des données,

- finalement, au niveau des équipements, car tous les équipements (terminaux) n'ont pas les mêmes caractéristiques et les mêmes capacités logicielles ou matérielles ;

– *la tolérance aux fautes* qui est la capacité de pouvoir récupérer l'état du système après l'occurrence d'une faute, sans l'arrêter. Les fautes sont normalement dues aux défaillances logicielles et/ou matérielles. Cependant, ces défaillances ne doivent en aucun cas influencer le bon fonctionnement des autres composants même s'ils sont directement interconnectés avec celui qui est défaillant ;

– *le partage et la disponibilité* des ressources qui traduisent l'accessibilité partagée aux ressources. Il faut donc prévoir des mécanismes afin de protéger les ressources critiques (serveurs miroirs, fichiers duplicatas, etc.).

4.3.1. *Les systèmes distribués nomades*

Les systèmes nomades sont généralement composés d'un ensemble de terminaux fixes et/ou mobiles et d'hôtes fixes qui constituent le cœur de réseau souvent câblé (voir la figure 4.2).

Dans les systèmes nomades, les terminaux mobiles se déplacent d'une position à une autre tout en gardant leur connexion au réseau fixe. Généralement, les réseaux sans fil couvrent la bordure du réseau fixe et fournissent un accès à ce réseau pour les terminaux mobiles.

L'essentiel de la charge de calcul et les procédures d'accès (authentification, autorisation, etc.) dans une telle configuration, sont effectués dans l'infrastructure fixe. Les services sont fournis principalement par des hôtes fixes pour les clients mobiles.

Dans ce type de systèmes, la déconnexion de réseau est souvent autorisée et les services sont fournis afin de permettre une reconnexion et une resynchronisation transparentes. Regardons les spécificités des systèmes distribués nomades face aux propriétés définies dans la section précédente :

– *la mise à l'échelle* : dans un système distribué nomade, la mobilité des clients risque d'évoluer dans le temps d'une manière considérable. Il faut donc tenir compte de cette gestion des VHE (*Virtuel Home Environment*) dans le futur ;

– *l'ouverture :* dans les systèmes distribués nomades, les hôtes, durant leur durée de vie, doivent supporter l'évolution des clients. En effet, l'émergence de nouvelles technologies d'accès offre de nouveaux moyens pour accéder aux services fournis par les hôtes. L'introduction aisée des nouveaux composants doit permettre de diminuer le coût de la maintenance du système ;

– *l'hétérogénéité* : dans un système distribué nomade, l'hétérogénéité est considérée comme un phénomène courant. En effet, les clients peuvent accéder aux services par des moyens d'accès divers, en utilisant différents réseaux d'accès disponibles. Les clients, étant l'administrateur de leurs équipements, peuvent choisir d'installer les systèmes d'exploitation et les plates-formes variés selon leurs besoins personnels. Cette multitude de choix entraîne une forte hétérogénéité ;

– *la tolérance aux fautes* : les fautes sont généralement dues aux défaillances logicielles et/ou matérielles. Cependant, ces défaillances ne doivent en aucun cas influencer le bon fonctionnement des autres composants même s'ils sont directement interconnecter avec celui qui est défaillant. Par exemple, dans un système nomade, une bonne programmation permet de gérer le problème de déconnexion fréquent (due à la mobilité des terminaux) par l'application même. Cependant, si le programmeur est obligé de gérer tous ces problèmes, sa tâche devient rapidement très complexe. Il faut donc fournir des moyens supplémentaires pour adapter le comportement de l'application aux situations différentes. Une gestion dynamique avec des composants autogérables peut être utilisée pour pallier ce problème ;

– *le partage et la disponibilité des ressources* : comme dans un système distribué fixe, dans les systèmes nomades la majorité des ressources sont hébergées dans la partie fixe du système ce qui facilite leur gestion. Donc, une gestion appropriée des ressources critiques permet de pallier les problèmes liés à la disponibilité des ressources.

Les systèmes distribués nomades peuvent être considérés comme une sorte de solution transitoire dans le passage vers des systèmes totalement mobiles que nous présentons dans les sections suivantes.

4.3.2. *Les systèmes distribués* ad hoc *(mobiles)*

Un système distribué *ad hoc* ou mobile est constitué d'un ensemble d'hôtes mobiles qui sont interconnectés à travers des liens de qualité très variable et qui évoluent dans un contexte extrêmement dynamique.

La différence essentielle entre ce type de systèmes distribués et les systèmes distribués nomades et fixes réside dans le fait qu'ici l'infrastructure fixe peut être totalement inexistante (voir la figure 4.3) et que les services peuvent être fournis par des nœuds mobiles. En effet, dans une configuration mobile, les hôtes peuvent s'isoler complètement et construire des îlots. Les groupes peuvent ensuite évoluer indépendamment et peuvent rejoindre le réseau ou d'autres groupes dans le futur. Les réseaux *ad hoc* purs ont un champ d'application limité qui varie d'un petit groupe de participants qui partagent leurs données dans une conférence pour une courte durée, jusqu'aux applications militaires dans les champs de bataille ou dans les zones de désastre. Nous pouvons considérer ce type de réseau comme une communauté fermée, interconnectée au monde extérieur ou complètement isolée.

Dans un grand système *ad hoc* avec un routage approprié, la taille des tables de routage et le nombre des messages de signalisation peuvent rapidement croître en fonction de la taille du réseau. De plus, la bande passante et la connectivité peuvent varier selon la concentration ou l'interférence entre les terminaux. Il faut alors prendre en compte toutes ces nouvelles restrictions. Les exigences de tel système sont les suivantes :

– *la mise à l'échelle* : dans un système distribué mobile, le nombre d'hôtes et de clients évoluent et le contexte est extrêmement dynamique. Il faut alors prévoir des mécanismes permettant une distribution efficace des ressources évitant l'émergence de zones surchargées ;

– *l'ouverture* : mêmes constats que pour les systèmes distribués nomade ;

– *l'hétérogénéité* : dans le système distribué mobile, le problème de l'hétérogénéité est d'autant plus important que l'infrastructure fixe est quasi inexistante ;

– *la tolérance aux fautes* : dans les systèmes distribués mobiles, la structure fortement dynamique du réseau augmente considérablement la possibilité de perte de la connexion. En effet, les services disponibles à un moment donné pourraient devenir momentanément ou définitivement indisponibles par la suite. La gestion de la qualité de service est une tâche délicate et compliquée sachant que selon la topologie du réseau, le chemin d'accès vers le service demandé peut être dynamiquement modifié ;

– *le partage et la disponibilité des ressources* : contrairement aux systèmes distribués fixes et nomades, dans un système mobile, les services peuvent être fournis aussi par les hôtes mobiles. Dans ce type de réseau, la configuration des hôtes évolue dans le temps et affecte directement le nombre et la disponibilité des services accessibles. Les mécanismes de découverte semblent être indispensables afin de pouvoir trouver et localiser les services disponibles.

4.4. Conclusion

Dans un système distribué, l'interopérabilité et les interactions entre les composants distribués doivent prendre en compte les contraintes et exigences de l'environnement. Cette interopérabilité doit être considérée aussi bien au niveau réseau (les trois premières couches du modèle OSI) qu'au niveau service. Le système distribué (fixe, nomade ou mobile) est construit sur un environnement fortement hétérogène. Pour faciliter la tâche des concepteurs d'applications, il faut alors fournir une transparence vis-à-vis de la distribution et de la localisation leur permettant d'accéder à l'ensemble des composants de services (locaux ou distants) d'une manière générique. Le chapitre suivant présente les solutions *middlewares* conçues pour répondre aux contraintes liées aux caractéristiques de l'environnement distribué.

4.5. Bibliographie

[CHE 00] CHERVENAK A., FOSTER I., KESSELMAN C., SALISBURY C., TUECKE S., « The data grid : Towards an architecture for the distributed management and analysis of large scientific datasets », *Journal of Network and Computer Applications*, 23, p. 187200, 2000.

[FER 99] FERIDUN M., KASTELEIJN W., KRAUSE J., « Distributed Management with Mobile Components », *Proc. IM'99*, Boston, mai 1999.

[FOR 94] FORMAN G.H., ZAHORJAN J., The Challenges of Mobile Computing, Université de Washington, Tech Report #93-1103, ftp.cs.washington.edu, mars 2004.

[HUM 97] HUMPHREY M., BERK T., BRANDT S., NUTT G., « Dynamic quality of service resource management for multimedia applications on general purpose operating systems », *IEEE Workshop on Middleware for Distributed Real-Time Systems and Services*, décembre 1997.

[LIU 95] LIU G., MAGUIRE G., Virtual distributed system architecture for supporting global-distributed mobile computing Technical Report : TRITA-IT R 95-01, Royal Institute of Technology, Suède, 1995.

[SCH 95] SCHILL A., KÜMMEL S., « Design and Implementation of a Support Platform for Distributed Mobile Computing », *Distributed Systems Engineering*, vol. 2, n° 3, p. 128-141, 1995.

Chapitre 5

Les *middlewares* : supports d'interconnexion

5.1. Introduction

A la fin des années 1970 et au début des années 1980, la recherche dans le domaine des systèmes distribués est à l'origine des premières conceptualisations des *middlewares*. Le projet I-WAY [DEF 96] de SC'95 a contribué à faire avancer ces concepts. I-WAY a relié à travers des réseaux de grande capacité des ordinateurs puissants à l'échelle nationale. L'objectif était de mettre en place un environnement de calcul distribué de grande performance qui agissait comme un seul et unique environnement. Le résultat de cette expérience a permis de souligner qu'un tel environnement de calcul distribué requière pour être performant un ensemble commun distribué de ressources de calcul et de réseau associé à des librairies et des outils pour la découverte des ressources, l'ordonnancement des tâches, la surveillance, la création des processus, la communication et le transport des données.

En fait, l'une des complexités majeures introduites par le découpage des applications et des services en plusieurs éléments de service indépendants est comment supporter et rendre transparent la distribution de ces éléments. En effet, les éléments de service ont besoin d'interagir entre eux pour, par exemple, échanger des données ou bien accéder aux services proposés par les uns aux autres. Cette interaction peut se faire juste au-dessus des primitives du système d'exploitation de réseau. Cependant, dans ce cas, les développeurs d'applications sont obligés de tenir compte de toute la complexité introduite par la distribution des éléments de service, ce qui rendrait leur tâche très compliquée. C'est dans un but d'aide au

Chapitre rédigé par Sassan ROSTAMBEIK et Noëmie SIMONI.

développement des applications réparties que le concept de middleware a été introduit. Le middleware peut être considéré comme un ensemble non structuré et souvent orthogonal de composants qui peuvent être utilisés aussi bien individuellement que dans des sous-ensembles variés [AIK 00]. Le middleware a été mis en place pour englober un vaste ensemble de services requis afin de fournir un support pour des applications dans un environnement de réseau distribué.

Dans les sections suivantes, nous présentons une vue d'ensemble des middlewares. Après une définition et une classification architecturale des middlewares (section 5.2), une analyse de leurs usages et de leur aptitude permet de répondre aux besoins des systèmes distribués (section 5.3).

5.2. Définition

Les middlewares peuvent être vus comme un ensemble de services et de fonctions réutilisables et extensibles qui sont indispensables pour le bon fonctionnement des applications dans un environnement réseau. La tâche principale de cette plate-forme de services est de fournir un support d'interconnexion entre les éléments distribués.

Figure 5.1. *Schéma générique d'un middleware*

La figure 5.1 montre le schéma générique[1] de middleware que nous utilisons dans notre étude. Vous remarquerez l'impact de notre *grille d'analyse*, qui met en exergue, les services et la communication. Un middleware donné est composé d'un support d'interconnexion (courtier), des services de base et des services

1. Le schéma générique différencie les services de base (en dessous du support d'interconnexion), des services supplémentaires (au-dessus du support d'interconnexion) pour distinguer les services intégrés nécessaires à tout le monde de ceux qui sont spécifiques à un contexte. Lorsque ces derniers se révèlent communs à tous les domaines, ils deviennent des services de base.

supplémentaires. Le courtier est le composant indispensable du middleware qui supporte la mise en relation des éléments distribués. Les services de base sont ceux offerts aux développeurs et qui sont nécessaires à la définition et à la distribution des composants (services de politique, nommage, services de localisation). Ces services fournissent des fonctionnalités telles que la découverte et la récupération des informations, afin de permettre la distribution des objets (des composants). Les services supplémentaires sont proposés par différentes solutions de middlewares et ils s'appuient sur les services de bases pour offrir un service spécifique pour un type d'application (par exemple : temps réel, etc.). Ils fournissent des fonctionnalités supplémentaires pour des applications ou pour des domaines applicatifs spécifiques.

Pour poursuivre notre analyse, nous proposons une classification des middlewares selon le type de leur courtier. Ceci nous permet d'examiner le comportement, selon le filtre de « la mise en relation ». Ainsi, nous déterminerons l'aptitude de chacun à répondre aux besoins des systèmes distribués. Les middlewares peuvent être séparés alors en deux sous-ensembles : les « bus objets » (voir paragraphe 5.2.1) et les « bus messages » (voir paragraphe 5.2.2).

5.2.1. *Les bus objets*

Les bus objets assurent la communication entre les objets distribués. Un objet client peut demander l'exécution d'une opération auprès d'un objet serveur. L'objet client et l'objet serveur peuvent s'exécuter sur des machines différentes situées dans des sites distants (interconnexion). En effet, les services fournis par le middleware orienté objet permettent la mise en relation des composants distribués et fournissent la transparence au niveau de la localisation géographique des composants. Quant aux composants, tout le système est vu alors comme une seule et unique machine.

Les bus objets sont généralement dérivés de RPC [SUN 88]. Les interactions entre les composants sont initialement en mode synchrone. Cela nécessite un rendez-vous entre le client qui demande un service et le serveur qui délivre ce service. Ce qui veut dire que l'objet client, à l'issue de sa demande, reste bloqué jusqu'à ce que l'objet serveur retourne sa réponse.

5.2.1.1. *CORBA de l'OMG*

L'architecture de CORBA provient du travail du groupe OMG[2]. CORBA suit l'architecture développée par l'OMG : l'OMA [OMG 04]. Cette architecture décrit la norme d'un bus à objets répartis pour le transport des requêtes, l'activation et la gestion des objets. Elle est composée d'un courtier d'objet, un protocole de transport

2. OMG : http://www.omg.org.

(IIOP), les *object services*, les *common facilities*, les *applications interfaces* et les *domains interfaces*. La figure 5.2 illustre l'architecture de CORBA.

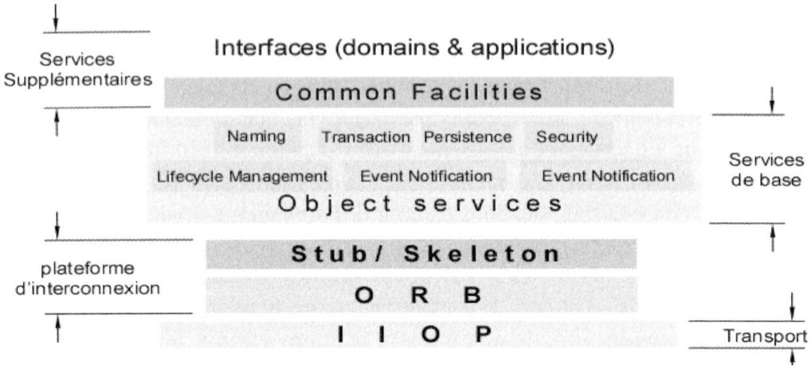

Figure 5.2. *Architecture de CORBA*

– Le transport : CORBA utilise un protocole de transport appelé IIOP comme le moyen de dialogue entre les ORBs distants.

– La plate-forme d'interconnexion : est basée sur un courtier appelé ORB qui est au service de toute l'architecture CORBA. Il agit comme un bus d'objet central sur lequel tous les objets CORBA peuvent interagir de manière transparente avec d'autres objets CORBA locaux ou distants.

– Les services de base : sont les services fournis aux développeurs, ils sont appelés *object services* dans les spécifications de CORBA. Ils assurent des fonctions système bas niveau nécessaires à la création d'applications telles que, le nommage, la persistance, la sécurité, les transactions etc. Les avantages de séparer ces fonctions de l'ORB sont d'isoler la fonction de transport gérée par l'ORB et d'avoir une solution modulaire où on fournit seulement les services nécessaires aux applications (services de bases).

– Les services supplémentaires : ils englobent les *common facilities*, les *domain interfaces* et les « application interfaces » de la spécification de CORBA :

- les *common facilities* sont des services qui fournissent un haut niveau d'abstraction aux applications. Ils gèrent les outils utilisés par les applications comme les outils de gestion d'administration du système et des tâches,

- les *domain interfaces* permettent de modéliser des domaines d'activités comme la finance, la santé, l'industrie, les télécoms, etc.,

- les « application interfaces » fournissent les objets de métiers propres aux besoins des applications de l'organisme qui veut déployer une architecture répartie. C'est-à-dire, ils permettent d'encapsuler les contraintes et les fonctions de l'utilisateur, du simple usager à une multinationale.

5.2.1.2. *Java RMI*

Le Java RMI[3] est une API Java permettant d'utiliser des objets distribués distants de façon transparente comme si l'objet était sur la machine virtuelle de l'utilisateur. D'où l'utilisation de deux machines virtuelles (une pour le client, une autre pour le serveur). Le mécanisme offert par Java RMI est de très haut niveau, mais il reste totalement spécifique au langage Java, ce qui limite en quelques sortes l'interopérabilité.

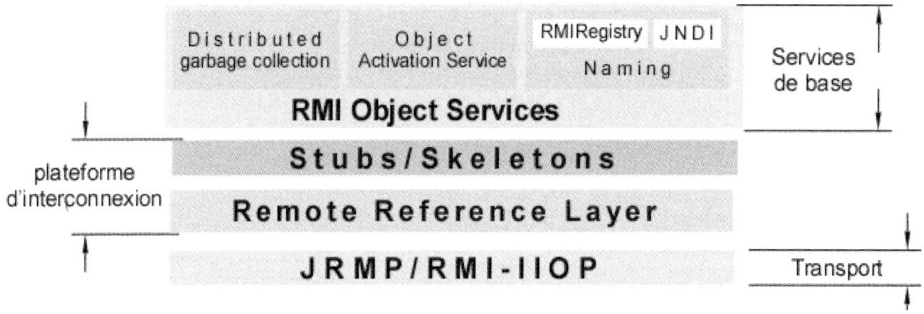

Figure 5.3. *Architecture de JAVA-RMI*

L'architecture Java-RMI (voir la figure 5.3) se décline comme suit :

– le transport : Java RMI utilise le protocole de transport JRMP (sur TCP/IP). Les versions récentes de RMI supportent le protocole RMI-IIOP ce qui permet leur interopérabilité avec CORBA ;

– la plate-forme d'interaction : la couche RRL est responsable d'accomplir et de réaliser les invocations. Elle est capable de réagir différemment selon les paramètres de l'appelant. La souche et le squelette sont responsables des conversions de données et de leur transmission /réception à/de RRL ;

– les services de base : Java RMI fournit des services de base pour le nommage et l'activation d'objet. La RMIRegistry se situe sur la machine serveur et contient des informations à propos des objets serveurs disponibles. Elle permet au client de localiser un objet serveur pour la première fois. Basé sur les mécanismes intégrés dans la JVM, le RMI fournit un service de ramasse-miettes distribué des objets serveurs distants.

5.2.1.3. *Microsoft DCOM*

Le DCOM a été conçu par Microsoft afin de fournir une architecture répartie aux objets OLE et aux composants COM. DCOM est une extension distribuée de l'architecture COM en se basant sur DCE/RPC qui est une architecture permettant la

3. RMI : http://www.java.sun.com/products/jdk/rmi/reference/docs/index.html.

coopération entre applications en fournissant une couche de communication (le support d'interconnexion). Elle le fait par des RPC.

DCOM (voir la figure 5.4) suit une approche similaire à CORBA. Il est dédié aux utilitaires Microsoft sur des plates-formes Windows. Il utilise un langage de description d'interface s'inspirant de IDL : MsIDL (ou MIDL).

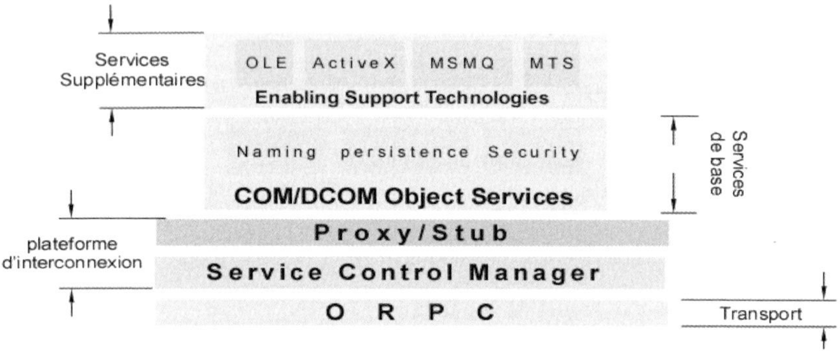

Figure 5.4. *Architecture de DCOM*

De plus, il reprend également la notion de référence afin de retrouver et identifier les objets avec le GUID :

– le transport : le DCOM utilise le protocole ORPC qui est une version étendue du protocole DCE RPC avec le support de l'environnement orienté objet ;

– la plate-forme d'interaction : le COM utilise GUID pour nommer les objets. Cet identifiant étant unique permet de référencer une classe particulière d'objets. Pour pouvoir créer les objets distants, le DCOM combine le nom réseau de serveur et l'identifiant de la classe (CLSID). Puis, le SCM, sur la machine du client se connecte au SCM du côté serveur et demande la création de l'objet serveur ;

– les services de base et les supports : en plus des services de base pour gérer les objets (par exemple : gestion du cycle de vie, le nommage, etc.), le DCOM fournit une plate-forme de support pour les différentes technologies de Microsoft. Le MSMQ permet aux composants distants de communiquer par l'envoi de messages (communication asynchrone).

5.2.2. *Les bus messages*

Les bus messages (voir la figure 5.5) supportent la communication entre les composants distribués *via* l'envoi de messages. Les composants clients envoient à un serveur un message contenant la demande d'exécution d'un service et ses paramètres, ainsi le serveur peut retourner en réponse un message contenant les résultats du service demandé.

La mise en relation des éléments distants se fait soit sur l'envoi de messages (par exemple : iBus[4]), soit par l'événement (par exemple : Elvin [SEG 97]). Le mode de communication étant asynchrone, ces middlewares permettent le découplage entre les clients et les serveurs, ce qui semble mieux adapté aux contraintes des systèmes distribués mobiles.

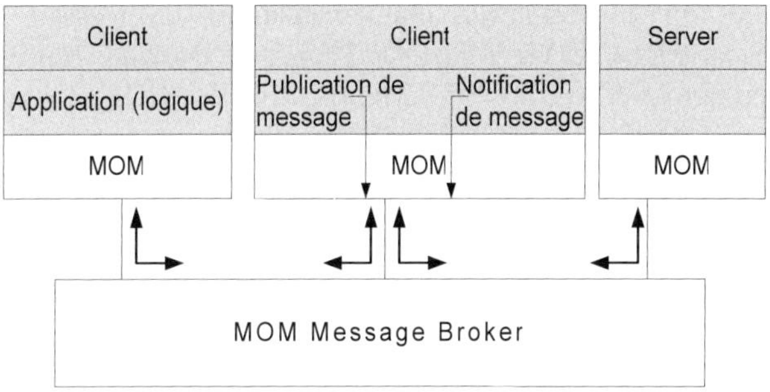

Figure 5.5. *Architecture des MOM*

En effet, les MOM créent une version nomade des systèmes client/serveur. Ils permettent d'accumuler les transactions sortant dans des files d'attente pour les télécharger vers le serveur une fois qu'une connexion peut être établie.

5.2.3. *Conclusion*

Dans cette section, nous avons présenté les différentes solutions de middlewares. Nous les avons classifiées en deux catégories selon leurs plates-formes de communication. Chacune de ces solutions apporte un certain nombre de fonctionnalités pour permettre la création, la mise en relation et la gestion des éléments distribués. Les bus objets sont généralement en mode synchrone, alors que les bus messages sont plutôt asynchrones. Il ne faut pas oublier le service « TP Monitor » qui assure une certaine fiabilité applicative des échanges à travers les propriétés ACID (atomicité, cohérence, isolation, durabilité). Les middlewares sont alors dits « transactionnels » car ils supervisent l'exécution de toutes les opérations de la transaction d'une manière transparente pour les clients et les serveurs.

4. iBus : http://www.softwiredinc.com/products/mobile/mobile.html.

Mais qu'en est-il de leurs utilisations et de leurs apports dans les systèmes distribués différents ? C'est ce à quoi nous allons répondre dans la section suivante.

5.3. Les nouvelles générations de *middlewares*

Les middlewares classiques sont conçus originairement comme un support pour des systèmes distribués fixes. Une large gamme de produits commerciaux permet aux développeurs de choisir la meilleure solution, la meilleure structure de service, selon leurs besoins. Nous venons de décrire les solutions middlewares basées sur le concept orienté objet, comme les implémentations de l'OMG CORBA (par exemple : Orbix d'IONA [BAK 97] et VisiBroker de Borland [NAT 00]), CORBA Component Model (CCM) [OMG 97], Microsoft COM [ROG 97], Java-RMI [PIT 01] et Enterprise JavaBeans [MON 00a], fournissent une abstraction permettant l'invocation des objets distants. Tandis que les produits basés sur le concept orienté message comme MQSeries d'IBM [RED 99] et Java Message Queue de Sun fournissent une abstraction permettant l'échange des messages entre les éléments distants. Les solutions basées sur le concept orienté transaction comme CICS d'IBM [HUD 94] et Tuxedo de BEA [HAL 96], quant à elles, fournissent un service de transaction.

Cependant, dans le cas des systèmes distribués nomades et mobiles, la mobilité et la communication sans fil soulèvent de nouveaux besoins et de nouvelles contraintes. La question qui se pose est : ces nouveaux besoins sont-ils couverts par les solutions middlewares classiques ? C'est la question à laquelle les sections suivantes essayent d'apporter quelques éléments de réponse.

5.3.1. *Les besoins et les contraintes*

L'analyse des nouveaux besoins nous permet d'évaluer l'impact des middlewares classiques dans un contexte nomade ou mobile. La particularité introduite par ces deux types de systèmes distribués peut être résumée en trois nécessités :

– terminaux mobiles signifient une faible charge du calcul. Les applications mobiles s'exécutent sur des terminaux avec des ressources limitées (par exemple : mémoire, CPU, batterie, etc.). Plus le middleware est riche en termes de fonctionnalités et de services proposés, plus il sera lourd en charge de calcul et encombrant au niveau de la taille. Il est nécessaire alors de trouver un compromis entre la charge du calcul et les services fournis par le middleware. Ceci peut se faire en relaxant certaines présomptions et hypothèses dans le but d'avoir un middleware plus léger ;

– connexion intermittente signifie communication asynchrone. Généralement, les terminaux mobiles se connectent au réseau de manière occasionnelle et pour une courte durée pour accéder aux données ou demander un service. Cependant, même pendant cette durée assez courte, la bande passante disponible est plus faible que dans les systèmes distribués fixes et elle peut diminuer ou être perdue brusquement dans les zones où il n'y a pas de couverture réseau. Par exemple, il arrive très souvent que le client qui demande un service et le serveur le lui fournissant ne soient pas connectés au réseau en même temps. Ainsi, pour résoudre ce problème et permettre l'interaction entre deux composants qui ne s'exécutent pas en même temps, le mode asynchrone de communication s'avère être le mieux adapté. La communication asynchrone permet l'indépendance des systèmes communicants et fournit le découplage entre le client et le serveur. Il serait possible alors pour un client de demander un service, se déconnecter du réseau et récupérer les résultats de sa demande, ailleurs, ultérieurement, dès qu'il sera de nouveau capable de se reconnecter ;

– contexte dynamique signifie perception ou *awareness*. Contrairement aux systèmes distribués fixes, les systèmes nomades ou mobiles peuvent évoluer dans un contexte extrêmement dynamique. La bande passante n'étant plus stable, les services qui sont disponibles peuvent ne pas l'être une seconde plus tard à cause d'une perte de connexion entre le terminal portable et le fournisseur de ces services. L'optimisation du comportement du middleware et de l'application devient de plus en plus importante d'autant plus que les ressources manquent. Cette optimisation peut se faire en fournissant pour l'application une certaine perception sur le contexte et en rendant l'application consciente de l'état des ressources internes et externes.

Pour répondre à l'ensemble de ces besoins, il y a différentes approches. L'une d'entre elles opte pour une solution radicale, qui est de ne pas avoir de middleware du tout. Cette solution compte plutôt sur l'application pour prendre en main la négociation et les décisions concernant les services. Cette approche attribue le rôle du middleware aux concepteurs des applications pour satisfaire toutes les contraintes non fonctionnelles du système, à commencer par l'extensibilité. Une deuxième approche consiste à l'adaptation et l'utilisation des systèmes middlewares traditionnels dans le contexte mobile. Cependant, la charge de calcul de ces systèmes est très élevée et le principe de transparence adopté n'est plus toujours adéquat aux applications mobiles.

Toutefois, récemment, une nouvelle génération de middlewares est apparue afin de satisfaire les besoins des systèmes mobiles. Les présomptions comme le manque des ressources ou la connexion intermittente sont faites dans le but de concevoir les middlewares plus légers et mieux adaptés à des configurations mobiles. Les middlewares réflexifs (voir paragraphe 5.3.2) proposent une infrastructure légère qui inclut un ensemble minimum de fonctionnalités, mais qui est capable de s'adapter dynamiquement (en changeant le comportement et/ou installant des nouvelles fonctionnalités). Les middlewares *tuple-space* (voir paragraphe 5.3.3) adressent les problématiques relatives à l'irrégularité et l'intermittence de la connexion dans un environnement mobile. Finalement, les middlewares *contexte-aware* (voir paragraphe 5.3.4) proposent des mécanismes permettant d'informer dynamiquement l'application au moment des changements du contexte sous-jacent.

5.3.2. *Les middlewares réflexifs*

Le concept de réflexion est introduit pour la première fois par Smith [SMI 82]. C'est un principe qui permet à un programme d'accéder, raisonner et de changer sa propre interprétation. L'avantage de ce type de middleware est la possibilité d'avoir plus de flexibilité et d'ouverture.

Ces middlewares sont capables de se modifier en utilisant l'inspection et/ou l'adaptation. Pendant la phase d'inspection, le comportement du système va être analysé et surveillé. Ensuite, pendant la phase d'adaptation, le comportement interne d'un système peut être changé en modifiant les éléments existants ou en ajoutant des éléments nouveaux. Cela veut dire qu'un cœur de middleware, avec seulement un ensemble minimal de fonctionnalités est installé sur un terminal mobile et durant l'exploitation, c'est l'application qui sera en charge de surveiller et d'adapter le comportement du middleware conformément à ses besoins.

Cette approche permet d'introduire, dans les systèmes middleware, la flexibilité et la re-configurabilité dynamique. Toutefois, les solutions existantes sont majoritairement des versions réflexives du courtier de CORBA (par exemple : OpenCorba [LED 99]) ce qui limite leurs usages dans les terminaux mobiles avec des ressources limitées (PDA, Smartphone, etc.).

5.3.3. *Les* middlewares *basés sur le concept de* tuple-space

L'idée générale est basée sur l'utilisation d'un espace globalement partagé. Cet espace *tuple-space* agit comme un référentiel des structures de données appelées *uplet*. Les *uplets* sont créés par des processus. Ils peuvent être insérés dans l'espace partagé en utilisant la primitive *write* et ils peuvent être accessibles par des processus en utilisant les primitives *read* et *take*. L'avantage principal est d'avoir un découplage dans le temps et dans l'espace, c'est-à-dire que l'expéditeur et le récepteur ne sont pas obligés d'être disponibles en même temps, car les *tuples* ont leur propre durée de vie. En plus, la localisation mutuelle entre les deux parties n'est plus nécessaire car *tuple-space* est un espace de données globalement partagé.

Les middlewares basés sur ce concept (par exemple Lime [MUR 01], Tspaces [WYC 98], JavaSpaces [WAL 98] et L2imbo [DAV 98]) essayent de répondre aux besoins d'asynchronisme et de découverte de services pour faciliter les interactions entre composants.

Cependant, la structure de données dans ces solutions est une structure simple (c'est-à-dire *uplet*) qui ne permet pas la définition des données sémantiquement riches.

5.3.4. *Les* middlewares context aware

L'idée de base vient du fait que contrairement aux middlewares pour les systèmes distribués fixes, le fait de fournir la transparence n'est plus une tâche facile vu le changement dynamique de contexte dans les systèmes mobiles. De plus, il peut être préférable de rendre l'application consciente de son contexte pour qu'elle prenne elle-même la décision.

Les middlewares basés sur le concept *context aware* fournissent aujourd'hui une solution partielle afin de supporter la mobilité. Ces solutions offrent généralement un support de localisation (location *awareness*, par exemple : Nexus [FRI 00]) ou des mécanismes pour supporter la déconnexion et la réconciliation des données.

5.4. Conclusion

Contrairement aux systèmes distribués fixes, les systèmes mobiles évoluent dans un contexte extrêmement dynamique. Par contexte, nous sous-entendons tout ce qui peut influencer le comportement d'une application. Ceci pouvait être aussi bien les ressources physiques à l'intérieur de l'équipement, comme la mémoire, l'état de la batterie, la taille de l'écran et la puissance de calcul, que la bande passante du réseau, la localisation ou la disponibilité des services. La remontée de ces informations (*awareness*) permettrait d'adapter le comportement des applications et, dans le cas échéant, changer la façon suivant laquelle l'application est construite (rajouter ou supprimer les composants).

Dans cette section, nous avons souligné les nouveaux besoins introduits par un environnement distribué mobile et les différentes approches pour répondre à ces besoins. Les nouveaux middlewares essayent de couvrir chacun une partie de ces besoins mais, ils restent assez spécifiques à un domaine d'usage précis. Notons quand même que l'approche des middlewares réflexifs pouvant servir de support de *context awareness* nous semble prometteuse pour satisfaire les besoins des systèmes mobiles.

Les middlewares fournissent un environnement de base dans lequel les éléments hébergés dans les systèmes distants peuvent communiquer comme s'ils étaient hébergés dans le même système. Le problème adressé par les middlewares est essentiellement la mise en relation des éléments distribués. Cependant, une fois les problèmes liés à la communication et à la mise en relation des composants distribués résolus, la conception de l'architecture et la procédure d'accès aux services deviennent le deuxième grand chantier à entreprendre. La section suivante présente une esquisse des travaux existants dans ce domaine.

5.5. Bibliographie

[AIK 00] AIKEN B. *et al.*, Network Policy and Services : A Report of a Workshop on Middleware, RFC 2768, février 2000.

[BAK 97] BAKER S., *Corba Distributed Objects : Using Orbix*, Addison-Wesley, Harlow, 1997.

[DAV 98] DAVIES N., FRIDAY A., WADE S., BLAIR G., « L2imbo: A Distributed Systems Platform for Mobile Computing, ACM Mobile Networks and Applications (MONET) », Special Issue on Protocols and Software Paradigms of Mobile Networks, 3(2):143-156, 1998.

[DEF 96] DEFANTI T. *et al.*, « Overview oh the I-WAY : Wide Aria Visual Supercomputing », *Intl. J. Supercomputer Applications*, 10(2):123-130, 1996.

[FRI 00] FRITSCH D., KLINEC D., VOLZ S., « NEXUS Positioning and Data Management Concepts for Location Aware Applications », *Proceedings of the 2nd International Symposium on Telegeoprocessing*, 171-184, France, 2000.

[HAL 96] HALL C., *Building Client/Server Applications Using TUXEDO*, John Wiley and Sons, New York, 1996.

[HUD 94] HUDDERS E., *CICS : A Guide to Internal Structure*, John Wiley and Sons, New York, 1994.

[LED 99] LEDOUX T., *OpenCorba : A reactive open broker*, Springer LNCS, Volume 1616, p. 197ff, 1999.

[MON 00a] MONSON-HAEFEL R., *Enterprise Javabeans*, O'Reilly and Associates, 2000.

[MUR 01] MURPHY A.L., PICCO G.P., ROMAN G.C., « Lime : A Middleware for Physical and Logical Mobility », *Proceedings of the 21st International Conference on Distributed Computing Systems (ICDCS-21)*, 2001.

[NAT 00] NATARAJAN V., REICH S., VASUDEVAN B., *Programming With Visibroker : A Developer's Guide to Visibroker for Java*, John Wiley and Sons, New York, 2000.

[OMG 04] OMG, Object Management Architecture Guide, revision 3.0, 2004.

[OMG 97] OMG, CORBA Component Model, http://www.omg.org/cgibin/doc-orbos/97-06-12., 1997.

[PIT 01] PITT E., MCNIFF K., *Java-RMI : The Remote Method Invocation Guide*, Addison Wesley, Reading, 2001.

[RED 99] Redbooks I., MQSeries Version 5.1 Administration and Programming Examples, IBM Corporation, 1999.

[ROG 97] ROGERSON D., *Inside COM*, Microsoft Press, 1997.

[SEG 97] SEGALL W., ARNOLD D., « Elvin Has Left the Building: A Publish/Subscribe Notification Service with Quenching », *Australian UNIX Users Group 97*, p. 373-380, ACM Press, Brisbane, Australie, 1997.

[SMI 82] SMITH B., Reflection and Semantics in a Procedural Programming Language, Phd thesis, MIT, 1982.

[SUN 88] SUN MICROSYSTEMS, RPC: Remote Procedure Call protocol specification, Technical Report RFC-1057, Sun Microsystems Inc., juin 1988.

[WAL 98] WALDO J., Javaspaces specication 1.0. Technical report, Sun Microsystems, 1998.

[WYC 98] WYCKO P., MCLAUGHRY S.W., LEHMAN T.J., FORD D.A., « T Spaces », *IBM Systems Journal*, 37(3):454-474, 1998.

Chapitre 6

Les architectures de services : supports d'ouverture

6.1. Introduction

Au début des années 1990, un cadre architectural a été introduit par IN et TMN pour couvrir respectivement, d'une manière intégrée et ouverte, deux secteurs : le contrôle et le management. Le but était de fournir un traitement coopératif de haut niveau entre les nœuds réseaux et les terminaux ayant des capacités de traitement avancées afin de produire de nouveaux services. L'avancée importante était de considérer les services de télécommunication et les fonctions de management du réseau comme des applications distribuées qui s'exécutent sur un réseau composé de nœuds de traitement.

La notion de l'Architecture de service (AS) a été introduite par Bell dans le cadre de INA[1] [YAN 96] et dans le projet européen RACE-ROSA [RAC 92]. Elle a été approfondie ensuite dans de nombreux projets, en particulier Cassiopeia [RAC 94] et par le consortium TINA-C[2] [TIN 97].

La première grande avancée (voir le chapitre 10) a été apportée à travers les spécifications de TINA. Elles définissent une architecture de service qui inclut un ensemble de concepts, de règles, de guides et de recettes afin de modéliser les services, leur contrôle et leur management.

Chapitre rédigé par Sassan ROSTAMBEIK.

1. *Intelligent Network Architecture.*
2. *Telecommunication Information Networking Architecture Consortium.*

L'architecture TINA n'est qu'une première étape vers une nouvelle infrastructure de service. En effet, la nouvelle architecture de service doit prendre en compte au-delà de l'ouverture, la mobilité, la portabilité et la personnalisation des applications.

La mobilité a, en fait, été adressée par le projet DOLMEN [ACT 96]. Ce projet tente à améliorer l'architecture TINA en proposant OSAM[3] (section 6.2), afin d'avoir une architecture qui réponde aux besoins de la mobilité.

La portabilité des applications, quant à elle, a été adressée par le 3GPP à travers les spécifications de l'OSA (section 6.3). Elles fournissent une architecture ouverte qui propose une interface standardisée à travers laquelle les applications peuvent accéder aux services proposés par le réseau.

L'accès personnalisé aux services réseaux est au cœur des préoccupations de *Parlay group*. Aujourd'hui incorporée comme standard au *framework* OSA, l'interface Parlay (section 6.4) fournit un mécanisme de gestion de l'abonnement permettant de personnaliser l'accès des applications aux services réseaux. L'OMG de son côté propose le TSAS[4] (section 6.5) qui spécifie une nouvelle interface de l'abonnement permettant de personnaliser l'accès de l'utilisateur aux services.

Du point de vue de l'utilisateur, l'accès aux services souscrits doit être possible en utilisant n'importe quel type de terminal et à travers n'importe quel type de réseau et ceci où qu'il soit localisé et quelque soit le moment de la demande (*anytime*, *anywhere*, *anyhow*). Le VHE (section 6.6) de 3GPP décrit les exigences et les besoins d'un tel système. Il spécifie les besoins d'un environnement personnalisé virtuel dans lequel l'utilisateur peut accéder à ses services de la même façon.

6.2. OSAM

Durant les années 1990, la capacité et l'usage des systèmes de télécommunication mobile ont considérablement évolués. La convergence technologique était devenue alors l'une des préoccupations principales du monde académique et industriel. Le but étant de définir une architecture unifiée pour les services des télécommunications qui devait permettre l'intégration de l'ensemble des technologies fixes-mobiles. La définition d'une telle architecture fut l'objet du projet DOLMEN. Ce projet avait pour vocation de contribuer aux définitions faites par le consortium TINA afin de l'adapter aux exigences du monde des mobiles et de proposer des nouvelles spécifications au sein de l'UIT. Les partenaires du projet ont défini alors une architecture dénommée OSAM.

3. *Open Service Architecture for fixed and Mobile environments.*
4. *Telecommunication Service Access and Subscription.*

6.2.1. *La démarche*

Il existe deux approches différentes pour intégrer la mobilité dans l'architecture de service : intégration par l'*ingénierie du service* ou l'intégration par l'*ingénierie du système.*

Selon la première approche, les services de communication mobiles sont vus comme n'importe quels autres services de communication. Dans ce cas, l'infrastructure sous-jacente peut être composée de réseaux fixes et/ou mobiles sans intégrer les mécanismes nécessaires pour contrôler et gérer les ressources. Ces mécanismes doivent donc être intégrés dans l'architecture de service.

Dans la deuxième approche, l'ingénierie du système, l'intelligence pour supporter les services de communication mobile est considérée comme une partie inhérente de l'infrastructure sous-jacente. Les systèmes mobiles existants et ceux qui vont apparaître sont alors, supposés fournir les fonctions nécessaires pour la gestion de la mobilité. Dans ce cas, l'architecture de service inclura simplement une interface vers ces services, comme c'est le cas pour les autres services de communication.

C'est la première approche qui a été adoptée par le projet DOLMEN afin de développer, de valider et de promouvoir l'architecture OSAM :

– étendre l'architecture de TINA afin d'encapsuler les fonctions de mobilité pour les deux types de mobilité : la mobilité personnelle et la mobilité du terminal ;

– définir, spécifier et implémenter des composants qui traitent la mobilité dans les sessions d'accès, de service et de communication ;

– définir des adaptateurs de ressource pour les éléments de réseaux fixes et mobiles (par exemple : ATM, GSM, WLAN, etc.).

6.2.2. *L'architecture de l'OSAM*

La figure 6.1 présente le cadre architectural de l'OSAM qui consiste en « une machine de service » et une infrastructure de réseau de transport (TN). Les applications quant à elles, résident au-dessus de la machine de service de l'OSAM.

La machine de service est distribuée sur les entités de calcul (*hardware and NCCE*[5]), dans les réseaux et les terminaux OSAM. Elle consiste en des composants de contrôle de service, exécutés dans un environnement de traitement distribué (DPE) fourni par un noyau de réseau de transport (KTN).

5. *Native Computing and Communication Environment.*

Les composants de contrôle de service sont des entités logicielles orienté-objet qui fournissent des fonctionnalités de contrôle de service et de connectivité. Selon leurs fonctionnalités, ces composants peuvent être déployés dans le terminal aussi bien que dans le réseau OSAM. Cependant, ensemble, ils constituent une seule couche logique commune.

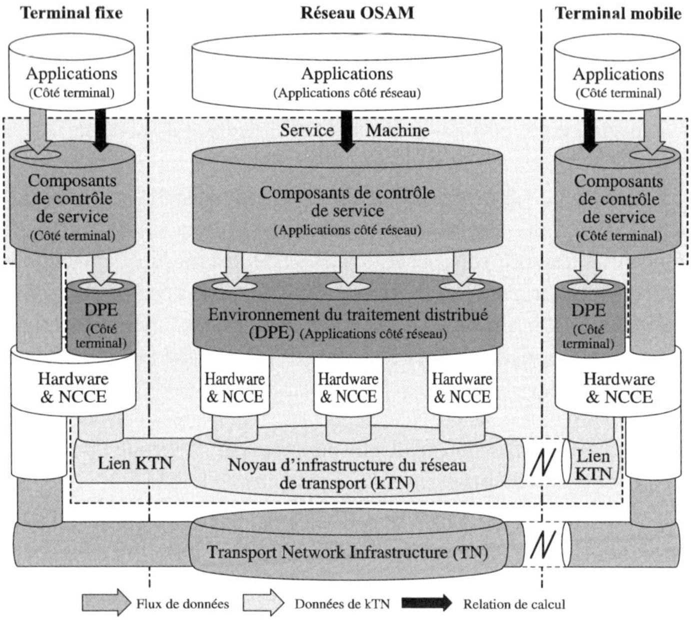

Figure 6.1. *Architecture de l'OSAM (référence)*

Le DPE fournit un environnement d'exécution permettant l'interaction des composants de service de contrôle. Ainsi, il fournit une transparence vis-à-vis de la localisation, de la migration des objets. Le DPE est vu comme un environnement d'exécution uniforme, constitué d'un certain nombre d'environnements de traitements interconnectés hébergés dans des nœuds géographiquement séparés. Comme il est illustré par la figure 6.1, nous soulignons le fait que les terminaux OSAM ont un DPE embarqué.

Le noyau de réseau de transport (KTN) permet l'interconnexion de l'ensemble des environnements de calcul. Il fournit des fonctionnalités permettant l'acheminement des messages d'un nœud de calcul vers un autre.

L'infrastructure de réseau de transport (TN) consiste en des équipements de commutation et de transmission contrôlés par les composants de contrôle de service. Contrairement aux technologies actuelles, dans le réseau OSAM, les équipements de commutation sont dénudés de toutes fonctionnalités et offrent seulement des capacités de raccordement (XCN[6]) d'une ligne d'entrée avec une ligne de sortie. Par conséquent, ce sont les composants de contrôle de service qui contiennent toutes les informations nécessaires pour l'établissement d'une connexion de bout en bout.

6.3. OSA : accès ouvert aux services

Pour que les applications distribuées puissent être mises en œuvre, elles se basent sur les services offerts par le réseau sous-jacent. Cependant, cela induit une forte dépendance de l'application à son environnement réseau et à la façon dont les services réseaux sont implémentés.

Les spécifications de l'OSA s'adressent aux problématiques relatives à la portabilité des applications. Le challenge est donc de dissocier les applications du réseau de communication qui les supporte. Ainsi, au lieu d'être dédiée à un environnement réseau précis, l'application est indépendante du réseau sous-jacent. Il suffit alors que les mêmes interfaces soient présentes pour que l'application puisse s'exécuter correctement dans n'importe quel environnement réseau.

6.3.1. *Architecture*

La figure 6.2 montre l'endroit où se situe l'API d'OSA. Les applications qui reposent sur OSA peuvent aussi bien être des services à valeur ajoutée que des services offerts par des fournisseurs tiers. L'interface OSA est composée de deux ensembles d'entités :

– les SCF (*Service Capability Function*) sont des interfaces CORBA standardisées qui fournissent aux applications l'ensemble des fonctionnalités du réseau. Il existe deux types de SCF. Les premiers sont de type *framework* et offrent des fonctionnalités afin de supporter la gestion d'abonnement et l'enregistrement aux fonctionnalités réseaux et de fournir les mécanismes d'accès sécurisé. Les seconds sont de type service réseau et offrent l'accès aux fonctionnalités de réseau (par exemple *User Interaction*, *Terminal Capabilities*, etc.) ;

– les SCS (*Service Capability Server*) sont des serveurs de fonctionnalité de service qui jouent le rôle d'intermédiaire entre l'interface SCF et l'entité de réseau. Ils traduisent les invocations sur les SCF aux événements sur les éléments de réseau.

6. *Cross-connect.*

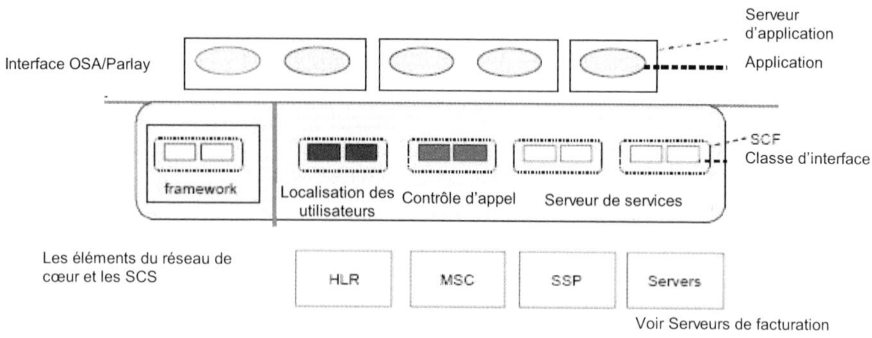

Figure 6.2. *L'interface OSA*

6.3.2. *Conclusion*

L'apport de l'architecture de l'OSA concerne aussi bien les développeurs d'applications que les opérateurs de réseaux.

Du point de vue des opérateurs, elle permet aux applications d'accéder de manière extensible et ouverte aux capacités de réseaux. Ainsi, les opérateurs peuvent introduire de nouvelles fonctionnalités sans avoir besoin de modifier les applications existantes. Du point de vue des développeurs, elle fournit un ensemble standardisé d'interfaces permettant d'accéder aux mêmes fonctionnalités de réseau indépendamment des technologies de réseaux sous-jacents. Elle assure ainsi la portabilité des applications sur des réseaux différents.

6.4. Parlay

Le *framework* spécifié par le groupe Parlay fournit des fonctionnalités diverses pour gérer la personnalisation de l'accès aux services réseaux. Cette personnalisation est fournie par une architecture fonctionnelle (voir paragraphe 6.4.1) et des informations (voir paragraphe 6.4.2) de gestion de l'abonnement.

6.4.1. *Architecture*

Le *framework* Parlay comporte trois interfaces distinctes, l'une avec l'application, la seconde avec les SCS et la troisième avec l'opérateur d'entreprise, (voir la figure 6.3) que nous allons détailler :

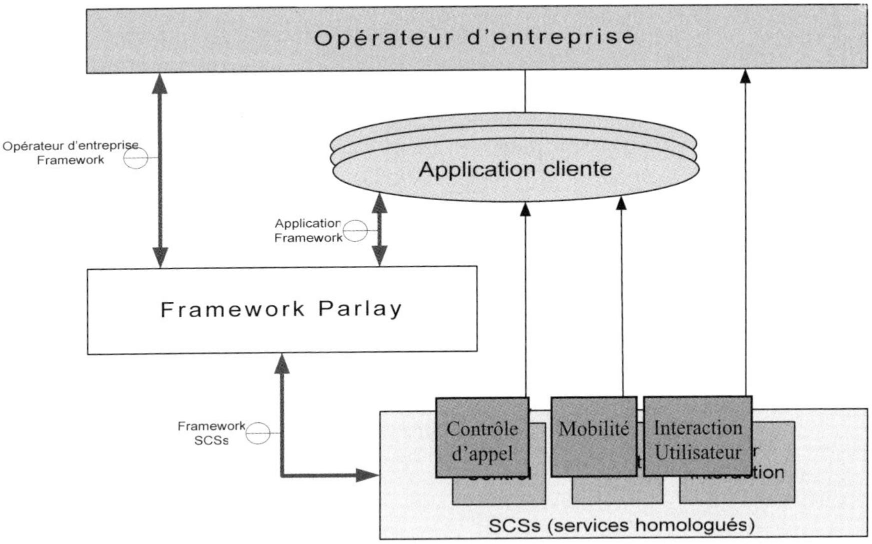

Figure 6.3. *Le framework Parlay*

– *les mécanismes de base entre Application et Framework* :

- authentification : le modèle d'authentification d'OSA suit un modèle peer to peer, sans imposer une authentification mutuelle. En effet, une fois qu'un accord (hors-ligne) existe, l'application peut accéder à l'interface d'authentification. L'authentification doit obligatoirement précéder l'accès à n'importe quelle autre interface d'OSA ;

- autorisation : elle consiste à déterminer les droits d'une application déjà authentifiée ;

- découverte de framework et les SCF : après une authentification réussie, l'application reçoit les interfaces framework disponibles. Elle peut utiliser l'interface de découverte (*discovery interface*) afin de recevoir des informations concernant les SCF auxquels elle a le droit d'accéder ;

- établissement du contrat de service : avant qu'une application puisse interagir avec un SCF, un contrat de service doit être établi. Le contrat de service peut comprendre deux parties, une partie hors-ligne et une partie en ligne. L'application doit signer la partie en ligne avant de pouvoir accéder aux SCF ;

- accès aux SCF : après l'accès au *framework*, ce dernier doit fournir des fonctions de contrôle d'accès afin de permettre l'accès aux SCF ou aux services de données et ceci, pour n'importe quelle méthode d'API d'une application ;

– *l'interface entre Framework et SCS* qui permet l'enregistrement des SCF. Les SCF offerts par un SCS peuvent être enregistrés auprès du *framework*. Dans ce cas, le *framework* serait capable de renseigner les applications sur les SCF disponibles (découverte) ;

– *les mécanismes entre framework et opérateur d'entreprise* concernant l'abonnement de service : cette fonction représente un accord contractuel entre l'opérateur d'entreprise et le *framework*. Le processus d'abonnement implique deux entités : l'*enterprise operator* et le *framework*. Dans le modèle métier d'abonnement (voir la figure 6.4), l'opérateur d'entreprise joue le rôle de souscripteur/client et les applications jouent le rôle d'utilisateurs ou consommateurs de services. Le framework lui-même joue le rôle de détaillant de services.

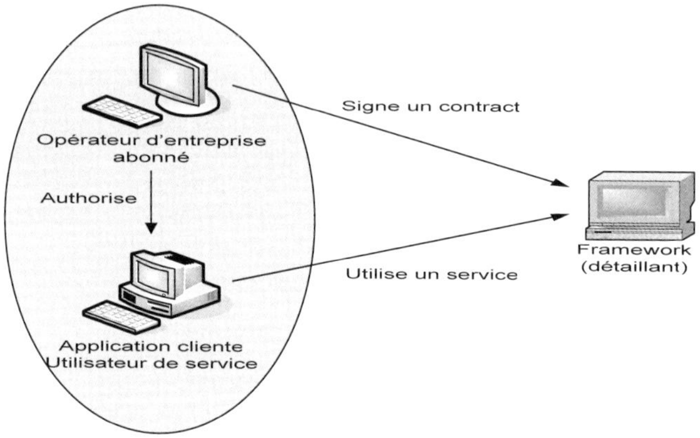

Figure 6.4. *Le modèle métier de l'abonnement Parlay*

6.4.2. *Aspect informationnel*

Parlay fournit un certain niveau de personnalisation des services et spécifie un modèle informationnel et des API permettant d'accéder à ces informations. La figure 6.5 illustre ce modèle informationnel.

Il comprend trois nouveaux éléments :

– contrat de service : une fois que la négociation entre l'opérateur d'entreprise et le framework est achevée, ce dernier génère un contrat de service qui correspond au contrat passé avec l'opérateur d'entreprise pour un service donné. Il contient les conditions d'usage d'un service réseau ;

– SAG (*Subscription Assignment Group*) : l'opérateur d'entreprise peut regrouper au sein de l'entreprise l'ensemble des applications qui utilisent un même service réseau de la même manière. Chaque groupe constitue un SAG ;

– profil de service : il est assigné à un SAG pour un service donné (défini par l'opérateur d'entreprise). Il constitue une restriction du contrat passé pour un service.

En effet, des SAGs différents peuvent avoir des contraintes différentes pour un service qu'ils utilisent. Les profils de service différents permettent cette différenciation.

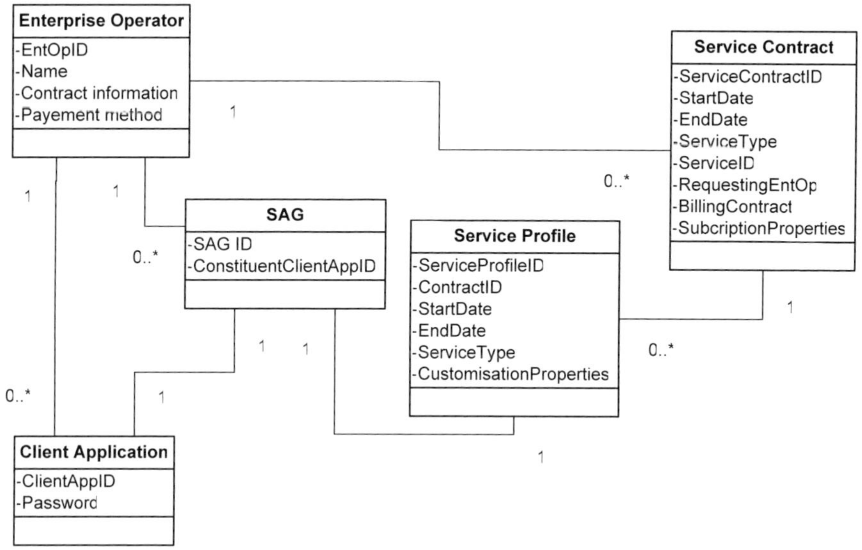

Figure 6.5. *Le modèle informationnel d'abonnement Parlay*

6.4.3. *Conclusion*

Les mécanismes proposés par le framework Parlay favorisent l'*ouverture* des architectures de services. Ce framework fournit le support pour une utilisation personnalisée d'un service (contrat et profils de service) et par application. Cependant, cette personnalisation se fait au moment de la procédure d'abonnement et les modifications dynamiques ne sont pas prises en compte.

La proposition de l'OMG, TSAS, apporte une amélioration à la personnalisation de service. Elle considère, dans le processus d'abonnement, l'utilisateur au lieu de l'application.

6.5. Le TSAS

Le TSAS [OMG 02] définit un ensemble d'API qui permettent la personnalisation des services par utilisateur. Basée sur l'architecture de service TINA, elle définit un détaillant qui s'intercale entre l'utilisateur et le service tiers et qui gère l'abonnement et l'accès des utilisateurs aux services. TSAS s'inspire du principe d'abonnement de Parlay et apporte des améliorations afin de l'adapter pour supporter l'abonnement des utilisateurs à un service.

6.5.1. *Architecture*

La spécification de TSAS comporte les mêmes composants architecturaux que celle de Parlay. L'ensemble d'interfaces, définies dans la spécification de TSAS, fournit des fonctions à travers lesquelles les opérateurs de réseau peuvent offrir aux fournisseurs tiers un accès sécurisé aux capacités du réseau. La spécification de TSAS est techniquement alignée avec celle de Parlay. Par conséquent, les interfaces de service spécifiées par Parlay peuvent être fournies par TSAS.

Cependant, le modèle métier de TSAS se distingue de celui de Parlay et définit trois domaines différents : le domaine de l'utilisateur, le domaine de détaillant et le domaine de fournisseur de service (voir la figure 6.6).

Les domaines définis par TSAS sont fortement liés aux rôles. Détaillons un peu :

– le domaine de l'utilisateur : il contient deux types d'entités, celles qui ont le rôle d'utilisateur final et celles qui ont le rôle de souscripteur. L'utilisateur final est celui qui utilise le service alors que le souscripteur signe le contrat avec le détaillant afin d'établir l'abonnement aux services pour ses utilisateurs. Dans le cas professionnel, le souscripteur peut être une entreprise qui a un contrat d'abonnement pour ses employés (utilisateurs finaux) alors que dans le cas personnel, le rôle du souscripteur et de l'utilisateur final sont les mêmes ;

– le domaine de détaillant : il contient les entités qui ont comme rôle celui de détaillant. Le détaillant fournit une vue intégrée de services aux souscripteurs ou aux utilisateurs finaux. Il offre une gestion unifiée de l'ensemble des services, en particulier le service d'abonnement. Le détaillant est le seul point de contact du fournisseur de service avec le souscripteur et l'utilisateur final. Il doit assurer un accès aisé et la qualité de service. Le TSAS, par le détaillant, permet aux utilisateurs de personnaliser et de customiser les services. Il fournit les possibilités pour configurer et sélectionner les services en intégrant les préférences personnelles ;

– le domaine de fournisseur de service : il contient les entités qui ont comme rôle celui de fournisseur de service. Ces derniers offrent leurs services aux utilisateurs finaux (ou souscripteurs) à travers un détaillant. En d'autres termes, ils fournissent une plate-forme de services pour fournir le détaillant. Les services fournis par le fournisseur de service peuvent être la logique de service, le contenu ou les deux.

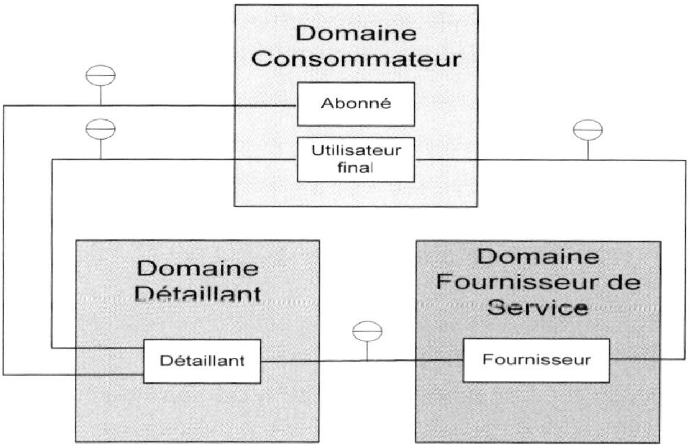

Figure 6.6. *Le modèle métier de TSAS*

Le modèle informationnel de l'abonnement spécifié par TSAS ressemble à celui spécifié par Parlay (voir la figure 6.7).

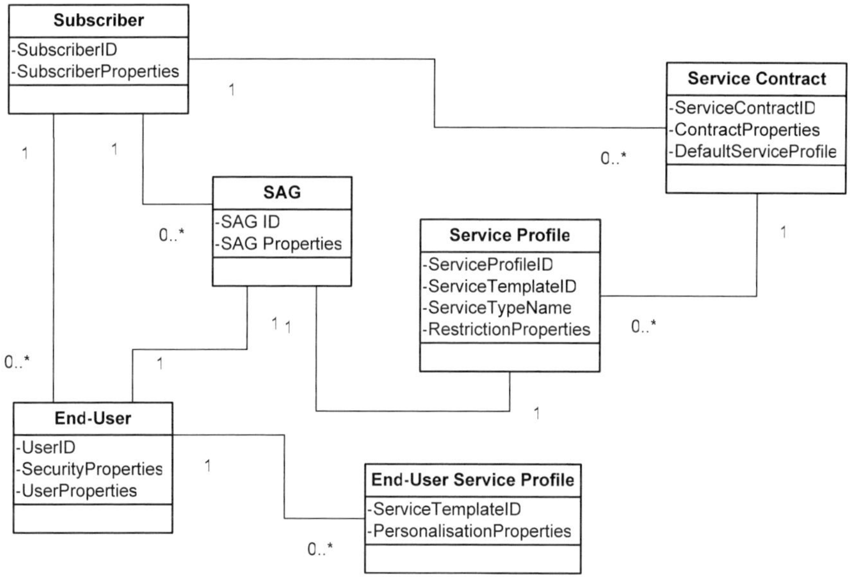

Figure 6.7. *Le modèle informationnel de l'abonnement de TSAS*

Le TSAS supporte l'accès des utilisateurs aux services des fournisseurs tiers. Il offre la personnalisation des services par utilisateur. De ce fait, un nouvel élément, le profil de l'utilisateur final, a été rajouté au modèle informationnel de Parlay. Ce profil contient les préférences de l'utilisateur final concernant un service donné.

6.5.2. *Conclusion*

Le TSAS, comme TINA, sépare, dans son modèle métier, l'utilisateur du souscripteur et le détaillant du fournisseur. Ce qui permet plus de flexibilité.

Le TSAS introduit une notion importante, celle de considérer les préférences de l'utilisateur. Ceci étant, les préférences sont transmises (par le détaillant) aux fournisseurs uniquement au moment du démarrage d'une session de service et donc les changements en cours d'une session ne peuvent toujours pas être pris en compte.

Par ailleurs, le profil de l'utilisateur final est un profil unique. Or, les préférences de l'utilisateur peuvent être différentes selon la localisation, le temps ou le terminal choisi. Par conséquent, le TSAS, dans son état actuel, ne permet pas la définition de plusieurs profils pour un même utilisateur.

De plus, le TSAS, fournit la possibilité d'avoir une session multi parties. Cependant, dans une session multi parties, uniquement, les préférences de l'utilisateur qui a initialisé la session sont prises en compte.

6.6. Environnement personnalisé virtuel (VHE)

Le VHE spécifie un *environnement personnel de service* (PSE) qui fournit un support pour des services personnalisés, la personnalisation de l'utilisateur et pour offrir un ensemble cohérent de services indépendamment de l'accès (par exemple : fixe, mobile, filaire, sans fil, etc.). Il doit permettre d'assurer une disponibilité globale des services au déplacement.

Le 3GPP définit le VHE [THI 02] comme étant un concept qui adresse le problème de la mobilité de l'utilisateur pour fournir la portabilité de l'environnement personnel de service à travers les frontières des différents réseaux et entre divers terminaux. Le concept de VHE fournit de manière consistante aux utilisateurs les mêmes dispositifs personnalisés, avec la même interface customisée et les mêmes services, indépendamment du réseau, du terminal et de leurs localisations.

Les données de personnalisation réunies dans le PSE sont une combinaison d'une liste d'abonnement (services), des préférences associées aux services, des préférences d'interface (équipement de l'utilisateur) et d'autres informations liées à l'expérience du système vécu par l'utilisateur.

6.6.1. *Architecture*

Les rôles et les composants qui sont impliqués dans le VHE (voir la figure 6.8) sont :

– HE (*Home Environment*) : ce composant désigne le domaine dans lequel l'utilisateur est abonné et peut avoir un environnement de travail personnalisé. C'est ce domaine qui maintient les informations de personnalisation et qui fournit l'accès aux services personnalisés ;

– utilisateurs : ce composant regroupe les utilisateurs finaux (les abonnés) auxquels le VHE rend service ;

– HE-VASPs (*Home Environment Value added Service Providers*) : ce composant est un composant optionnel qui regroupe les fournisseurs de services tiers situés dans l'HE de l'utilisateur ;

– VASPs : ce composant regroupe les fournisseurs de services tiers situés en dehors de l'HE de l'utilisateur (optionnel) ;

– PSE : ce composant regroupe un ensemble de profils qui contiennent les données de personnalisation.

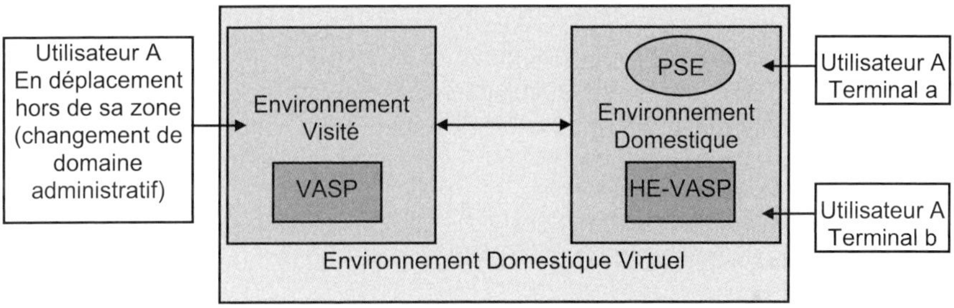

Figure 6.8. *Les rôles et les composants du VHE*

6.6.2. *Aspect informationnel*

Le profil d'utilisateur est défini par 3GPP comme étant l'entité qui regroupe l'ensemble des informations nécessaires au fonctionnement de l'HE. Au niveau de la structuration, les données de préférences de l'utilisateur sont mélangées avec celles relatives à la capacité du terminal ou du réseau. En effet, le profil d'utilisateur, tel qu'il est défini par 3GPP, est un amalgame de toutes les données relatives à un utilisateur venant de tous les acteurs du VHE.

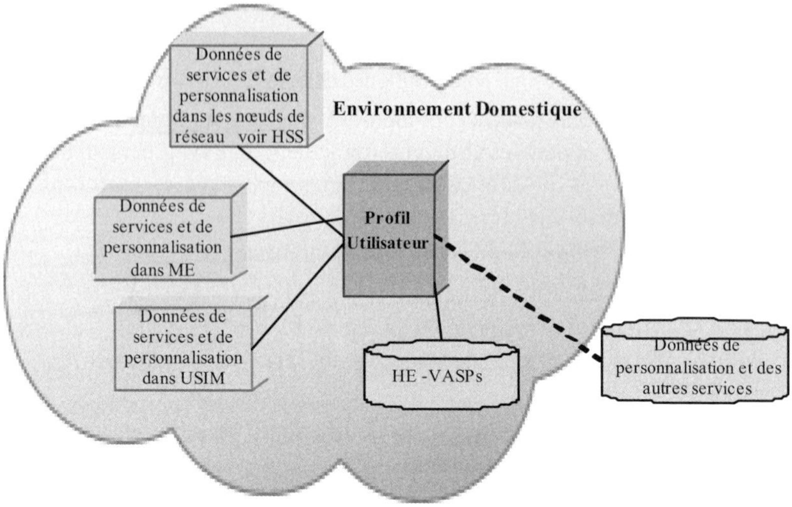

Figure 6.9. *Le modèle logique de la distribution des données du profil d'utilisateur*

La figure 6.9 montre le modèle logique de la distribution des données du profil utilisateur [THI 04]. Les données standardisées du profil utilisateur peuvent se trouver dans une ou plusieurs entités (par exemple : les nœuds du réseau, l'USIM, le terminal, les bases de données, etc.).

6.7. Conclusion

Le but de ce chapitre était de présenter les architectures de services existantes. L'objectif étant de déceler leurs points forts et leurs points faibles pour les NGN. Nous avons constaté que les architectures de service permettent *in fine* d'avoir un environnement de services distribués, gérables et personnalisables.

Cependant, il nous semble important de souligner que pour fournir un accès générique aux services, une prise en compte dynamique de l'utilisateur et de son environnement ambiant s'avère primordiale aujourd'hui. Nous reviendrons sur ce sujet dans la quatrième partie de ce livre.

Dans ce chapitre, nous avons surtout insisté sur les aspects d'ouverture de l'architecture et de réutilisation des composants de service.

Dans le chapitre suivant, nous allons discuter les problèmes qu'une entreprise peut rencontrer quant à l'intégration de ses applications et à la mise en œuvre d'une plate-forme de services.

6.8. Bibliographie

[ACT 96] ACTS-DOLMEN, Service machine for an open long-term mobile and fixed network environment, ACTS Ref : AC036 Dolmen, 1996.

[OMG 02] OMG, Telecommunications Service Access and Subscription Specification, version 1.0, formal/02-12-01, 2002.

[RAC 92] RACE ROSA, The ROSA Architecture, Release Two, Document n° 93/BTL/DNS/DS/A010/b1, 1992.

[RAC 94] RACE 2049 CASSIOPEIA, Open Service Architectural Framework for Integrated Service Engineering, Document n° R2066/VTT/GA4/DS/P/065/b1, 1994.

[THI 02] THIRD GENERATION PARTNERSHIP PROJECT, The Virtual Home Environment (Release 5), 3GPP TR 22.121, V5.3.1, 2002.

[THI 04] THIRD GENERATION PARTNERSHIP PROJECT, 3GPP Generic User Profile (GUP), 3GPP TS 22.240, V6.4.0, 2004.

[TIN 97] TINA-C, Service architecture, www.tina.org, 1997.

[YAN 96] YANG G., « Introduction to Information Network Architecture », *IEEE Network Operation and Management Symposium*, 3.2.1-3.2.12 vol. 4, 1996.

Chapitre 7

EAI : des plates-formes pour l'intégration des applications d'entreprise

7.1. Introduction

La course aux marchés des services a entraîné des évolutions majeures de l'infrastructure des opérateurs tant au niveau du système d'information qu'au niveau des plates-formes de services. Actuellement, deux situations résultent d'une évolution non maîtrisée du patrimoine applicatif des opérateurs.

La première situation se traduit par une fossilisation du système d'information dûe à un fort maillage applicatif. En effet, pour chaque nouveau besoin, une plate-forme a été développée afin de fournir et de gérer le service en question. Cette nouvelle plate-forme doit être « raccordée » avec les autres plates-formes de services déjà existantes. Le problème vient alors de la complexité du maillage qui résulte à chaque introduction de nouvelle plate-forme et à la multiplication des adaptateurs spécifiques à chaque application. Avec le temps, introduire une nouvelle plate-forme devient une tâche laborieuse et coûteuse et le système d'information devient alors réfractaire aux changements. Les performances de traitements, les temps de réponses et les coûts ne peuvent être favorables à la maîtrise des facteurs TtM (*Time to Market*), RoI (*Return on Investment*) et de l'OPEX (*OPerational EXpenditure*).

La seconde situation se traduit par le cloisonnement des plates-formes des entités organisationnelles qui interviennent dans le traitement des demandes des clients. Nous retrouvons cette situation chez les opérateurs historiques, où une certaine maturité applicative existe. Chaque entité organisationnelle (en l'occurrence le

---

Chapitre rédigé par Zakaria BENAHMED DAHO et Noëmie SIMONI.

CRM, la gestion des services et la gestion du réseau) dispose alors de ses propres applications et référentiels pour réaliser les traitements qui lui sont confiés. Le problème vient de l'absence d'automatisation pour le traitement efficace et rapide des demandes, depuis la prise en compte des demandes de service, en passant par l'activation des services demandés et le maintien des réseaux supports, jusqu'à l'établissement des factures aux clients.

Nous constatons ici un besoin réel de faire *communiquer* les applications de façon efficace et flexible auquel se rajoute, un besoin d'*automatiser* les traitements pour la délivrance rapide des nouveaux services et de leur gestion. Nous cherchons donc une solution permettant d'*intégrer* les différentes applications pour automatiser les traitements chez l'opérateur afin de réduire le TtM, d'accélérer le RoI et de maîtriser les OPEX.

C'est pour répondre à ce besoin que les plates-formes d'intégration des applications d'entreprises, les EAI (*Entreprise Application Integration*) [EAI 03, UMA 05, RIV 03[1]] ont émergé vers la fin des années 1990/début 2000. Dans le cadre de ce chapitre, nous nous intéressons à l'architecture de ces plates-formes d'intégration. Nous présentons en premier leur cadre architectural global (section 7.2). Pour l'automatisation des traitements, les récentes plates-formes EAI intègrent des outils de création et de contrôle des *processus métier* (*business process*) (section 7.3). Pour le besoin de communication, elles disposent généralement d'un certain nombre d'adaptateurs préconçus (section 7.4) et d'un bus logiciel (section 7.5) supportant les messages applicatifs. Nous présentons également les principales mises en œuvre possibles des solutions EAI (section 7.6). La mise en œuvre d'une solution EAI chez un opérateur est généralement du ressort d'un intégrateur. Un panorama des principales solutions sera dressé (section 7.7). Nous concluons le chapitre (section 7.8) en présentant les principaux apports et limites des solutions EAI.

7.2. Cadre des plates-formes EAI

La réalisation d'un projet d'intégration repose à la fois sur les méthodes et les plates-formes destinées à assurer l'intégration des applications. Les méthodes servent généralement à identifier les entités à intégrer, à cartographier les flux et à définir un plan d'intégration. Ce travail s'insère généralement dans le cadre de l'urbanisation [JEA 00] du système de l'opérateur.

Les plates-formes d'intégration sont les solutions techniques à mettre en œuvre pour l'intégration des applications. Ces solutions se composent de briques logiciels

1. Le livre blanc de l'EAI – Mediadev et Octo Technology.

qui offrent les « services » pour l'intégration des applications et le support matériel associé.

Sur le plan organisationnel, l'intégration se traduit par la fédération autour de la plate-forme EAI des applications à intégrer (voir la figure 7.1) au lieu d'avoir des îlots fonctionnels indépendants ou un maillage direct entre applications.

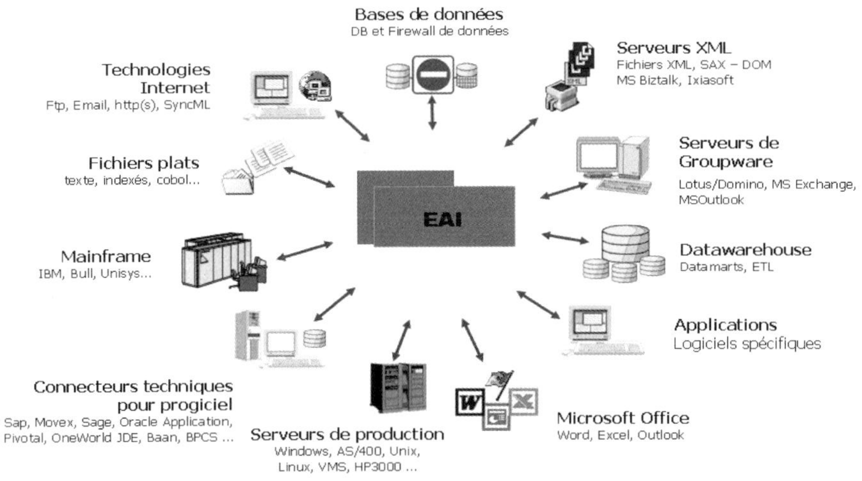

Figure 7.1. *L'environnement des EAI*

Ce que nous entendons par « intégration des applications » est le fait de permettre à des systèmes indépendants de partager un système d'informations. Ces systèmes ont été conçus à des périodes de temps distinctes, par des équipes différentes, sur des modèles d'architecture différents (mainframe, client/serveur, etc.). Il est bien sûr illusoire de penser que l'on peut réécrire ces applications pour les faire communiquer d'où l'intérêt d'une solution d'intégration. Cette intégration se fait par la communication applicative, car le but est d'automatiser les traitements collaboratifs et ce, en offrant aux applications la possibilité de communiquer de la façon la plus *flexible* possible. Le degré de cette flexibilité se traduit par le degré atteint par le découplage entre les applications et leur communication. Autrement dit, la flexibilité résultante de l'intégration des applications est induite par la séparation des traitements applicatifs de la logique de leurs enchaînements. Les plates-formes EAI assurent un premier niveau de découplage entre les applications et ce : (i) en faisant supporter toute la communication applicative par un middleware, (ii) en adoptant l'approche « processus » permettant de définir les logiques d'enchaînements de ces applications et (iii) en automatisant cet enchaînement grâce au moteur de workflows. La séparation entre l'aspect « communication » et l'aspect

« traitement » des applications, permet de supporter tous les enchaînements possibles (différents workflows) et donc de satisfaire les nouveaux besoins métier de l'opérateur de façon plus flexible.

La figure 7.2 représente le cadre architectural que nous avons élaboré pour représenter les principaux composants des plates-formes d'intégration. Nous distinguons donc trois couches :

– *la couche processus* qui spécifie les tâches à automatiser et la logique de l'enchaînement de ces tâches ;

– *la couche médiation* qui spécifie les fonctionnalités des adaptateurs et/ou connecteurs applicatifs nécessaires aux applications pour leurs dialogues ;

– *la couche communication* qui fournit le middleware et les facilités associées pour la communication applicative.

En sus, une plate-forme EAI dispose d'un environnement de création des processus, de développement des entités de médiations et de développement des fonctions de communication. La plate-forme dispose aussi de son propre référentiel d'information et des outils de gestion.

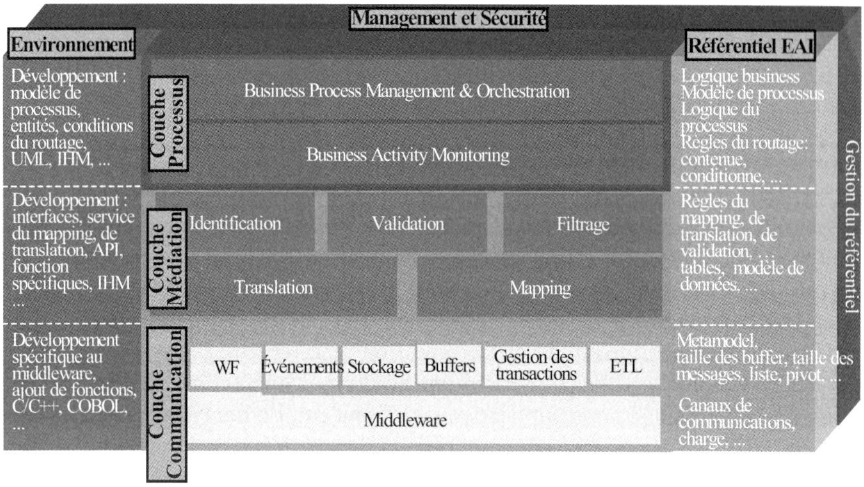

Figure 7.2. *Cadre architectural des plates-formes EAI*

Les principaux intérêts de l'adoption d'une plate-forme d'intégration pour un opérateur de télécoms sont :

– automatiser des processus de gestion et le gain du temps lors du déploiement des nouveaux services ;

– offrir des informations de suivi de bout en bout grâce aux processus ;

– contribuer à l'alignement de la stratégie métier et de la stratégie technique de l'opérateur pour la fourniture des services et de la gestion de réseau ;

– faciliter la communication entre le CRM, l'OSS et les divers référentiels ;

– maîtriser la croissance du patrimoine applicatif de l'opérateur ;

– armer le SI afin de répondre aux enjeux de moyens et longs termes.

7.3. Automatisation des processus métier

Les processus font parties des aspects fonctionnels les plus importants d'une organisation. Plusieurs consortiums et instances de normalisations se sont intéressés aux processus et à leur apport pour l'entreprise. Les travaux de l'OMG, du WfMC [HOL 95, HOL 99], W3C et du BPMI sont parmi les plus importants. Nous commençons cette partie en posant des définitions et en précisant le vocabulaire relatif aux processus.

Un *processus* est un ensemble d'*activités reliées* pour la réalisation d'un objectif métier, c'est-à-dire la fourniture d'un « service », dans le contexte d'une organisation. C'est donc une chaîne de valeur produite par la réalisation correcte des activités qui le composent.

Une *activité* est un « bout de travail » constituée de l'ensemble des tâches (manuelles ou automatiques) dont la réalisation nécessite des ressources et produit la valeur ajoutée de l'activité.

Les *liens entre activités* représentent des relations d'ordonnancement (*and-joint, and-split, iteration, etc.*). Ils traduisent la logique de l'enchaînement des activités. Ces liens caractérisent les échanges et peuvent être représentés par des règles d'ordonnancement.

Une réalisation particulière d'un processus induit un *flux de traitement* (*flow*), déclenché pour *réaliser un travail* (*work*), d'un point (début du processus) à un autre (fin du processus), définissant ainsi *un scénario* particulier d'exécution. Ce flux de travail est appelé *workflow* [2]. Le workflow est donc le résultat de l'automatisation (ou l'exécution) d'un processus. La figure 7.3 traduit la vision du WfMC des processus et des workflows.

Afin d'aboutir à cet automatisme, les processus doivent être identifiés, spécifiés et modélisés. Cette modélisation nécessite un modèle de processus. Le dernier

2. Nous retrouvons aussi dans la littérature le terme *dataflow* qui traduit un flux de données qui est différent de *workflow*.

définit la structure du processus, les acteurs, les activités, les transitions et les applications qui doivent intervenir pour l'automatisation.

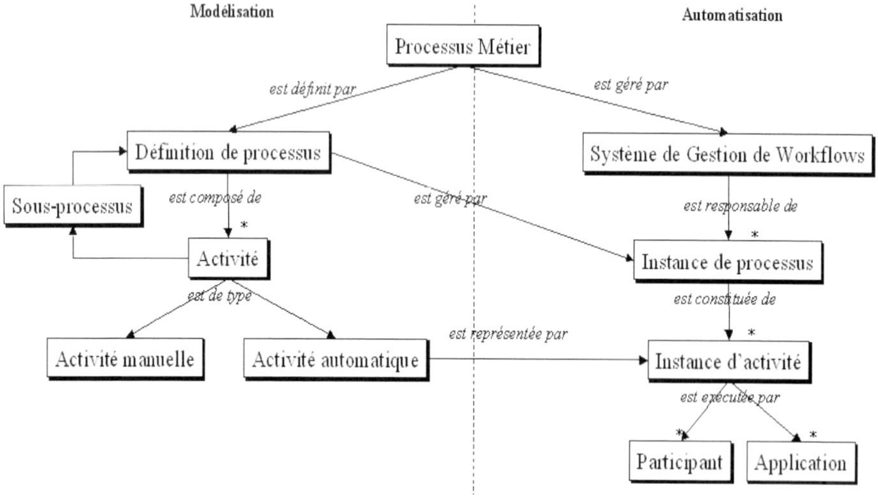

Figure 7.3. *L'approche Processus*

La figure 7.4 présente un exemple de modèle de processus métier. Selon ce modèle, un processus métier est défini par ses activités et ses tâches. Chaque tâche est réalisée par une ou plusieurs applications (participants). Chaque tâche nécessite des informations et dispose d'un contrat. Ce dernier permet de contrôler le lancement de la tâche (vérification des pré-conditions) et sa fin (vérification des post-conditions). Un contexte d'exécution lui est associé pour que la tâche soit prise en charge par le système d'automatisation. Le tout peut être contrôlé par un gestionnaire de processus.

Les plates-formes EAI incluent généralement un outil de modélisation de processus (*Business Process Modeler*) qui permet la création et la manipulation des processus métier. Cet outil offre souvent une interface graphique à l'utilisateur. Une fois modélisés, les processus sont stockés (en scripts XML, par exemple) dans un référentiel de processus. Ce référentiel permet le partage et la réutilisation de composants de processus.

Avant leur déploiement et la mise en production réel dans l'organisation, les processus passent généralement par une phase de test et de validation. Durant cette phase, des simulations, des études de performances et des optimisations (temps d'exécution, coûts, etc.) peuvent être réalisées. Elles sont prises en charge par le simulateur de processus.

Cette phase est nécessaire pour détecter des problèmes avant le déploiement des processus dans l'organisation.

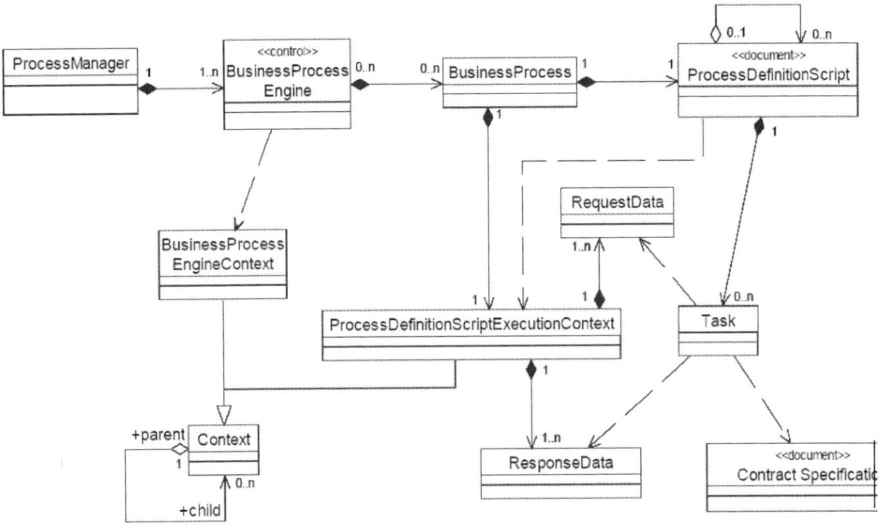

Figure 7.4. *Modèle de processus métier*

L'automatisation des processus est prise en charge par un moteur d'exécution (*Business Process Engine*) appelé aussi moteur de *workflows* (*Workflow Engine*) ou moteur d'orchestration. Le moteur reçoit en entrée la représentation du processus, il invoquera, coordonnera et automatisera les échanges entre les applications, suivant la logique du processus en exécution.

Dans le cas d'opérations manuelles, le système notifie directement l'acteur concerné. La connaissance qu'il possède des différentes étapes du processus, ainsi que les données nécessaires à l'accomplissement de chacune d'elle, lui permet par ailleurs de suivre l'état d'avancement de chaque processus (*Business Activity Monitoring*). Cette surveillance active peut donner lieu à des alertes en cas de déviation d'erreur de fonctionnement.

Nous retrouvons ces outils et composants standardisés chez le WfMC. Ce dernier a précisé l'architecture de référence des moteurs de gestion de *workflow* (*WorkFlow Management System*) et leurs principales fonctions. La figure 7.5 représente le cadre de référence proposé. Le cadre définit les interfaces et les principaux modules d'un WFMS[3].

3. WFMS, disponible à l'adresse : http://www.wfmc.org/standards/model.htm.

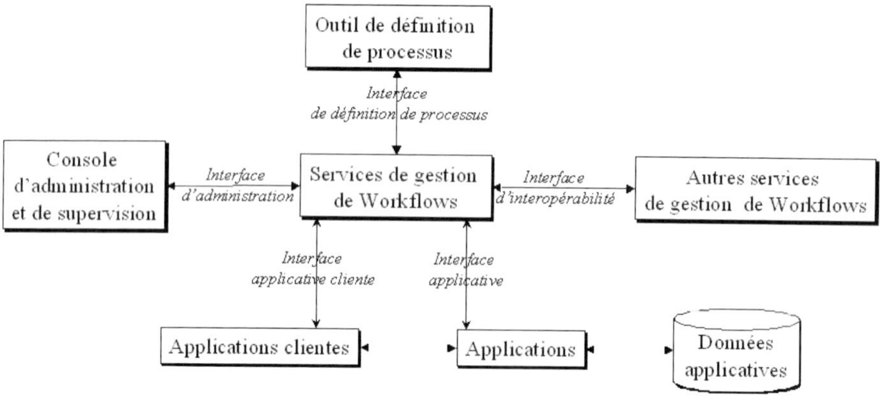

Figure 7.5. *Les principaux modules du moteur de* Workflow

En résumé, les principales fonctions du WFMS sont les suivantes :

– modéliser les processus et définir leur logique ;

– lancer les instances des processus dans l'ordre défini ;

– gérer chaque étape du processus et son état (initialisation, hibernation et réactivation) ;

– gérer éventuellement les interventions humaines ;

– effectuer des fonctionnalités de timing, d'audit, d'analyse de performances, etc.

7.4. La couche de médiation

La couche de médiation fournit les fonctionnalités pour connecter les applications au middleware, transformer, adapter, filtrer et valider les informations échangées. Ces fonctions sont réalisées par des entités spécifiques qui sont, soit fournies directement par la plate-forme EAI soit développées spécifiquement pour chaque application.

Nous distinguons trois types d'entités : les connecteurs, les adaptateurs et les adaptateurs intelligents. Leurs objectifs sont de faire une intégration non intrusive (sans modification du cœur applicatif) et de masquer aux applications les fonctions de communication du *middleware* (afin que le changement éventuel du *middleware* n'affecte pas les applications communicantes).

Les connecteurs sont des petits modules qui se placent entre les applications et le *middleware* dans le but de les connecter. Les connecteurs se comportent comme des API et rendent visibles les principales fonctionnalités des applications. Ils permettent de capturer les données et les événements de l'API de l'application et de les rendre visibles pour les autres applications *via* le *middleware*.

Les adaptateurs, en plus de leur rôle de connecteurs, assurent les transformations entre les protocoles et structures de données de l'application et du *middleware*. La transformation peut être syntaxique (au niveau du format des données) ou sémantique (sémantiques des données, du message). Des règles de mappage et de filtrage sont également définies pour le passage d'une structure de données à une autre. Ils gèrent aussi des exceptions, assurent le filtrage et la validation des informations émises ou reçues.

Les adaptateurs « intelligents » ne nécessitent pas d'efforts de configuration (autoconfiguration), ils peuvent détecter automatiquement les changements ou mises à jour au niveau des BDD et peuvent utiliser des procédures d'introspection (métadonnées, signatures des fonctions, événements, etc.).

Souvent les solutions EAI proposent une console dédiée pour la gestion, le paramétrage et le test des connecteurs et adaptateurs. Leur nombre et leurs fonctions sont des critères déterminant dans le choix d'une solution EAI.

7.5. La communication dans les EAI

La couche de communication [SAI 03] implique plusieurs éléments qui interviennent dans le transport des messages. Le *middleware* constitue le cœur de cette couche. Il existe plusieurs types de middleware. Ils se différencient selon la façon de mettre en relation les entités applicatives, comme nous l'avons décrit (voir paragraphes 5.2.1 et 5.2.2) : les *Remote Procedure Call* (appel de procédure à distance), Java RMI (appel de méthodes éloignées), Bus Corba (orienté objet), COM/DCOM (standards Microsoft) et les MOM (*Message Oriented Middlewares*). Par leur souplesse, les MOM ont été adoptés par la plupart des solutions EAI pour la couche de communication.

Le *mode* de communication peut être synchrone, asynchrone, unidirectionnel, bidirectionnel, paire à paire ou client/serveur. Plusieurs *modèles* de communication sont possibles :

– message *passing* : communication directe entre applications ;

– message *queuing* : communication par l'intermédiaire de files d'attente ;

– *publish and subscribe* : transport du message basé sur le sujet/contenu de la communication. *Publish*, c'est l'application émettrice qui publie le message sur le middleware et *Subscribe* correspond à l'application réceptrice qui souscrit à un canal de réception (sujet ou contenu particulier).

Sont présents également le *workflow* ou plus précisément les outils de mise en œuvre du *workflow* (activation des éléments qui composent le processus selon un certain ordre), tout ce qui est relatif au stockage de données, buffers, éventuellement un module de gestion des transactions et un ETL (*Extraction Transfer Loading*) pour les grosses volumétries. L'intégration des bases de données, les modèles de données et la gestion des messages de grande taille font aussi partie des fonctionnalités. L'interopérabilité doit également être assurée entre les standards au niveau de la couche de communication (Corba, http, ebXML, J2EE, JMS, etc.).

7.6. Les architectures de mises en œuvre de la communication

Plusieurs mises en œuvre des solutions d'intégration sont possibles. Le choix d'une architecture dépend de la complexité des échanges et de la charge de trafic applicatif à supporter. Nous allons décrire les quatre principales architectures (voir la figure 7.6).

L'architecture « Bus » est le modèle décentralisé de l'EAI. Cette architecture est utilisée dans le cas où le nombre d'applications à intégrer est important (supporte bien la montée de charge) et où des transactions sont longues. Dans cette architecture, le bus véhicule des messages « normalisés » (XML comme modèle pivot, par exemple) entre les applications. Le dialogue dépendra de la technologie supportée par le bus : un MOM (*Message Oriented Middleware*) est plus favorable pour les dialogues en messages asynchrones.

L'architecture « Hub » est le modèle centralisé de l'EAI. Cette architecture permet le traitement de très gros volumes localement. Elle est donc une solution plus adaptée à un nombre réduit d'applications. Le dialogue se fait par des transformations directes de messages (pas de format pivot). Dans cette architecture, la gestion et le paramétrage sont centralisés et donc plus aisés. Les licences sont moins coûteuse que celles de l'architecture en BUS.

L'architecture « client-serveur » parfaitement adaptée aux besoins de la distribution, des automates industriels, de comptage, aux travailleurs itinérants (forces de ventes, services après vente, courtiers, etc.). Tous les clients dialoguent avec un serveur central qui les administre à distance.

Enfin, l'architecture « collaborative » est adaptée aux besoins *business to business*, entre entités autonomes d'une même entreprise ou des fournisseurs, logisticiens et clients externes.

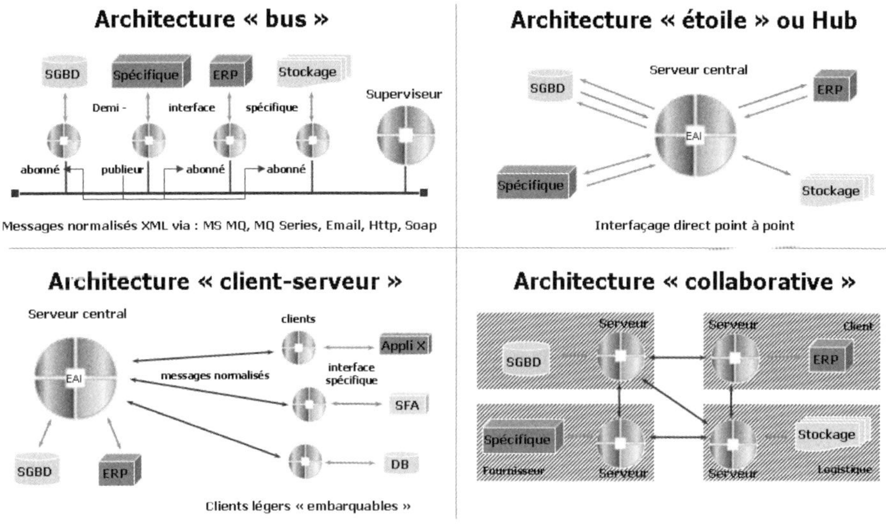

Figure 7.6. *Les architectures de mise en œuvre*

7.7. Présentation des principales solutions

A travers cette section, nous allons examiner les principales plates-formes d'intégration, à savoir : Webmethods (voir paragraphe 7.7.1), VITRIA (voir paragraphe 7.7.2), TIBCO (voir paragraphe 7.7.3) et SeeBeyond ICAN (voir paragraphe 7.7.4). Nous mettrons en évidence leurs points forts et faibles.

7.7.1. *La plate-forme WebMethods*

La plate-forme WebMethods[4] se base sur des serveurs d'intégration (*Integration Servers*).

Les points forts de WebMethods sont :

– une offre tournée vers les standards ;

– une bibliothèque riche de connecteurs (plus de 100). Les adaptateurs proposent un mécanisme de *load balancing* et *multithreading* pour répartir la charge et augmenter les performances ;

– une architecture distribuée. Pas de goulet d'étranglement, gestion étanche de type multihub.

4. Disponible à l'adresse : http://www.webmethods.com.

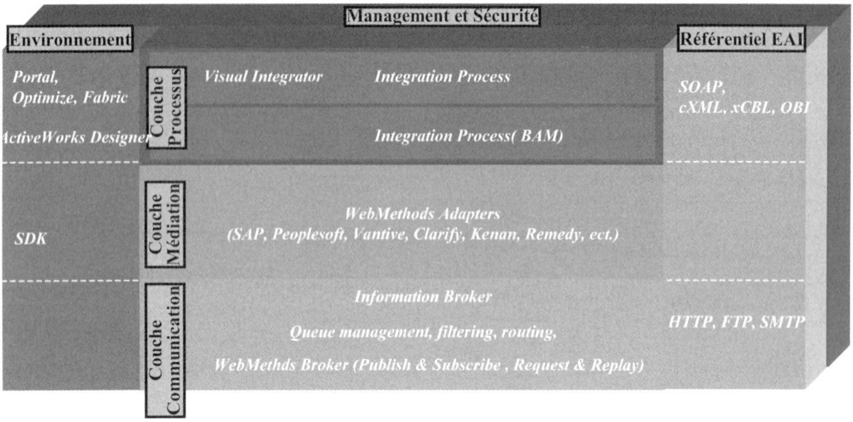

Figure 7.7. *EAI WebMethods*

Le principal point faible de WebMethods est la lourdeur de configuration des connecteurs.

7.7.2. *La plate-forme VITRIA*

La plate-forme VITRIA[5] offre un maximum de fonctionnalités.

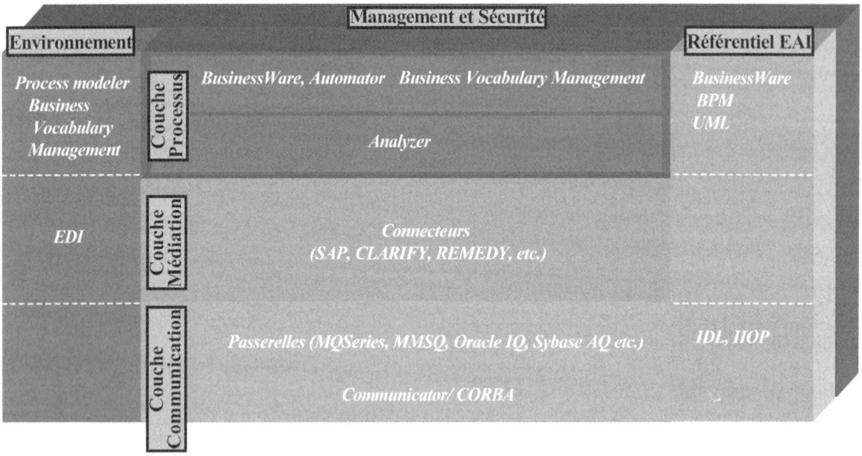

Figure 7.8. *EAI de VITRIA*

5. Disponible à l'adresse : http:\\www.vitria.com.

Les points forts de VITRIA sont :

– une approche *Top-Down* et *Business* des processus ;

– une offre de module de gestion sémantique. La description se faisant avec le langage VCML (*Value Chain Markup Language*) ;

– une mise en place de solutions packagées de processus et des connecteurs.

Le principal point faible de VITRIA vient du fait que son middleware est propriétaire donc il nécessite des passerelles. Néanmoins, la plupart d'entre elles sont proposées par l'intégrateur.

7.7.3. *La plate-forme Tibco*

La plate-forme proposée par Tibco[6] est conçu autour du Bus *Active Rendez-Vous*. Les processus sont gérés par les *Integration Manager* (IM). Chaque IM est chargé d'une ou de plusieurs applications. Un système de gestion de queues distribuées assure la répartition de la charge. Il existe un ordonnanceur qui distribue les processus vers les *workers*.

Deux types de gestionnaires de processus (*Business Process Managment*) sont utilisés : *Integration Manager* et *InConcert*.

Figure 7.9. *EAI de TIBCO*

6. Disponible à l'adresse : http://www.tibco.com/.

Les points forts de Tibco sont :

– *gestion des transactions longues*. BPM/InConcert est un moteur de *workflow* dédié aux transactions longues et aux interactions humaines (IM plus propice pour les transactions courtes) ;

– *scalabilité et disponibilité*. Le mécanisme de queue distribuée assure à l'EAI de bonnes performances ;

– *garantie de livraison des messages*. Le mode *certified* permet de recevoir des confirmations de réception.

Le principal point faible de Tibco réside dans le fait que la plate-forme n'est pas assez ouverte vers les standards et les services *web*. Elle est plutôt présente dans le domaine des finances (banques et assurances).

7.7.4. *La plate-forme SeeBeyond ICAN*

SeeBeyond[7] est présentée comme une solution EAI modulable, dont les briques de bases sont présentées dans la figure 7.10. Nous constatons que toutes les zones sont couvertes mais avec une plus ou moins grande efficacité. En effet, les fonctionnalités du BAM semblent encore relativement limitées face aux autres offres du marché. L'environnement de développement s'enrichit afin d'assurer un bon niveau de service. Les points forts de SeeBeyond sont :

– *richesse et modularité de la solution*. La solution répond à tous les aspects de la problématique d'intégration du point de vue des fonctionnalités et son offre aux entreprises est modulable. L'entreprise a le choix des couches à superposer ;

– *module de files d'attentes interchangeable*. eGate est la couche communication, on peut adapter eGate avec MQSeries, par exemple. L'exécution se fait au-dessus de Websphere ou Weblogic ;

– *volumétrie et performances*. La solution SeeBeyond se comporte bien et a de bonnes performances lors des montées en charge. Cela est surtout visible lorsque l'EAI transporte les requêtes entre plusieurs filiales ;

– *conformité aux standards*. SeeBeyond est compatible avec les standards, elle présente tous ses composants en tant que *Web* Services.

Le principal point faible de SeeBeyond vient du fait que c'est une offre très complète et complexe qui induit un investissement important si l'on veut utiliser toutes les possibilités pour appréhender l'outil et ses possibilités. Elle est également surtout présente dans le domaine des finances.

---

7. Disponible à l'adresse : http://www.seebeyond.com, rachetée par SUN Microsystems en août 2006.

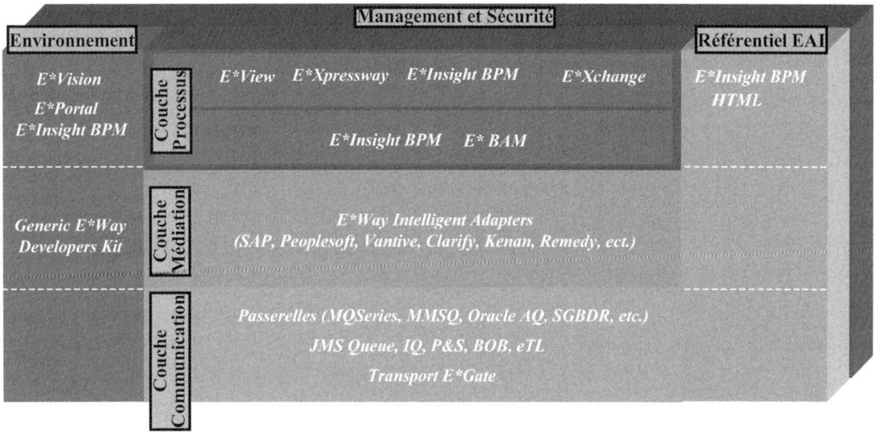

Figure 7.10. *EAI SeeBeyond*

7.8. Conclusion

L'EAI a été conçue pour répondre au problème de l'intégration. A l'origine, l'idée était simple. Au lieu de connecter des paires d'applications individuellement à l'aide de nombreuses d'interfaces dans un environnement de type « plat de spaghettis », toutes les applications communiqueraient à l'aide d'un courtier. Ainsi, tout changement ne remettrait plus en question des interfaces point à point, mais ferait appel à ce courtier. Puis après le A2A, il y a eu le B2B et c'est alors que l'intégration progressant, nous trouvons les technologies du BPM et du BAM pour décrire les processus métier. Nous avons aujourd'hui trois modèles qui paradoxalement simplifient le paysage de l'intégration : celui des applications avec cohérence des données et une meilleure structuration du SI (urbanisation), celui des processus métier avec l'automatisation de la délivrance et du maintien des services, ainsi que celui de la communication.

Modifier les plates-formes ou déployer un nouveau service sans impacter de façon significative le SI devient alors possible. Les changements sont maîtrisés.

7.9. Bibliographie

[EAI 03] EAI Journal, http://www.eaijournal.com., Dossier EAI, 2003.

[HOL 95] HOLLINGSWORTH D., Workflow Reference Model, WfMC-TC-1003, 19 janvier 1995.

[HOL 99] HOLLINGSWORTH D., Terminology and Glossary, WfMC-TC-1011, février 1999.

[JEA 00] JEAN G., *Urbanisation du business et des SI*, Hermès, Paris, 2000.

[RIV 03] RIVARD F., PLANTAIN T., *L'EAI par la pratique*, Eyrolles, Paris, 2003.

[SAI 03] SAINI A., « Dimistifying the Enterprise Serviuce Bus », *Business Integration Journal*, septembre 2003.

[UMA 05] UMAR A., « IT Infrastructure to Enable Next Generation Enterprises », *ISF Journal*, vol. 7, n° 3, p. 217-256, juillet 2005.

Chapitre 8

Les services *web* : vers un approvisionnement dynamique des services

8.1. Introduction

L'introduction des plates-formes d'intégration (EAI, chapitre 7) chez les opérateurs de télécommunication a surtout permis de résoudre les problèmes de communication entre les applications de l'OSS, du BSS et les divers référentiels. Ces plates-formes ont donc permis d'offrir un premier niveau de flexibilité des traitements à travers la communication.

Cependant, les EAI ne permettent pas de résoudre les problèmes de structure. En effet, les applications à intégrer restent monolithiques. Les API et les connecteurs et/ou adaptateurs sont spécifiques et nécessitent un développement important. Le développement des services de télécommunication est également spécifique. L'ajout (ou la modification) de fonctionnalités implique des coûts car il nécessite de revoir les dépendances entre les traitements et parfois les traitements eux-mêmes. Cette spécificité architecturale implique aussi la nécessité de redévelopper des modules, à chaque fois que l'opérateur voudra introduire un nouveau service. Les coûts et les délais engendrés retardent la mise sur le marché (*Time to Market*) des nouveaux services et allongent le retour sur investissement (*Return on Investment*).

Pour lever ces verrous, les nouvelles spécifications s'intéressent donc à la structure des applications communicantes. La principale évolution s'est faite aussi

---

Chapitre rédigé par Zakaria BENAHMED DAHO, Noëmie SIMONI et Sassan ROSTAMBEIK.

bien au niveau des concepts, que des technologies nécessaires à la conception des nouvelles applications. Ces dernières doivent répondre aux nouveaux besoins de partage, de réutilisation, de passage à l'échelle, de réduction des coûts et des délais de conception, de développement, de maintenance, d'évolution, de support des contextes dynamiques et de l'introduction de la qualité de service.

Pour répondre à ces besoins, la spécification des nouvelles applications s'appuie essentiellement sur les nouvelles technologies du *web* et des traitements distribués ; et sur les nouvelles approches de conception d'application (basée composants). C'est ainsi que sont nés les « services *web* », des composants de service mis à disposition sur Internet, accessibles par des clients à travers des protocoles standards du *web*.

Si nous disons que les EAI ont essentiellement traité le problème de la communication entre les applications, alors, les « services *web* » ont plutôt apporté une nouvelle architecture basée sur les composants de services distribués qui interagissent *via* le *web*. Le degré de flexibilité atteint est par conséquent important.

> « *As the Internet becomes an increasingly powerful way for companies to interact with customers, software and services provide almost unlimited opportunities to extend those interactions.* » – *Bill Gates*

Nous allons commencer par décrire cette architecture (section 8.2), pour ensuite présenter les nouveaux mécanismes nécessaires à ce nouvel environnement. En particulier, ceux relatifs à la *découverte* (section 8.3) des composants de « services *web* », à leur *localisation* (section 8.4) et à leur *composition* (section 8.5). Ces mécanismes favorisent l'approvisionnement dynamique des composants de services nécessaires à la construction « à la volée » de l'application demandée par le client (section 8.6). Nous concluons le chapitre (section 8.7) en présentant les principaux apports et limites des « services *web* ».

8.2. Cadre architectural et technologique des « services *web* »

Les « services *web* » [ALO 04] sont des composants logiciels encapsulant des fonctionnalités métier de l'entreprise et accessibles *via* des protocoles standards du *web*.

D'un point de vue architectural, les « services *web* » correspondent à des composants applicatifs modulaires, faiblement couplés et composables. L'architecture des « services *web* » fait intervenir trois acteurs (voir la figure 8.1) :

– *le consommateur de services*. Il lance la demande pour localiser un service, se lie (par un contrat) à un fournisseur de service et exécute le service demandé. Les services fournis sont transparents vis-à-vis des consommateurs. Ils ne connaissent pas explicitement leur localisation ;

– *le fournisseur de services*. Il offre les services *web*. Il publie les contrats de services dans un registre public consultable par les consommateurs. Le fournisseur est une entité du réseau adressable (identifiable) qui reçoit et exécute les requêtes des consommateurs. Dans le cas des relations *business to business*, les consommateurs et les fournisseurs peuvent être considérés comme des éléments pairs ;

– *le courtier (broker)*. Il indique au consommateur la structure des données qui composent la requête et le message de réponse du fournisseur, ainsi que le protocole à utiliser pour accéder au service. Il assure donc la publication et la recherche des services.

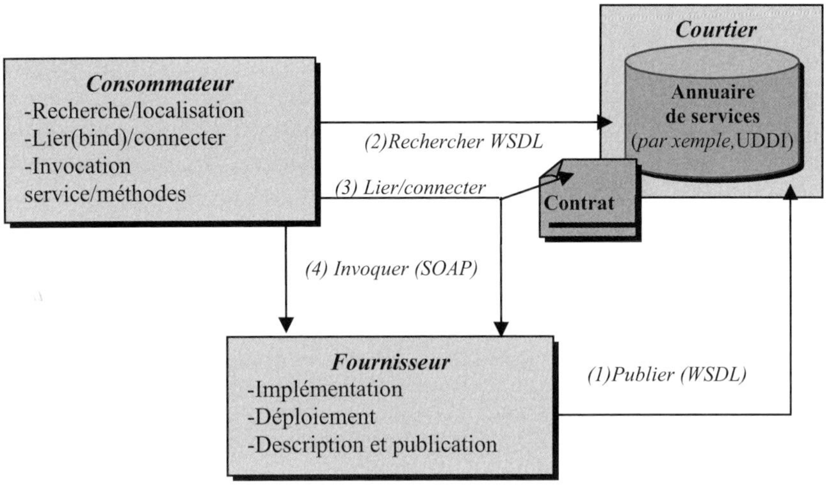

Figure 8.1. *Les principaux acteurs des services web*

Du point de vue technologique, la mise en œuvre repose sur des standards. La figure 8.2 représente le cadre architectural des services *web*. Plusieurs technologies et protocoles peuvent être sollicités. Nous trouvons :

– *la couche Communication* : grâce à son omniprésence, le HTTP est *de facto* le protocole de réseau standard pour les « services *web* » accessibles par Internet. Les autres protocoles d'Internet comme le SMTP et le FTP peuvent aussi être supportés. Les domaines Internet peuvent utiliser des infrastructures d'appel et d'échange de messages comme MQSeries, CORBA, etc. ;

– *la couche Messages* : SOAP (*Simple Object Access Protocol*) est le protocole choisi pour l'échange des messages XML. Il fournit un cadre standard, extensible et composable pour l'encapsulation. SOAP est indépendant de la technologie de transport sous-jacente. Dans le contexte de l'architecture des « services *web* », SOAP fournit également un mécanisme pour référencer des capacités[1] utilisant les en-têtes ;

– *la couche Description* : est en réalité une pile de documents de description. WSDL (*WEB Service Description Language*) introduit une grammaire commune pour la description des services. Il est *de facto* le standard pour la description de service basée sur XML[2]. C'est en effet, la contrainte obligatoire pour pouvoir supporter l'interopérabilité entre les « services *web* ». Il définit l'interface et les mécanismes d'interaction des services. Les messages sont décrits de manière abstraite puis associés concrètement à un protocole de réseau et un format de message ;

– *la couche Processus* : contient des solutions afin de permettre la composition, l'orchestration et la découverte des « services *web* ». Alors que les trois premières couches se basent sur les technologies homogènes pour la question de l'interopérabilité, cette couche peut être implémentée en utilisant des solutions diverses. Par exemple, UDDI[3] (*Universal Description and Discovery Integration*) peut être utilisé pour la publication et la découverte des services. L'orchestration quant à elle, décrit comment sont effectués les communications, les collaborations et les flux entre les services. WSFL (*Web Services Flow Langage*) est utilisé pour décrire ces interactions.

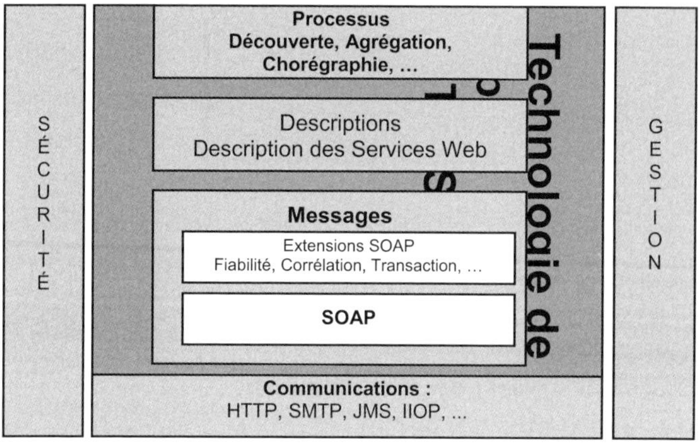

Figure 8.2. *Le cadre architectural des services web*

1. Une capacité est un composant ou une fonctionnalité nommée qui est déclarée offerte ou demandée par un agent.
2. XML fournit un format de données standard, flexible et extensible qui permet de réduire de manière significative la charge de déploiement de plusieurs technologies nécessaires pour assurer le succès des « services *web* ».
3. La spécification initiale de l'UDDI a été le résultat de la collaboration d'IBM, d'Ariba et de Microsoft. Depuis 2002, c'est l'organisme OASIS qui a pris en charge la standardisation de l'UDDI.

8.3. Découverte de « services *web* »

Dans un contexte dynamique et fortement distribué, le mécanisme de découverte des services trouve toute son importance. La découverte fait référence au processus de recherche des « services *web* » relisant une fonctionnalité donnée. Ce mécanisme intervient quand on ne dispose pas de l'adresse exacte, sinon nous avons recours à la localisation (section 8.4) par adressage des services. La découverte de service est un sujet d'actualité dans le domaine du P2P.

La découverte des « services *web* » peut se faire avec la technologie UDDI, dont les mécanismes reposent sur les services de nommage et d'enregistrement proposé par un dépositoire de service (*service repository*).

En particulier, l'UDDI définit la structure des données et les API pour la publication des services dans le dépositoire. Il permet de répondre à des requêtes qui concernent la recherche des descriptions de service publiées. Le service d'enregistrement permet d'une part, aux développeurs de trouver les informations sur les services, ils pourront ainsi développer les clients qui utiliseront ces services. D'autre part, le service d'enregistrement permet de faire le *binding* (la mise en relation) d'un client, d'interroger le registre et d'obtenir les références des services en question.

8.4. Localisation de service

Parler de localisation revient à considérer les deux aspects qui constituent cette opération : l'indexation (voir paragraphe 8.4.1) et la recherche (voir paragraphe 8.4.2). Le but de l'indexation est de fournir un référencement de la ressource alors que celui de la recherche est d'arriver à trouver cette ressource à partir de son « adresse ».

8.4.1. *Indexation*

Le système d'indexation est également au cœur des méthodes de recherche P2P. Un index peut être local, centralisé ou distribué et suivant le cas, la scalabilité n'est pas la même.

Avec un index local, un pair stocke les références de ces propres données et ne possède pas les références des données des autres nœuds. Ces systèmes utilisent la recherche par inondation. Ils génèrent donc un volume de trafic énorme sans garantie de trouver la cible, même si elle existe sur le réseau. Malgré de nombreuses propositions pour pallier ce problème, l'index local est rarement utilisé.

Dans un index centralisé, un serveur unique stocke les références pointant vers les données de plusieurs pairs. Ces systèmes furent les premiers à répondre au besoin de passage à l'échelle des systèmes P2P en séparant l'indexation des données elles-mêmes. On trouve l'appellation « systèmes hybrides » aussi puisque l'index est centralisé et les ressources distribuées.

Avec les index distribués, les pointeurs vers une cible résident au niveau de plusieurs nœuds. Les index distribués sont utilisés dans la plupart des systèmes P2P récents puisqu'ils permettent une très grande scalabilité.

8.4.2. *Recherche*

L'algorithme de recherche pour trouver des ressources dans le réseau dépend du système considéré. Dans les systèmes P2P, nous trouvons deux grandes familles : structurés ou non structurés.

Les systèmes P2P non structurés ne font pas correspondre des pairs et des ressources de façon stricte, dû à l'absence d'un espace commun d'identificateurs ou tout simplement à l'absence des identificateurs au sens propre. L'algorithme de recherche est aléatoire. Les connexions entre les pairs sont aussi aléatoires, parce qu'elles sont établies par convenance ou sans aucune règle, n'ayant pas *a priori* de relations prédéfinies ou nécessaires entre les pairs.

Les systèmes P2P structurés possèdent un algorithme de recherche pour lequel une ressource donnée est assignée de façon univoque à un pair (pour un état donné du système). L'assignation est faite en minimisant une métrique prédéfinie sur un espace numérique d'identificateurs partagé par les pairs et les ressources. L'algorithme de recherche est complètement déterministe et les liens entre les pairs sont faits suivant des règles bien définies. L'infrastructure de recherche marche comme un tableau de hachage distribué (*Distributed Hash Table*, DHT)[4] implémenté à travers les pairs. Nous trouvons les systèmes Chord [STO 01], CAN, PASTRY [ROW 01] et TAPESTRY [ZHA 04].

Cependant la notion « structurés *versus* non structurés » semble moins pertinente aujourd'hui, puisque tous les systèmes non structurés ont évolués pour inclure une forme de structure dans leurs architectures respectives.

4. Les *Distributed Hash Tables* (DHT) ont été conçus pour fournir des références indépendantes de la sémantique. Ils permettent de trouver une clé identifiant un objet dans un large et (relativement) dynamique ensemble d'hôtes.

8.5. Composition de « services *web* »

La composition de service (service orchestration/chorégraphie) se base sur les mécanismes de publication et de découverte, sur la description des « services *web* » et sur les protocoles de communication. Pour réaliser cette composition, il existe plusieurs approches [YUS 04, DUS 05, RAO 05]. Certaines utilisent un langage de composition, d'autres sont dirigées par les processus. D'autres encore utilisent une ontologie, comme DAML-S (disponible à l'adresse : www.daml.org/services).

D'autres solutions, plus récentes, exploitent le P2P [BEN 03] pour la composition. Ces techniques offrent des possibilités de composition différentes. Certaines sont statiques. Elles sont réalisées uniquement durant la phase de conception de l'application. D'autres sont dynamiques. Elles sont réalisées pendant l'exécution.

Dans les paragraphes suivants (voir paragraphes 8.5.1 à 8.5.4), nous examinons quelques approches et technologies pour la composition des « services *web* ».

8.5.1. *BPEL*

BPEL[5] (*Business Process Execution Language*) est un langage qui supporte la composition des services par la description d'un processus.

La composition BPEL interagit avec un sous-ensemble de « services *web* » pour accomplir une tâche donnée. Dans BPEL, le résultat de la composition est appelé un *processus*, les services participants sont des *partenaires* et l'échange de messages ou la transformation intermédiaire de résultat s'appelle une *activité*. Un processus se compose ainsi d'un ensemble d'activités. Un processus interagit avec des services partenaires externes à travers une interface WSDL.

Pour définir un processus, il faudra utiliser :

– un fichier source BPEL (.bpel) qui décrit les activités ;

– une interface processus (.wsdl), qui décrit les ports du service composé ;

– un descripteur optionnel de déploiement (.xml) qui contient les localisations physiques des services partenaires (l'implémentation et la localisation d'un service partenaire peuvent être changés sans modifier le fichier source).

5. Développé par BEA, IBM, Microsoft, SAP et Siebel, le langage BPEL est actuellement en phase de standardisation par l'organisation OASIS (*Organization for the Advancement of Structured Information Standards*, disponible à l'adresse : http:\\www.oasis-open.org).

8.5.2. *La sémantique* web *(OWL-S)*

La vision sémantique consiste à rendre les « services *web* » accessibles par le contenu aussi bien que par des mots-clés. Les utilisateurs et les agents logiciels devraient pouvoir découvrir, composer et appeler le contenu en utilisant des services complexes. La *DARPA Agent Markup Language* (DAML) s'inspire de XML et de *Resource Description Framework* (RDF) pour fournir un ensemble de constructions pour créer des ontologies compréhensibles par les machines. La contribution sémantique de DAML dans le monde *web* est la *Web Ontology Language for Services* (disponible à l'adresse : http:\\www.daml.org/services). OWL-S est une ontologie de services qui permet la découverte de service, l'invocation, la composition, l'inter opération et la surveillance automatique de l'exécution. Elle modélise les « services *web* » en trois parties :

– un profil de service qui décrit ce que le service exige des utilisateurs et ce qu'il leur produit ;

– un modèle de service qui indique comment le service fonctionne ;

– un modèle « mis à terre *(grounding)* » qui fournit l'information sur l'usage du service.

8.5.3. *Composants* web

L'approche « composant *web* » traite les services comme des composants afin de répondre à des principes de base du développement logiciel telle que la réutilisation. L'idée principale est d'encapsuler l'information concernant la logique de composition à l'intérieur d'une définition de classe qui représente un composant *web*. L'interface publique d'un composant *web* peut alors être publiée et employée pour la découverte et la réutilisation.

La logique de composition comprend le type (séquentiel, parallèle ou alternatif) de la composition et la dépendance des messages d'entrée et de sortie.

8.5.4. *Le P2P au service de la composition : l'exemple de Self-Serv*[6]

Le « Self-Serv » est une infrastructure middleware pour la composition de services. Le but est de se focaliser sur les aspects de dynamicité et scalabilité de la composition. Self-Serv permet la composition déclarative de nouveaux services à partir de services existants, une sélection dynamique multi attributs et une orchestration P2P des exécutions. Le mécanisme de composition est basé sur deux concepts majeurs : le *service composite* et le *service container*.

6. Projet de recherche : *Composing Web Accessible Information and Business Services*.

Un *service composite* est une structure qui assemble d'autres services composites et élémentaires coopérant pour fournir un ensemble d'opérations. Le système représente la logique métier comme un diagramme d'états qui encode un flux d'invocations pour les opérations des services composants.

Le concept d'un *service container* facilite la composition d'un ensemble de services potentiellement nombreux et changeants. Un container est un service qui agrège plusieurs autres services substitutifs (ceux qui fournissent le même ensemble d'opérations soit directement soit à travers un mappage intermédiaire). Les containers sont des services en eux-mêmes : ils sont créés, annoncés, découverts et invoqués comme tout service élémentaire ou composite et ils existent indépendamment des services qu'ils agrègent.

Pour supporter une exécution extensible des services composites à travers Internet, Self-Serv propose que les services soient auto orchestrés. Ils doivent être donc capables d'exécuter des services composites sans dépendre d'un ordonnanceur central. Par conséquent, Self-Serv adopte un modèle d'orchestration basé sur des interactions P2P entre les composants logiciels des fournisseurs participant à la composition. Les deux éléments de base de ce modèle sont le coordonnateur d'état et la table de routage.

8.6. Scénario pour l'approvisionnement dynamique

Nous venons d'évoquer des mécanismes indispensables pour progresser sur la route de la réutilisabilité et surtout sur celle de la mutualisation. Nous aurons l'occasion d'y revenir dans la dernière partie de ce livre. Mais comme le mentionnait le titre de ce chapitre, le but final des Services *web* est d'offrir un « approvisionnement dynamique » à grande échelle !

Pour fixer les idées, nous allons retracer le déroulement possible des opérations (voir la figure 8.3).

L'entité demandeuse peut enclencher et utiliser un service *web* suivant plusieurs manières. En général, les étapes suivantes sont requises :

– le demandeur et le fournisseur deviennent connus l'un de l'autre ;

– les entités demandeuse et fournisseuse se mettent d'accord, d'une façon ou d'une autre, à propos de la description de service et la sémantique qui va gouverner l'interaction entre les agents demandeur et fournisseur ;

– la description de service et la sémantique sont prises en compte par les agents demandeur et fournisseur ;

– les agents fournisseur et demandeur échangent des messages afin d'accomplir des tâches pour le compte de l'entité demandeuse et de l'entité fournisseuse.

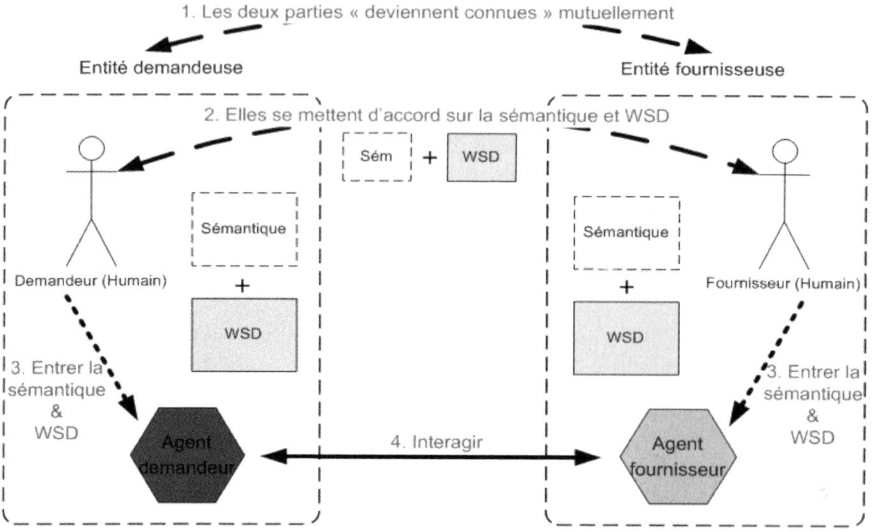

Figure 8.3. *Scénario pour un approvisionnement dynamique*

Certaines de ces étapes peuvent être automatisées, d'autres peuvent être accomplies manuellement.

8.7. Conclusion

Les « services *web* » nous ont proposé une approche flexible et universelle pour l'intégration de systèmes hétérogènes en s'appuyant sur un modèle d'intégration basé sur un couplage faible des composants et en utilisant les standards du *web*. Ceci a pour effet de permettre une intégration des applications plus rapide et moins coûteuse. Les perspectives d'évolution et de réutilisation deviennent réelles pour les entreprises. Les services *web* sont complémentaires aux EAI dont l'intégration par la communication conservait des applications propriétaires.

L'élément-clé de cette architecture est la possibilité de composer les services pour créer de nouvelles applications. Cette approche constitue un élément important de l'évolution des architectures de services. Alors que jusque là, les applications étaient plutôt statiques (par exemple, TINA), une application basée sur les « services *web* » pourra être créée à la demande. L'avantage consiste à créer rapidement de nouvelles applications et à faciliter leur utilisation *via* le *web*.

8.8. Bibliographie

[ALO 04] ALONSO G., CASATI F., *Web Services : concepts, architectures and applications*, Springer, Berlin, 2004.

[BEN 03] BENATALLAH B., SHENG Q.Z., DUMAS M., « The Self-Serv Environment for Web Services Composition », *IEEE Internet Computing*, janvier/février 2003.

[DUS 05] DUSTDAR S., SCHREINER W., « A survey on web services composition », *International Journal of Web and Grid Services 2005*, vol. 1, n° 1, p. 1-30, 2005.

[RAO 05] RAO J., SU X., « A Survey of Automated Web Service Composition Methods SWSWP », *LNCS* 3387, p. 43-54, 2005.

[ROW 01] ROWSTRON A., DRUSCHEL P., « Pastry : Scalable, decentralized object location and routing for large-scale peer-to-peer systems », *Proc. of the 18th IFIP/ACM International Conference on Distributed Systems Platforms (Middleware 2001),* Heidelberg, Allemagne, novembre 2001.

[STO 01] STOICA I., MORRIS R., KARGER D., KAASHOEK M., BALAKRISHNAN H., « Chord : A scalable peer-to-peer lookup service for Internet applications », *Proceedings ACM SIGCOMM*, 2001.

[YUS 04] YUSHI C., WAH L.E., LIMBU D.K., « Web Services Composition – An Overview of Standards », *Synthesis Journal*, http://www.itsc.org.sg/synthesis/2004/4_WS.pdf, 2004.

[ZHA 04] ZHAO B.Y. *et al.*, « Tapestry : A Resilient Global-Scale Overlay for Service Deployment », *IEEE Journal on Selected Areas in. Communications (JSAC)*, vol. 22, n° 1, janvier 2004.

Fil rouge
de la deuxième partie

Les architectures de services

Notre objectif au début de cette deuxième partie était d'étudier les architectures de services existantes, afin de trouver les « bonnes pratiques » à transmettre aux *opérateurs et fournisseurs*[1] *de services.*

En effet, face à l'émergence des nouvelles technologies de communications, de nouveaux services et applications (VoD, VoIP, MMS, etc.) voient le jour. Le caractère compétitif des marchés des télécommunications pousse de plus en plus les opérateurs à vouloir automatiser la chaîne de délivrance et de déploiement de ces nouveaux services. La maîtrise des facteurs TtM, RoI et OPEX constituent un enjeu majeur pour ces opérateurs et fournisseurs de services. Ces éléments sont déterminants du succès de l'introduction et de la fourniture des nouveaux services.

Afin d'avoir un environnement de services distribués, gérables et personnalisables, nous étions à la recherche *de propriétés, de règles et de concepts* permettant d'avoir une structure d'ensemble de service, c'est-à-dire une *architecture de services* répondant aux besoins d'aujourd'hui. Nous avons suivi la trajectoire des solutions qui répondait au fur et à mesure à l'évolution des besoins et surtout aux problèmes rencontrés par les entreprises et les fournisseurs de services.

Fil rouge rédigé par Noëmie SIMONI.

1. Nous désirons attirer à nouveau l'attention du lecteur sur la différence des approches fournisseur et utilisateur. Les architectures de services s'inscrivent dans l'approche fournisseur. L'approche utilisateur a été effleurée par les solutions d'aujourd'hui (personnalisation), nous la reprendrons dans la dernière partie de l'ouvrage.

Quels sont les propriétés recherchées ?

La nécessité d'introduire rapidement de nouveaux services suppose d'avoir : *des composants de service réutilisables, distribuables et partageables*. Leur développement supporté aujourd'hui par des plates-formes dédiées, doit être remplacé et obtenu par recomposition dynamique de composants de service déjà existants. Cette composition dynamique de service est un besoin architectural que les nouvelles solutions doivent apporter. Les caractéristiques de réutilisabilité, de distribution et de partage de ces composants se traduisent par les propriétés suivantes :

– *couplage faible* : cela concerne l'invocation du composant que l'on désire « réutiliser ». Cela fait appel à l'usage des interfaces, des façades et induit un traitement spécialisé dans l'enchaînement des composants de service (fonction d'orchestration) ;

– *interopérabilité* : cela adresse la capacité d'activation à distance d'une interface d'utilisation qui doit être la même indépendamment de sa localisation sur les réseaux du fait de la distribution ;

– *interfonctionnement asynchrone* : cela recouvre la capacité *au partage à grande échelle* de nos composants de service. En effet, il faut un découplage des systèmes grâce à l'asynchronisme pour ne pas bloquer le demandeur pendant qu'un service s'exécute. Cela englobe une propriété synonyme de « partageabilité » et plus pertinente que « réutilisabilité », nous voulons parler de « mutualisation » des composants de service.

A ce besoin architectural s'ajoute un besoin organisationnel. Cette structure d'ensemble nécessite une *mise en œuvre, une exploitation, une gestion flexible*. Elle doit d'une part, être capable de répondre à toutes nouvelles demandes, à des besoins variés et différents et d'autre part, être capable de supporter ces demandes dans des contextes dynamiques qui changent rapidement (nomadisme, mobilité de l'utilisateur, changement de réseau, etc.).

Pour ces raisons, une *automatisation des processus* s'impose et parachèverait l'intégration souhaitée.

Un dernier point nous tient à cœur, c'est celui de la *virtualisation des applications et donc des services*. Fournir des services aux clients de façon transparente est parmi les besoins les plus importants que l'opérateur doit satisfaire dans le contexte NGN. En plus de l'autonomie et de la dynamicité, il faut se doter de mécanismes offrant au client, la transparence à la localisation des services qu'il demande, à leur déploiement (distribution), à leur composition et à leur organisation. Le client aura donc accès aux services qu'il demande sans se soucier des mécanismes mis en œuvre pour le maintien de la QoS et de la *continuité de service*.

Qu'avons-nous constaté ?

La première vague, reposant sur les composants *Enterprise JavaBeans*, COM, DCOM, RMI et CORBA, n'a pas vraiment tenu ses promesses. Car même si elle a permis une intégration des plates-formes et des langages, l'utilisation des composants se limitait aux environnements répartis homogènes. Autrement dit, la réutilisabilité est pénalisée par la dépendance vis-à-vis des technologies et protocoles de communications spécifiques sous-jacents.

Les EAI ont amorcé le processus d'intégration par la communication. Pour faire simple, rappelons qu'un processus est une suite ordonnée d'actions destinée à produire un résultat. Les actions peuvent recouvrir des activités diverses, réalisées par différentes entités, *internes ou externes*. Le problème est, de bien réaliser l'évolution *procédure – processus*. Nous dirons même la rupture, car ils ne relèvent pas du même concept. Le premier (procédure) fait référence *au respect* d'une séquentialité définie pour un contexte donné, alors que le second (processus) adresse la logique de l'enchaînement. C'est-à-dire que la procédure est séquentielle, alors que le processus est événementiel et donc dynamique.

L'étape suivante est marquée par les services *web*. L'accent est mis sur les composants interopérables, qu'il est possible de décrire, de publier, de repérer et d'appeler sur un réseau (généralement le *web*).

Le chemin de l'intégration interentreprises semble possible avec la complémentarité EAI/Services *web*.

Cependant, « la pratique terrain » couvre t-elle les propriétés que nous avons identifiées plus haut ?

Nous sommes tentés de répondre positivement à cette question. Les services *web* se caractérisent, en effet, par une standardisation des implémentations, par une localisation à distance des services et par une récupération de l'interface d'accès permettant l'exécution du traitement correspondant. Cependant, nous avons encore des questions sans réponse et des propriétés non prises en compte :

– qu'en est-il de la partageabilité, de la mutualisation ?

– le système global répond-t-il aux caractéristiques de flexibilité ?

– pourquoi le marché parle-t-il maintenant de SOA (*Service Oriented Architecture*) ? L'architecture des services *web* n'en est-elle pas une ?

– savons-nous concevoir nos composants de service ? Quelle granularité ? Quelle exposition ?

– qu'en est-il de la virtualisation des services ?

Il nous semble, une fois de plus, que ce qui manque ce sont des concepts clairs, des modèles dont l'objectif est de prévenir les confusions ! La nouvelle vague « orientée service » est sur la bonne trajectoire, car elle revient sur les concepts, considérant les services *web* comme une technologie candidate, qui gagne en maturité. L'orientation service veut en effet, appliquer les leçons apprises de la programmation objet, de la démarche composants, de l'approche orientée messages et du traitement distribué. Cependant, il faut être conscient du fait que le concept « service » diffère du concept « objet » et que « processus » ne doit pas se confondre avec « procédure ».

Notre analyse nous conduit à un objectif de service *autonome et mutualisé*, alors que l'orienté objets se base sur des applications conçues à partir de différentes bibliothèques interdépendantes de classes. Retenons pour l'instant, que l'orienté services se focalise sur des applications conçues comme un ensemble de services « autonomes ». Cette propriété est très utile lors des défaillances. Des mécanismes d'autogestion et d'autoprotection commencent à voir le jour. Cette autonomie permet surtout d'envisager des offres de services indépendantes des applications consommatrices. Amazon.com est un exemple de cette philosophie :

> « Fournissez le service et ils viendront s'y greffer ! »

Un clin d'œil aux prémisses de la virtualisation

Nous ne serions pas honnêtes si nous quittions cette partie sans évoquer OGSA, qui a justement comme objectif la virtualisation, pour simplifier l'implémentation à grande échelle des applications distribuées. OGSA [FOS 02] [2] définit des mécanismes pour créer et gérer l'échange de l'information à travers des entités appelées « services grille ».

Les systèmes précédents n'ont pas traité les problématiques relatives aux systèmes distribués pour lesquelles OGSA a été proposée. En effet, les applications traditionnelles de grille utilisent généralement l'environnement d'exécution et les sémantiques fournis par les systèmes d'opérations natifs. Ce qui induit des systèmes peu dynamiques avec une charge de traitement importante.

OGSA a adoptée la technologie des services *web*. Et pour répondre aux besoins propres du monde des grilles, elle rajoute au WSDL un ensemble d'extensions et introduit un nouveau composant appelé Service Grille. La figure 1 présente la vue

2. FOSTER I., KESSELMAN C., NICK J., TUECKE S., The physiology of the Grid : An Open Grid Services Architecture for Distributed Systems Integration, Web page, janvier 2002.

d'ensemble de l'architecture proposée. Pour plus d'information, nous invitons les lecteurs à se référer aux documents du GGF[3].

Il nous faut maintenant poursuivre notre définition des services pour répondre aux questions encore en suspend. Nous allons d'abord analyser, dans la troisième partie, les solutions mises en œuvre par les architectures de gestion, avant d'approfondir, dans la quatrième partie, le comment repenser les services pour une nouvelle génération de services.

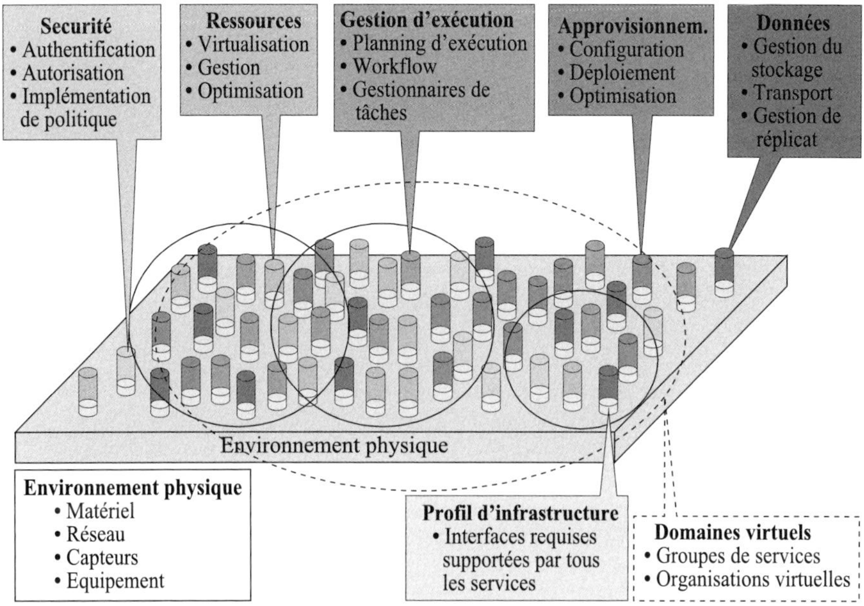

Figure 1. *OGSA, le cadre architectural*

3. GGF : http://www.ggf.org/.

TROISIÈME PARTIE

Les architectures de gestion

Introduction de la troisième partie

Nous avons vu, dans la partie qui précède, les principales architectures de services et leur évolution. Du côté du monde de la gestion, les opérateurs ont été confrontés aux mêmes problèmes d'architectures et d'intégration que les entreprises des autres secteurs. Notre objectif, à travers cette partie, est d'analyser la façon dont les acteurs du domaine de la gestion ont trouvé des solutions.

Nous constatons que les applications de gestion ont également subi une migration, depuis les structures monolithiques et dédiées jusqu'aux applications de nouvelles générations construites par composition et/ou orchestration des composants de services « de gestion ». Nous allons nous intéresser aux standards qui ont contribué à l'évolution des aspects fonctionnels et architecturaux des applications de gestion.

En effet, les systèmes des premières générations étaient constitués d'applications de gestion monolithiques, fortement packagées, reliées en point à point *via* des API spécialisées. Cette façon de faire ne permettait pas la flexibilité des processus de gestion et l'automatisation efficace de la chaîne de délivrance des services. De plus, l'introduction d'une nouvelle application ou le déploiement d'un nouveau service restent des opérations délicates et coûteuses. Une première évolution a permis de mieux structurer cet ensemble. Cette évolution se traduit en découplant les applications et en introduisant un middleware pour supporter les échanges applicatifs, ainsi qu'un moteur de workflow pour contrôler ces échanges. Actuellement, ce sont les OSS, bâtis autour d'une solution de type EAI, qui répondent le mieux aux exigences des opérateurs. Cette évolution (voir la figure 1) concerne principalement les aspects de mise en relation (communication applicative) et l'automatisation du contrôle de cette mise en relation par le moteur de workflows. Il est à noter que ce domaine de gestion est un « bon champ d'application » des nouvelles technologies de structure et de processus.

Introduction rédigée par Zakaria BENAHMED DAHO et Noëmie SIMONI.

Mais là aussi, les applications OSS/BSS restent dépendantes de la technologie sous-jacente. De plus, chaque application dispose de son propre « référentiel », de sa propre image propriétaire du réseau et des services. Les API sont toujours spécifiques et l'accès à l'information nécessite de multiples interfaces utilisateur. Il faudra attendre le NGOSS pour se diriger vers les SOA.

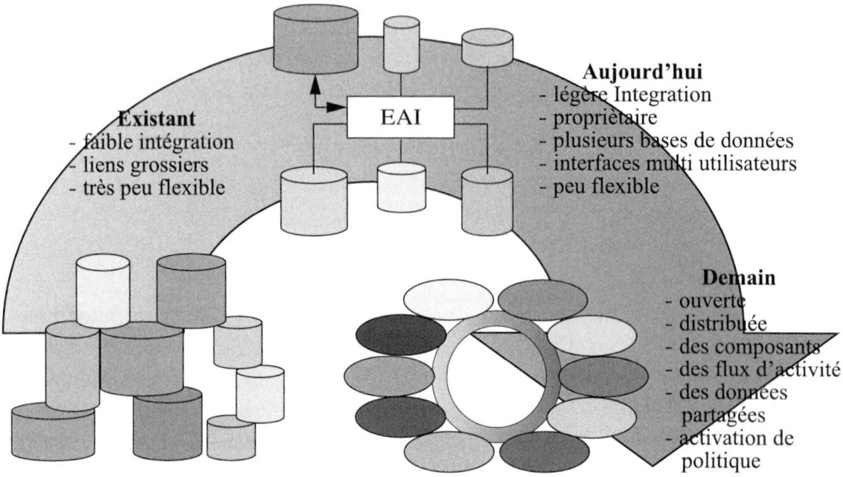

Figure 1. *Evolution des architectures des OSS/BSS*

Dans cette partie, nous présentons les principales architectures de gestion utilisées actuellement dans le monde des télécoms. Parmi ces architectures, qui sont essentiellement des architectures de services, nous allons nous intéresser à celle du RGT (chapitre 9) et à celle de TINA (chapitre 10). Puis, nous traiterons le WBEM (chapitre 11) bien que sa contribution a surtout porté sur l'unification de l'information, dimension non prioritaire dans cet ouvrage. Nous traiterons du cadre des processus TOM et du eTOM (chapitre 12). Puis avec la proposition du programme NGOSS (chapitre 13) du TMF, nous terminerons ce panorama du monde de la gestion. Le fil rouge fera la synthèse selon notre grille d'analyse.

La lecture de cette partie, du chapitre 10 au chapitre 14, permettra de :

– connaître les architectures de gestion ;

– retenir les éléments structurants proposés par ces architectures ;

– appréhender les processus de gestion ;

– entrevoir une méthodologie pour cartographier le « cœur métier Télécom » ;

– appréhender le cadre global du NGOSS ;

– entrevoir les bonnes pratiques pour une gestion flexible et dynamique.

Chapitre 9

Le réseau de gestion des télécommunications et ses services

9.1. Introduction

Ce chapitre traite de l'architecture du réseau de gestion des télécommunications (RGT[1]) ainsi que de ses services « de gestion » des télécoms, proposés et normalisés par l'Union internationale des télécommunications secteur des télécommunications (UIT-T).

Nous commençons tout d'abord par présenter le cadre du RGT (section 9.2). Nous retiendrons essentiellement de ce cadre l'architecture fonctionnelle (section 9.3) et l'organisation des fonctions de gestion (section 9.4). Ces fonctions de gestion sont à la base des services de gestion dont il sera question dans la section 9.5. Nous terminons le chapitre par une conclusion (section 9.6) dans laquelle nous préciserons les points forts et faibles du RGT.

9.2. Le cadre global du RGT

Pour comprendre les motivations qui ont conduit l'UIT-T à adopter le RGT, il faut pour cela replonger dans le contexte de l'époque. Dans un passé assez récent, la gestion des réseaux de télécommunications était plus simple qu'elle ne l'est aujourd'hui. En effet, avant la déréglementation et la privatisation de l'industrie des

---

Chapitre rédigé par Zakaria BENAHMED DAHO et Noëmie SIMONI.

1. *Telecommunication Management Network* (TMN).

télécommunications, les opérateurs disposaient généralement d'un marché protégé et donc ne subissaient pratiquement aucune pression liée à la concurrence extérieure.

Leurs réseaux étaient constitués d'éléments ayant été fournis par quelques fournisseurs ou équipementiers réseau. Dans ce contexte, les questions liées à l'interconnexion et l'interfonctionnement des systèmes hétérogènes se posaient peu et les problèmes de gestion multi fournisseurs n'étaient pas à l'ordre du jour.

Cette situation ne pouvait perdurer longtemps. Avec l'ouverture des marchés, les effets de la mondialisation et la vague de privatisation des entreprises, les questions qui étaient avant mises en veilles devenaient à l'ordre du jour et leur traitement prioritaire pour pouvoir rester sur la scène économique, concurrence oblige. L'introduction rapide et l'intégration des nouvelles technologies et des services ont obligé les opérateurs à accroître leur capacité à automatiser les tâches de gestion. Ils étaient alors contraints d'ouvrir leur réseau aux différents fournisseurs d'équipements, pour faire jouer la concurrence, rendant ainsi le réseau hétérogène et multi fournisseurs. De ce fait, le besoin de gérer des éléments de réseau hétérogènes devenait de plus en plus nécessaire et une certaine forme de standardisation devenait essentielle. Cet effort de standardisation devenait d'autant plus nécessaire pour supporter l'évolution rapide des technologies. La duplication des interfaces spécifiques posait un problème pour une intégration efficace. C'est donc suite à ce besoin de standardisation que l'UIT a décidé de créer un ensemble de guides et de principes de bases qui constituent les principaux concepts du RGT [M30 00a, M30 00b].

Le cadre architectural du RGT est représenté par la figure 9.1. Il consiste en un réseau de gestion, constitué des gestionnaires (*Operations Systems*) et des agents, gérant les ressources du réseau de télécommunication (réseau géré). Les gestionnaires sont les applications de gestion. Les agents sont répartis sur les ressources du réseau à gérer (*Network Elements*). La relation entre les gestionnaires et les agents répartis se fait grâce au DCN (*Data Communication Network*) et aux protocoles de communication qui supportent les flux de gestion.

Les gestionnaires, les systèmes de gestion (*Operation Systems*), sont des applications de gestion du réseau. Ils implémentent les fonctions de gestion [M34 00]. Le DCN assure les relations entre les applications de gestion et le réseau géré ainsi que les relations entre les applications de gestion. Ces relations traduisent la collaboration des applications de gestion pour le maintien du réseau de télécom. La station de travail permet au gestionnaire d'accéder *via* le DCN, aux applications de gestion ou aux équipements du réseau géré, pour les paramétrer et configurer. La station de travail permet aussi au gestionnaire de connaître l'état de son réseau, des flux des utilisateurs et des performances. En ce qui concerne le réseau géré, il est composé d'équipements et d'éléments de transmission (routeurs, commutateurs, systèmes de multiplexage, lignes, etc.). Ces éléments constituent les éléments gérés (*Network Elements*) du réseau de télécom.

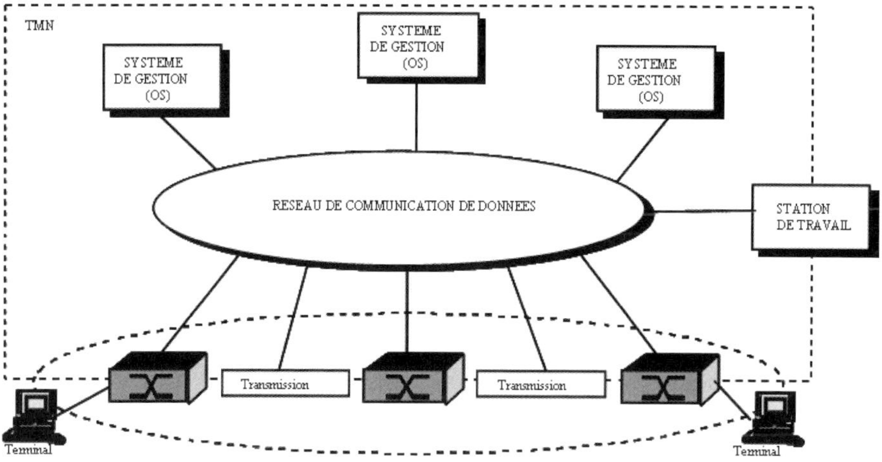

Figure 9.1. *Le cadre architectural du RGT*

En adoptant ce cadre unificateur, un modèle générique du réseau [M31 05], une architecture fonctionnelle à base de composants (section 9.3), des interfaces génériques et des protocoles de communication standards [SIM 98], le RGT solutionne les problèmes de la gestion multi fournisseurs (hétérogénéité des éléments du réseau) et l'introduction rapide des nouveaux éléments avec le minimum d'adaptation, assurant ainsi une évolution progressive du réseau sans révolutionner l'existant.

Nous nous intéressons particulièrement à l'architecture fonctionnelle du RGT dont les éléments de bases, les blocs fonctionnels, sont présentés dans ce qui suit.

9.3. L'architecture fonctionnelle du RGT

L'architecture fonctionnelle du RGT précise la structure des blocs fonctionnels, des blocs de communication (les points de références) et leur rôle. Chaque bloc fonctionnel fournit les fonctionnalités qui permettent au RGT de réaliser ses tâches de gestion. Ces blocs fonctionnels (voir la figure 9.2) constituent les briques de base de toute application de gestion RGT. Cinq blocs fonctionnels ont été définis :

– *WSF (WorkStation Function)* : assure les fonctions d'une station de travail. La *WSF* permet à l'opérateur/usager d'entrer en communication avec les systèmes d'opérations et le système de médiation afin d'obtenir et d'interpréter les informations utiles à sa fonction ;

– *OSF (Operations Systems Function)* : assure les opérations de gestion, de supervisions, de contrôles et de traitements des informations de gestion. C'est le bloc fonctionnel cœur de l'architecture RGT. Il met en œuvre les fonctions « gestionnaires » ;

– *NEF (Network Element Function)* : met en œuvre la fonction « agent » responsable d'un élément de réseau. Il agit directement sur les ressources à gérer. Il permet la surveillance des composants du réseau et l'exécution des actions de gestion ;

– *MF (Mediation Function)* : assure une fonction de médiation entre les éléments du réseau et les systèmes d'opérations. Ce bloc garantit la délivrance, le filtrage et l'adaptabilité des informations échangées entre les blocs fonctionnels ;

– *QAF (Q-Adapter Function)* : assure le raccordement des systèmes non RGT au système RGT et ce, par l'adaptation et la translation entre les interfaces standards et non standards.

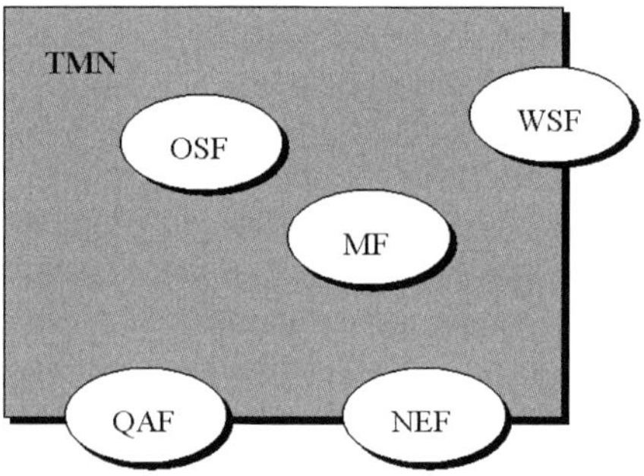

Figure 9.2. *Les blocs fonctionnels du RGT*

Comme nous pouvons nous en douter, les blocs fonctionnels ne sont pas des éléments isolés, ils communiquent entre eux et s'échangent des informations de gestion, pour la réalisation des objectifs de gestion du RGT. Ces échanges se font à travers des interfaces bien définies. Cinq types d'échanges, de communication (ou point de référence) sont identifiables et ont fait l'objet d'une normalisation :

– *le point de référence Q* : il existe deux types de points de références *Q* : le point *Q3* et le point *Qx*. Le point de référence *Q3* définit l'interface native du RGT. Il permet les échanges entre le gestionnaire (les blocs OSF) et les agents (les blocs NEF, MF et QAF). Le point de référence *Qx* définit l'interface avec le bloc MF pour les agents (blocs NEF et QAF) non natifs RGT ;

– *le point de référence F* : il définit l'interface entre le bloc fonctionnel WSF et les blocs fonctionnels MF et OSF ;

– *le point de référence X* : il représente l'interface entre deux domaines RGT *via* leur OSF ;

– *le point de référence G* : il assure toutes les fonctionnalités d'une interface homme/machine. Ce point de référence sert comme une passerelle entre l'opérateur/usager et le système de gestion RGT ;

– *le point de référence M* : il identifie l'interface de tous les composants non normalisés, c'est-à-dire tous les composants propriétaires. Ce point de référence permet l'échange entre le bloc d'adaptation de l'interface *Q* avec des fonctions de domaines extérieures au domaine RGT.

La figure 9.3 représente les blocs fonctionnels ainsi que les points de références nécessaires à leur relation.

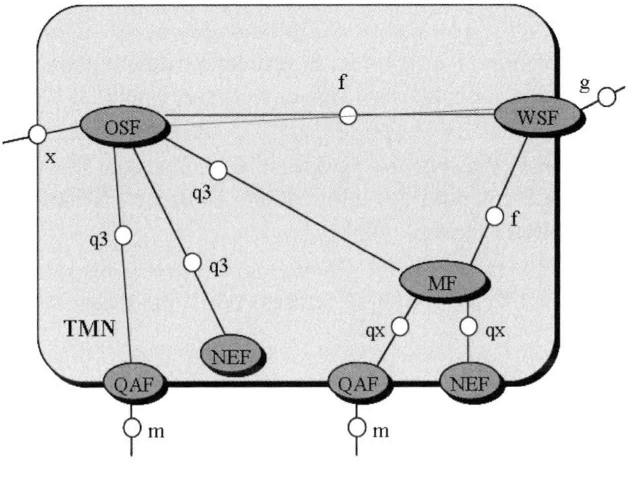

Figure 9.3. *Points de références du RGT*

Chaque bloc fonctionnel est construit à partir d'un ensemble de composants fonctionnels (*functional components*). Le RGT a précisé les composants fonctionnels génériques de bases qui entrent dans la conception des blocs fonctionnels (voir la figure 9.4).

Le RGT a défini les composants fonctionnels suivants :

– *Management Application Function (MAF)* : assure la mise en œuvre effective des services de gestion du RGT. Les fonctions d'applications de gestion peuvent jouer le rôle d'agents ou de gestionnaires. Il existe quatre types de MAF selon le bloc fonctionnel d'appartenance :

- *Mediation Function- Management Application Function (MF-MFA)* : désigne la fonction cœur du composant fonctionnel de la médiation,

- *Operation Systems Function–Management Application Function (OSF-MFA)* : désigne le composant fonctionnel cœur du bloc OSF,

- *Network Element Function–Management Application Function » (NEF-MFA)* : désigne le composant fonctionnel de l'élément de réseau (la fonction cœur de l'agent),

- *Q Adaptor Function–Management Application Function (QAF-MFA)* : désigne le composant cœur de la fonction d'adaptation QAF ;

– *la gestion des données (la MIB).* Ce composant fonctionnel représente les objets manipulés par le bloc fonctionnel en question. Ce composant fonctionnel n'est pas présent dans le bloc fonctionnel WSF ;

– *la gestion de la communication (MCF : Message Communication Function).* Le composant MCF est présent dans tous les blocs fonctionnels RGT. Il permet la communication entre les blocs fonctionnels ;

– *le composant ICF (Information Conversion Function).* C'est la fonction de conversion d'information. Son rôle est la traduction des informations de gestion d'un modèle à un autre. Le composant ICF est nécessaire pour les blocs fonctionnels MF et QAF ;

– *le composant PF (Presentation Function).* Ce composant fonctionnel assure la mise en forme (la présentation) des informations à afficher. Il est le constituant du bloc fonctionnel station de travail (WSF) ;

– *le composant fonctionnel HMA (Human-Machine Adaptation).* Ce composant assure toutes les fonctions de gestion de l'accès et de l'interfaçage.

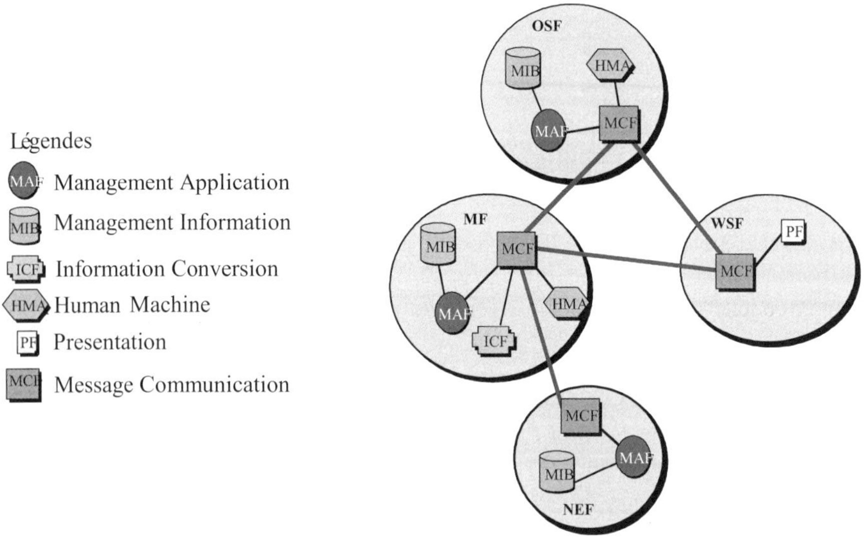

Figure 9.4. *Les composants fonctionnels*

L'OSF, par exemple, comprend quatre composants fonctionnels de bases (voir la figure 9.4) :

– la fonction cœur : MAF-Manager/Agent qui assure la mise en œuvre des fonctions de gestion du RGT [M34 00] ;

– le composant MIB de l'OSF (MIB du manager) : stocke les informations de gestion nécessaires à l'OSF ;

– le composant MCF : pour la communication avec le bloc fonctionnel WSF, MF, QAF, NEF et avec les systèmes extérieurs ;

– le composant HMA pour l'interaction avec le manager *via* le WSF.

9.4. L'organisation hiérarchique des fonctions de gestion du RGT

Le RGT organise les blocs fonctionnels OSF selon une hiérarchie fonctionnelle en couches logiques de gestion. L'appartenance d'une OSF à une couche donnée détermine son rôle dans le domaine de gestion.

Quatre couches de gestion ont été identifiées pour caractériser les domaines gérables chez l'opérateur :

– la couche de gestion commerciale (*Business Management Layer*). Les fonctions de cette couche assurent la prise en charge des procédures d'aide à la décision pour l'investissement et l'usage des ressources de télécommunication. Elles assurent aussi la prise en charge de la gestion d'un budget relatif aux opérations de gestion, de la main d'œuvre et permet de tenir à jour toutes les données consolidées sur l'entreprise ;

– la couche de gestion des services (*Service Management Layer*). Elle concerne la gestion des aspects contractuels (SLA, négociation, etc.) des services offerts aux clients. Elle offre aussi aux opérateurs les moyens pour capturer les besoins des clients, la prise en charge de leurs demandes de service et l'établissement de leurs factures ;

– la couche de gestion des réseaux (*Network Management Layer*). Les gestionnaires de cette couche ont la charge de contrôler la vue réseau (d'une extrémité à une autre) de l'ensemble des éléments du réseau et ce, par domaine de gestion ;

– la couche de gestion des éléments de réseau (*Element Management Layer*) : chaque gestionnaire de cette couche est responsable d'un élément ou d'un sous-ensemble d'éléments (équipement, ressources, etc.) du réseau de télécommunication.

Ces quatre couches s'interfacent et s'échangent des informations entre elles *via* l'interface standardisée *Q3*. La figure 9.5 représente cette organisation des OSF. La couche éléments de réseau (*Network Element Layer*) représente les éléments du réseau à gérer.

Sur chacune des couches, les fonctions de gestion peuvent être catégorisées selon que leurs actions entrent dans le cadre d'une aire fonctionnelle bien déterminée [X70 04, M34 00] :

– *la gestion des fautes (Fault Management)* : recouvre les capacités de détection, de localisation, d'isolation et de correction des fautes dans un environnement OSI. Ces fautes se manifestent généralement par des événements spécifiques (erreurs, tickets, etc.) durant l'exploitation d'un système réseau et peuvent être persistantes ou transitoires. Cette gestion recouvre aussi le maintien des journaux d'erreurs (logs) et la réalisation des tests des systèmes ;

– *la gestion de la configuration (Configuration Management)* : recouvre les capacités de planification du réseau, de provisioning des ressources, de la mise en service du système et de la gestion de ses états. La gestion de la configuration permet aussi d'initialiser le système, de le paramétrer et de changer sa configuration en cas de besoin ;

– *la gestion de la comptabilité (Accounting Management)* : recouvre les capacités de mesure de l'usage (consommation) des ressources du réseau, l'établissement des prix (*pricing*), le calcul des coûts (*charging*) associés et l'établissement des factures (*billing*). Cette gestion inclue aussi les capacités pour informer les clients de leurs consommations, d'établir des limites de consommation, de prendre en compte d'éventuels rabais ou promotions et de combiner les coûts quand différents réseaux sont utilisés pour satisfaire une demande particulière de communication ;

– *la gestion des performances (Performance Management)* : recouvre les capacités nécessaires à l'évaluation (mesure) du comportement des objets gérés et des ressources du réseau, à assurer un comportement correct (vis-à-vis du SLA), de surveiller ce comportement et de prendre les mesures correctives nécessaires en cas de comportement non conforme aux objectifs fixés. Pour cela, des données statistiques doivent être relevées et des journaux (historique, géographique, etc.) doivent être tenus ;

– *la gestion de la sécurité (Security Management)* : recouvre les capacités assurant la prévention, la détection (intrusions, attaques, etc.), le respect des politiques de sécurité, etc. Elle met principalement en œuvre les fonctions d'authentification, d'autorisation, de garantie de confidentialité et d'intégrité de l'information.

Remarquons que les échanges verticaux d'informations de gestion se font *via* le point de référence *Q3*. Pour les échanges horizontaux (entre domaines RGT), les OSF s'interfaces *via* le point de référence *X* (voir la figure 9.6).

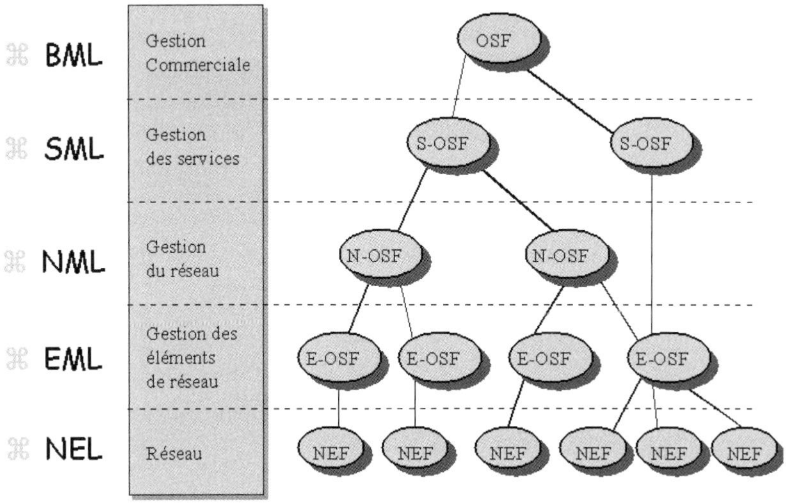

Figure 9.5. *Les niveaux hiérarchiques : organisation des OSF*

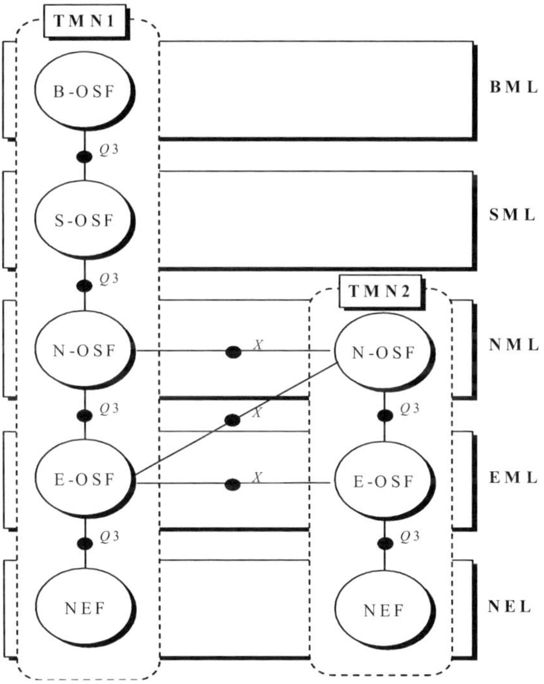

Figure 9.6. *Interconnexion de domaines RGT*

9.5. Les services de gestion du RGT

La recommandation [M32 97] décrit les services de gestion des ressources des réseaux de télécommunications. La recommandation définit des *Managed Areas* comprenant par exemple les B-ISDN, IMT-2000, le réseau de transport, etc. ; et précise les services de gestion qui peuvent être utilisés pour les gérer, produisant ainsi la série des documents M32**.

Nous classifions les services de gestion proposés dans M3200 selon qu'ils traitent la gestion des clients, des réseaux ou de l'entreprise :

– *le service de gestion des clients (Customer Administration)*. Pour permettre à l'opérateur de fournir aux clients les services qu'ils désirent avoir, l'opérateur doit gérer ses clients, leurs contrats, leurs modes de facturation, etc. ;

– *les services de gestion du réseau*. Plusieurs services de gestion sont mis à contribution : le service de gestion du provisioning du réseau (*Network Provisioning Management*), le service de gestion de la QoS et des performances (*Quality of Service and Network Performance Administration*), la maintenance (*Maintenance Management*), la gestion du trafic et des flux sous laquelle nous retrouvons : la gestion de la mesure (*Traffic Measurement and Analysis Administration*), la gestion du trafic (*Traffic Management*) et le routage (*Routing and Digit Analysis*). La gestion du comptage (*accounting*), de la tarification (*tariff*), ainsi que l'évaluation des coûts (*charging*) font également partie de la gestion du réseau ;

– *les services de gestion de l'entreprise* qui comprend principalement la logistique et la gestion de la main d'œuvre (*Work Force Management*).

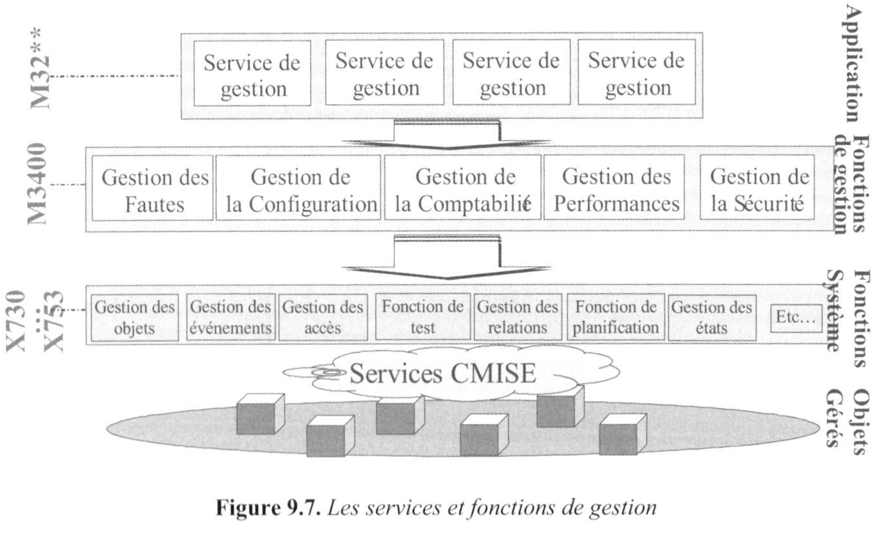

Figure 9.7. *Les services et fonctions de gestion*

Ces services de gestion sont les traitements que les applications de gestion RGT doivent réaliser. Ces services se basent sur les fonctions de gestion définies dans la recommandation M3400 et qui, à leur tour, utilisent les fonctions de gestion du système et les protocoles de gestion pour agir directement sur les objets gérés (qui représentent les ressources du réseau de télécommunication). Les fonctions de gestion qui portent sur les objets gérés sont définies dans la série des recommandations X730 à X753. La figure 9.7 résume la relation entre les services du RGT, les fonctions de gestion de M3400 et les fonctions de gestion système.

9.6. Conclusion

Outre la spécification fonctionnelle des services de gestion et leur organisation en couches, l'avantage de l'architecture RGT est qu'elle a spécifié tous les éléments nécessaires à la conception d'une application de gestion du réseau. Cependant, les applications de gestion RGT sont monolithiques (blocs fonctionnels fortement reliés). Aucun mécanisme pour la distribution n'est prévu. Ces applications sont généralement orientées pour la gestion des ressources physiques des réseaux de télécommunication et ne peuvent être utilisées telles quelles, pour la gestion des nouveaux services à valeurs ajoutées.

9.7. Bibliographie

[M30 00a] M3010, Principles for a telecommunications management network, ITU-T recommendation, 2000.

[M30 00b] M3000, Overview of TMN recommendations, ITU-T recommendation, 2000.

[M31 05] M3100, Generic network information modèle, ITU-T recommendation, 2005.

[M32 97] M3200, Management services and telecommunications managed areas : overview, ITU-T recommendation, 1997.

[M34 00] M3400, TMN management functions, ITU-T recommendation, 2000.

[SIM 98] SIMONI N., ZNATY S., *Gestion de réseau et de service*, Hermès, Paris, 1998.

[X70 04] X700, Management framework for Open Systems Interconnection (OSI) for CCITT applications, ITU-T recommendation, 2004.

Chapitre 10

TINA : *Telecommunication Information Networking Architecture*

10.1. Introduction

TINA[1] est un consortium international créé en 1993. L'architecture de TINA [TIN 95a, TIN 95b, TIN 97a, TIN 97b] se présente comme un groupe de quatre architectures distinctes :

– *l'architecture de service* : elle décrit l'ensemble des éléments nécessaires à la spécification et la mise en œuvre des services de télécom. Cette architecture décrit plus particulièrement le modèle de service et introduit la notion de session de service ;

– *l'architecture de gestion* : elle décrit l'ensemble des éléments nécessaires à la spécification, la mise en œuvre d'éléments logiciels spécialisés dans la gestion des services, des ressources et du réseau de transport ;

– *l'architecture de réseau* : elle décrit l'ensemble des éléments nécessaires à la spécification du réseau de télécom. Ces éléments constituent le modèle générique du réseau (*Network Resource Information Model*) ;

– *l'architecture de traitement* : elle décrit les éléments nécessaires pour la construction des applications distribuées et leur environnement support. C'est l'architecture TINA-DPE.

Chapitre rédigé par Zakaria BENAHMED DAHO.

1. Disponible à l'adresse : http:\\www.tinac.com.

Dans le cadre de ce chapitre, nous présentons d'abord le cadre de TINA (section 10.2) dans lequel évoluent ces quatre architectures. Puis, nous nous focalisons sur les principaux concepts qui constituent une évolution par rapport à ceux de RGT. Particulièrement, TINA adresse le niveau « service » sur lequel elle définit le concept de session (section 10.3) et l'architecture des composants de service (section 10.4). Pour la gestion des services, TINA reprend la gestion RGT et l'applique sur les services TINA, définissant ainsi sa propre architecture de gestion (section 10.5). Nous terminons le chapitre par une conclusion (section 10.6) sur les points forts à retenir de TINA.

10.2. Le cadre de TINA

La figure 10.1 représente le cadre général de TINA. Ce cadre repose sur un environnement de traitement distribué (*Distributed Processing Environment*). Le DPE propose aux applications TINA un ensemble de services et un contexte d'exécution distribué, assurant la transparence du réseau par rapport aux applications. Il garantit alors la séparation entre le niveau applicatif et l'architecture de réseau.

Dans ce cas, les services peuvent indifféremment utiliser les technologies du réseau sans impacter leur fonctionnement [TIN 00].

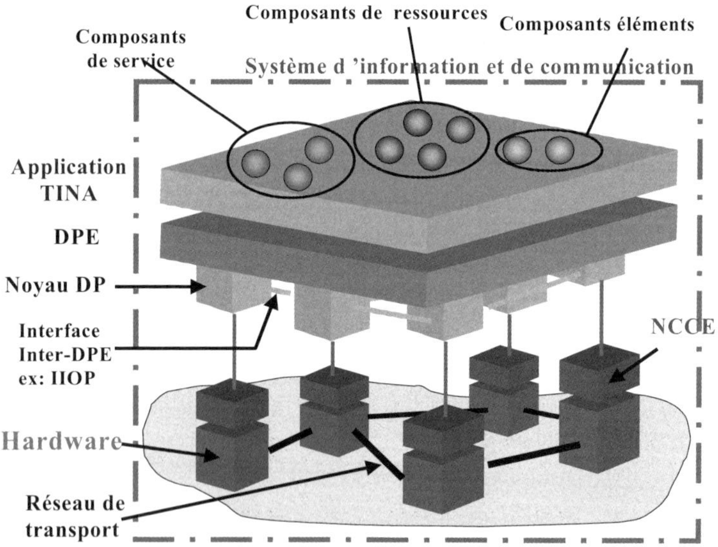

Figure 10.1. *Le cadre général de TINA*

Jusqu'à présent, sept services DPE ont été définis pour assurer cette transparence :

– *service de courtage* : il assure la publication et la recherche d'interfaces à travers lesquelles des objets applicatifs peuvent rendre disponibles des services que d'autres objets peuvent utiliser ;

– *service de transaction* : il permet une communication de type transactionnelle entre objets vérifiant les propriétés ACID (atomicité – concurrence – intégrité – durabilité) ;

– *service de conteneur* : il permet le stockage des spécifications de types d'objet et d'interface. Ces types peuvent être manipulés par la fonction de courtage par exemple. Le service de conteneur d'implémentation permet de stocker l'implémentation de l'objet sous la forme d'un code exécutable et d'informations liées à son implémentation (type de machine, compatibilité de système d'exploitation, mémoire requise, etc.) ;

– *service de notification* : il permet aux objets d'émettre ou de recevoir des notifications sans se soucier des états des objets avec lesquels ils communiquent ;

– *service de sécurité* : il fournit un ensemble de fonctions de sécurité requises par les applications TINA (authentification, autorisation, contrôle d'accès, etc.) ;

– *service de surveillance des performances* : il fournit les mesures et les rapports de performance de l'activité des ressources de réseau. Il permet aussi de spécifier les performances attendues de certaines ressources et les actions correctrices pour les améliorer ;

– *services de gestion du cycle de vie* : pour la création, la suppression, l'activation, la configuration, la désactivation et la migration des objets.

Ces services sont offerts aux applications TINA qui se divisent en deux groupes : les applications de télécommunication (par exemple, la vidéo à la demande, le télé-vote) et les applications de gestion (par exemple, la gestion des connexions). Quelque soit la nature des applications TINA, elles sont construites à bases de composants réutilisables et ce, à des fins de bonne structuration et de modularité. Trois catégories de composants ont été définies :

– dans la première catégorie, nous trouvons les composants utilisés pour la création de services de télécommunication et services de gestion. TINA a, entre autre, prédéfini certains composants qui doivent prendre place dans tout déploiement de service de télécommunication ;

– dans la seconde catégorie, nous trouvons les composants de ressources. Ces derniers traduisent les ressources de communication disponibles (bande passante, commutateurs, etc.) ;

– la troisième catégorie fait référence aux ressources physiques telles que les commutateurs, les ordinateurs et les équipements spéciaux (par exemple, les équipements multimédias).

Le cadre de TINA montre aussi que le DPE repose sur un noyau de réseau de transport « KTN » (*Kernel Transport Network*). Ce dernier assure l'interconnexion entre les nœuds du DPE (plates-formes DPE). De par son rôle, il peut être comparé à un réseau de signalisation. Le consortium TINA ne donne pas de recommandations sur son implémentation. De façon pratique, il peut être réalisé sur un réseau IP par exemple et être intégré au réseau de transport appelé TN (*Transport Network*). Le réseau de transport est utilisé pour transporter les informations entre les différents nœuds de traitement. Le TN est un réseau fonctionnant en mode connecté ; il assure physiquement le transport des données dans le réseau.

10.3. Le concept de session dans TINA

Une session est une association temporaire entre objets ayant pour but de réaliser collectivement une tâche durant une période temporelle (durée de vie de la session). Cette notion de session est raffinée pour tenir compte de la séparation de l'accès, de l'utilisation de service (usage) et des communications (voir la figure 10.2).

Trois concepts ont été donc proposés :

– *le concept de session d'accès* relatif aux associations de l'usager avec le système fournisseur de services. Des opérations comme l'authentification, la sélection de service et la personnalisation peuvent avoir lieu durant cette session ;

– *le concept de session de service* qui concerne les activités des services eux-mêmes et leur enchaînement (la logique de service). Cette session se divise en (*i*) *user service session* qui offre une vue personnalisée du service pour l'usager et (*ii*) *provider service session* qui offre une vue du service pour le fournisseur. Elle offre le contrôle requis sur le service ;

– *le concept de session de communication* qui fournit l'abstraction des connexions et des ressources des réseaux de transports. Son rôle est de supporter les échanges applicatifs qui se déroulent dans le cadre d'une session de service.

Le principe de session dans TINA est important dans la mesure où il permet de séparer trois choses : les aspects relatifs aux services (session de service), les aspects relatifs à l'accès aux services (session d'accès) et les aspects relatifs à la communication (session de communication).

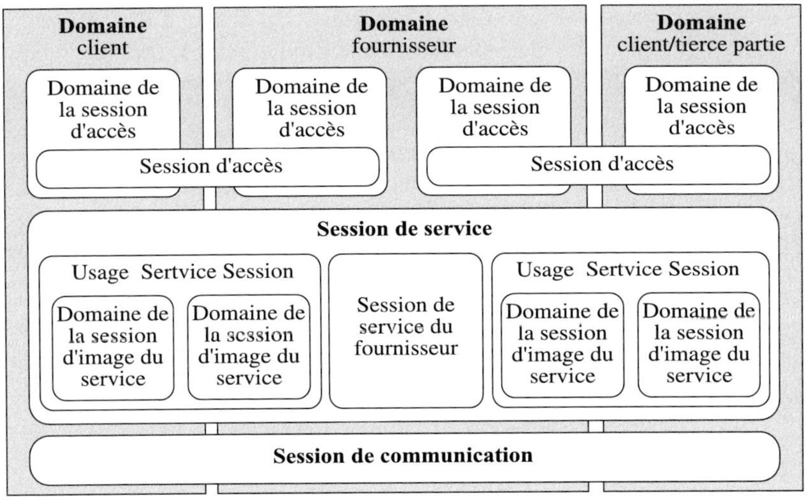

Figure 10.2. *Les sessions dans TINA*

10.4. L'architecture de service TINA

Un service réalisé selon les principes et concepts TINA consiste en un ensemble de composants de services interagissant. Chaque composant de service peut être lui-même décomposé en un ensemble d'objets de traitement. La communication (interaction) entre objets de traitement est supportée dans TINA par des mécanismes de distribution offerts par le DPE.

Tous les services TINA sont construits suivant une architecture appelée « modèle universel de composant de service », USCM (*Universal Service Component Model*). Ce modèle (voir la figure 10.3) représente le cœur et les interfaces d'un composant de service.

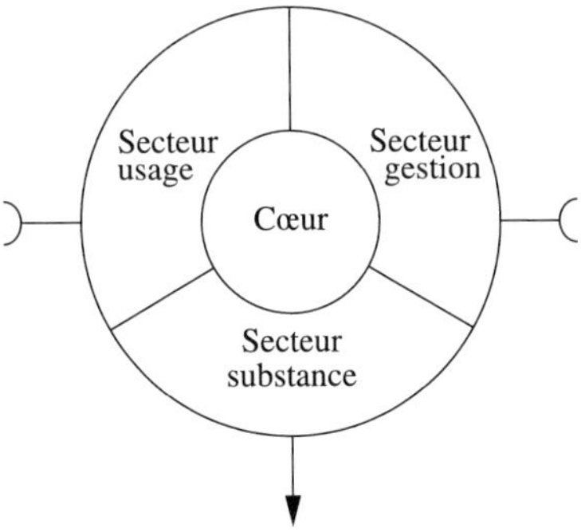

Figure 10.3. *Le modèle USCM*

Tout service dispose d'un cœur, c'est-à-dire, ça raison d'être. Le cœur est constitué de l'ensemble des éléments fonctionnels reliés par une certaine logique qui constituent le fonctionnement propre du service. Pour accéder aux fonctions de ce cœur, trois secteurs ont été proposés :

– *le secteur d'usage* : il offre les interfaces pour l'utilisation du service. Le service jouera le rôle d'un serveur vis-à-vis des autres entités ;

– *le secteur de gestion* : il offre les interfaces pour l'initialisation et la gestion du service. C'est le gestionnaire des services qui aura la possibilité d'utiliser ces interfaces. Le service jouera alors le rôle d'un serveur vis-à-vis du manager ;

– *le secteur substance* : il offre des interfaces pour l'accès du service aux ressources externes ou à d'autres services. Le service jouera le rôle d'un client vis-à-vis des autres éléments.

10.5. L'architecture de gestion

La gestion des services TINA peut être vue comme l'application de la gestion RGT (FCAPS) à l'architecture de services TINA. Cette gestion se retrouve sur le niveau SML. Actuellement, seule la gestion de la configuration des services et de la session est prise en charge. La gestion de la configuration couvre principalement la gestion du cycle de vie des services et la gestion du cycle de vie des clients. La gestion du cycle de vie des services décrit les étapes de gestion couvrant la gestion de conception des services, de leur déploiement, de leur instanciation ainsi que la gestion de leur retrait.

La gestion de cycle de vie des clients décrit la gestion des activités nécessaires avant, pendant et après la souscription d'un client à un service. La gestion de la session est l'élément novateur de TINA. En principe, nous devons retrouver toutes les fonctionnalités de gestion (FCAPS) appliquées à la session. TINA se contente de la gestion de la configuration de la session.

Cette gestion se décline sur chaque élément constituant la session TINA :

– *la gestion de la session d'accès* concerne la gestion de la session d'accès de l'utilisateur aux services. La configuration (initiale) de la session d'accès est réalisée au moment de l'abonnement de l'utilisateur à un service. Cette configuration est indépendante de tout usage que le client fera du service ;

– *la gestion de la session utilisateur* est réalisée grâce à un gestionnaire de session utilisateur (*User Session Manager*, USM). Il supervise et contrôle la session usager. Le composant USM est créé lorsqu'un usager se joint à une session et est supprimé quand l'usager quitte la session de service ;

– *la gestion de la session de service* se fait grâce aux fonctions assurant l'activation, le contrôle des ressources, la suspension, la reprise ainsi que la terminaison de la session de service. Ces fonctions de gestion sont supportées par le gestionnaire de session de service (*Service Session Manager*, SSM). Ce composant est créé à chaque fois qu'un service est invoqué *via* une session d'accès ;

– *la gestion de la session de communication* est réalisée grâce au gestionnaire de session de communication (*Communication Session Manager*, CSM). Ce composant offre un service de connectivité au SSM. Il représente le point de contrôle pour l'allocation des ressources de communication au service.

La figure 10.4 résume les principaux composants gestionnaires et agents dans un environnement TINA. Le but de cette architecture est l'établissement et le maintien de la session de service entre les deux utilisateurs.

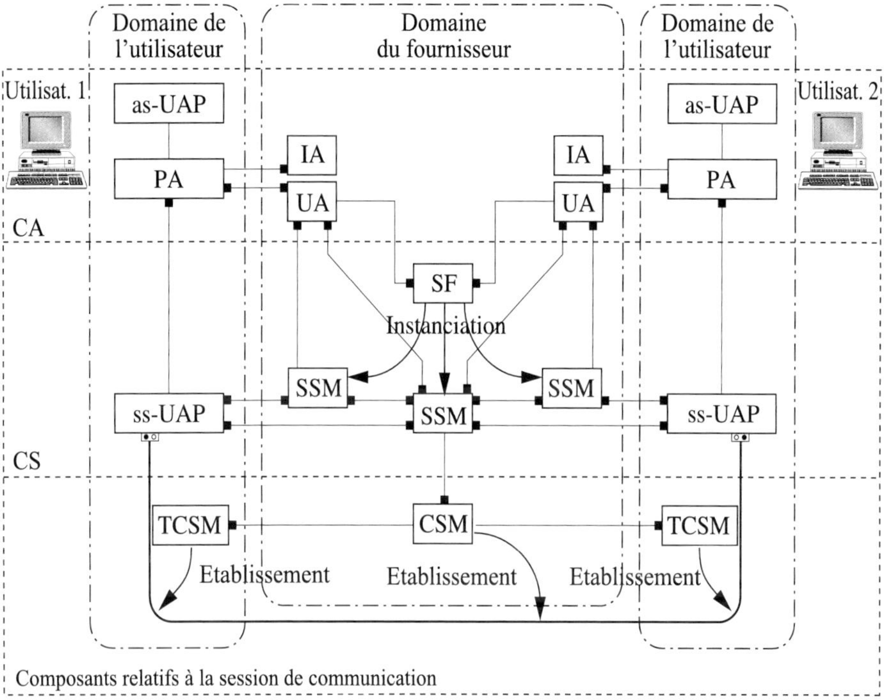

CA : Composants relatifs à la session d'accès ; CS : Composants relatifs à la session de service

PA : Agent Fournisseur
UAP : Application de l'utilisateur
IA : Agent Initial
UA : Agent de l'utilisateur

SF : Frabrique de service
USM : Gestionnaire de la session de service de l'utilisateur (GSSU)
SSM : Gestionnaire de la session de service
TCSM : Terminal de gestion de la session de Communication
CSM : Gestionnaire de la session de communication

■ Interface opérationnelle (Plan de gestion)
Interface de diffusion
Composant de service TINA

Figure 10.4. *Les composants de gestion de session de service*

10.6. Conclusion

La contribution la plus importante de TINA est la notion de session, avec la distinction de l'accès, du réseau et du service. TINA préconise également la séparation des architectures de services et de réseaux. Cette séparation facilite le déploiement de nouveaux services sur des réseaux de transport hétérogènes. Le point fort de la gestion des services est sans doute la gestion de la configuration de la session dont les fonctions des gestionnaires (CSM, SSM, etc.) ont été proposées.

10.7. Bibliographie

[TIN 00] TINA Succes Stories, disponible à l'adresse http://www.tinac.com/succes/succes.htm, 2000.

[TIN 95a] TINA, Overall concepts and principles of TINA, disponible à l'adresse: http:\\www.tina.org, 1995.

[TIN 95b] TINA-C, Management architecture, disponible à l'adresse: http://www. tina.org, 1995.

[TIN 97a] TINA-C, Service architecture, disponible à l'adresse : http.\\www.tina. org, 1997.

[TIN 97b] TINAC : Network Resource Information Model Specification, version 3.0, 1997.

Chapitre 11

WBEM : *Web-Based Enterprise Management*

11.1. Introduction

L'initiative *Web-Based Enterprise Management* (WBEM) avait pour but initial la création d'un ensemble de standards permettant aux applications (*Web browser-based applications*) de partager les informations de gestion obtenues à partir de n'importe quelle entité gérable (ressources, équipements, etc.) dans l'entreprise. Ces applications reposent sur les technologies de transport du *web* et les protocoles de gestion associés (*HTTP-based management*).

Initialement, la proposition WBEM [1] était le résultat de la coopération de plusieurs acteurs IT comme Microsoft, Intel, BMC Software, Cisco Systems, etc. En 1996, ces acteurs établissaient une première spécification de WBEM et ont initié un processus de standardisation. C'est finalement le *Desktop Management Task Force* (DMTF) qui a pris en charge cette standardisation. Le DMTF se focalise sur le développement, l'adoption et l'unification des standards et des initiatives pour la gestion des plates-formes, de l'entreprise, de l'Internet et de leurs environnements. Son objectif est de fournir les bases nécessaires pour une gestion intégrée, peu coûteuse et ce, en offrant des solutions interopérables et capables de partager des données.

Pour répondre au besoin de l'interopérabilité entre les diverses applications, le DMTF a proposé un modèle informationnel unificateur, a standardisé les opérations

---

Chapitre rédigé par Zakaria BENAHMED DAHO et Noëmie SIMONI.

1. Disponible à l'adresse : http:\\www.dmtf.org/standards/wbem/.

pour la manipulation de l'information et a défini les protocoles associés. Ces propositions ont été introduites dans le cadre du WBEM dont le but final est d'unifier la gestion dans l'entreprise.

Dans le cadre de ce chapitre, nous nous intéressons à l'architecture du WBEM et à ses principaux composants (section 11.2). On rapportera le modèle unificateur (section 11.3), qui constitue le cœur de la proposition du DMTF, la solution adoptée pour fournir une information au modèle (section 11.4), le protocole utilisé pour l'accès et la manipulation des informations (section 11.5). Nous terminons le chapitre en précisant les points forts et faibles de WBEM pour l'architecture de gestion (section 11.6).

11.2. Le cadre général de la proposition WBEM

Les spécifications du WBEM ont été développées pour d'une part, unifier la gestion des environnements distribués dans l'entreprise et d'autre part, pour répondre au besoin d'interopérabilité entre les diverses applications. En effet, les architectures actuelles des technologies de l'information sont plutôt spécifiques (voir la figure 11.1). Pour chaque entité à gérer (mémoire, processus, système, réseau, etc.), nous disposons actuellement d'une base d'information spécifique, ayant une représentation spécifique de la ressource et un langage spécifique de description et de manipulation de l'information. Chaque ressource étant gérée par une application de gestion spécifique.

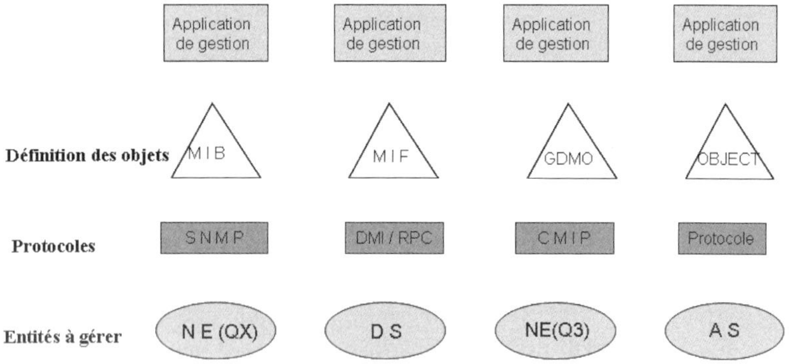

Figure 11.1. *Hétérogénéité des technologies d'information*

Le problème avec cette architecture est dans la difficulté d'échanger les informations à travers ces diverses technologies et plates-formes, ce qui résulte des problèmes d'intégration et handicape la maîtrise des OPEX (*OPErational EXpenditure*).

Même en présence d'une application de gestion commune et des interfaces d'instrumentation standardisées, s'il n'y a aucun consensus sur le modèle d'information utilisé par les plates-formes, les problèmes d'intégration et d'interopérabilité persisteront.

L'objectif principal du DMTF, à travers la spécification du WBEM, est l'intégration des différentes architectures spécifiques et ce, par (*i*) la création d'un schéma (*HyperMedia Management Schema,* actuellement *CIM Schema*) pour consolider l'information de gestion, (*ii*) la spécification d'un protocole standard (*HyperMedia Management Protocol*) pour l'accès et la manipulation de l'information et (*iii*) la définition d'un fournisseur d'objets (*Object Provider*) qui fournit un accès transparent (à la localisation et à l'hétérogénéité) aux ressources gérées. Le WBEM fournit le contexte (voir la figure 11.2) pour la mise en œuvre de l'architecture et des protocoles exigés pour supporter le modèle commun.

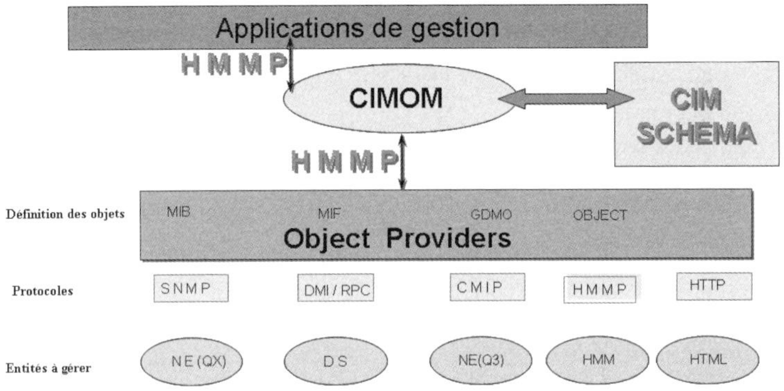

Figure 11.2. *Le cadre de WBEM*

Dans cette architecture unificatrice, les applications de gestion envoient des demandes vers un gestionnaire d'objets du modèle commun (*Common Information Model Object Manager*). Le CIMOM interprète ces requêtes et accède aux objets présents dans la base du schéma CIM (qui joue le rôle d'un entrepôt d'information) [CIM 03a]. Les traitements peuvent être par exemple la création des espaces de noms, la manipulation des objets, la modification, la suppression ou le stockage d'une nouvelle information. Le CIMOM détermine aussi quelle ressource interrogée dans le cas où il ne peut directement avoir l'information à partir du schéma. Pour cela, il doit interagir avec un fournisseur d'objets gérés. Le fournisseur est alors responsable d'interagir directement avec les ressources gérées. Les interactions du CIMOM avec le fournisseur d'objets et avec les applications de gestion, se font grâce au protocole HMMP.

Dans les sections qui suivent, nous abordons respectivement la structure du schéma, les fonctions du fournisseur d'objets ainsi que quelques éléments sur le protocole HMMP.

11.3. Le schéma CIM

Le DMTF a proposé le CIM [2], un modèle informationnel représentant les environnements techniques, le business ainsi que tous les éléments gérables de l'environnement de l'entreprise. Le DMTF a défini en premier lieu un méta-schéma, un méta-modèle pour uniformiser la description de toutes les classes des modèles CIM (qui constituent le schéma).

A partir de ce méta-schéma, il décrit un modèle cœur (*CIM Core Model*). Le modèle cœur du CIM peut être perçu comme un cadre commun, se plaçant au centre du schéma, dans lequel des classes abstraites ont été définies.

A partir du modèle cœur et par le mécanisme d'héritage, le CIM construit des « modèles communs » (*Common Models*) pour chaque domaine gérable dans l'entreprise. Chaque modèle capture les notions communes aux entités d'un domaine gérable. Ces modèles se veulent génériques. Nous distinguons des domaines qui regroupent des entités réelles (physiques ou logiques) présentes dans l'organisation (*Physical*, *Network*, *Data Base*, *Applications*, *User*, etc.) et des domaines (*Policy*, *Event*, *Metrics*, *Support*, *Interop*) qui regroupent des entités nécessaires à la gestion de l'environnement de l'entreprise et à la gestion de l'entreprise *via* le *web* [CIM 03b, CIM 04, DIM 03, MAN 03].

11.4. Le fournisseur d'objets (*Object Provider*)

Le fournisseur d'objets joue le rôle d'un intermédiaire ou plus exactement d'une entité de médiation. Il assure la traduction protocolaire et la conversion informationnelle entre le CIMOM et les ressources gérées. Du point de vue du CIMOM, le dialogue se fait par le protocole HMMP. Du côté des ressources, le fournisseur d'objets devra dialoguer avec le protocole approprié à la ressource gérée. Ce positionnement lui confère la possibilité de traiter les requêtes et de puiser l'information nécessaire à partir des objets gérés. Il assure alors la correspondance entre l'interface CIM du CIMOM et les interfaces spécifiques de ressources gérées. Cette correspondance se fait en traduisant les requêtes CIM en opérations spécifiques sur les objets des ressources gérées et *vice versa*. Les fournisseurs peuvent être spécifiques à chaque ressource ou générique. Dans ce dernier cas, ces fournisseurs doivent pouvoir manipuler une description générique des objets et les traduire en commandes

2. Disponible à l'adresse : http:\\www.dmtf.org/standards/cim/.

spécifiques à chaque ressource. Ils peuvent alors manipuler les objets gérés des ressources hétérogènes [WEB 06].

11.5. Le protocole de gestion HMMP

Le protocole de gestion HMMP est un protocole standardisé utilisé pour l'accès, l'interrogation et la manipulation des informations de gestion du schéma CIM, dans le cadre du WBEM. Le dialogue se fait entre un client (application de gestion ou CIMOM) et un ou plusieurs serveurs (CIMOM ou les fournisseurs d'objets gérés).

Les opérations de base de HMMP sont (*i*) *OPEN()* : pour l'ouverture de l'espace de noms et obtenir un accès au schéma. (*ii*) *CLOSE()* : pour la fermeture de l'espace de noms. (*iii*) *GET()* : pour obtenir un ou plusieurs objets. Cette opération sert aussi pour récupérer le premier événement stocké dans une file. (*iv*) *PUT()* : pour la création ou la mise à jour des objets et la notification de changements. (*v*) *DELETE()* : pour supprimer un ou plusieurs objets. (*vi*) *CANCEL()* : permet d'annuler une opération. (*vii*) *METHOD_EXEC()* : pour l'exécution des opérations à distance, présentes au niveau des agents. (*viii*) *METHOD_RETURN()* : retourne le résultat de *METHOD_EXEC()*.

11.6. Conclusion

L'objectif de ce chapitre a été de présenter l'initiative WBEM du DMTF et de montrer son apport pour unifier la gestion dans l'entreprise. De cette étude, nous retenons les éléments-clés suivants :

– le rôle du modèle informationnel « CIM » pour consolider l'information dans l'entreprise et unifier l'image commune des entités gérées ;

– le rôle du protocole HMMP pour standardiser l'accès et la manipulation des informations ;

– le rôle du fournisseur d'objets pour assurer la médiation entre les ressources gérées et l'environnement unifié du WBEM.

Ces éléments contribuent à faciliter l'interopérabilité des applications et le partage de l'information dans l'entreprise. Bien que la solution semble répondre aux besoins actuels de la gestion, notre analyse a montré des limites notamment au niveau du schéma CIM. Le problème réside dans la représentation de l'information comportementale (QoS) des entités. La maîtrise de cette information constitue une condition importante pour une gestion efficace dans les nouveaux contextes dynamiques. Le schéma permet l'obtention des informations statistiques pour chaque élément. Cependant, le schéma ne prend pas en compte la relation et l'impact du comportement d'une entité sur l'autre. De plus et comme le souligne les récents travaux, l'absence de machine à états pour diriger le changement du comportement constitue l'un des problèmes majeurs du CIM. Ce manque empêche de garantir automatiquement la cohérence des données.

11.7. Bibliographie

[CIM 03a] CIM Compliance specification, site DMTF, DSP 0105, 2003.

[CIM 03b] CIM Event Model, white paper, site DMTF, juin 2003.

[CIM 04] CIM Diagnostics, white paper, site DMTF, DSP 2000, 2004.

[DIM 03] DIM Specification, site DMTF, DSP 0005, janvier 2003.

[MAN 06] Management Profile Specification Template, site DMTF, DSP 1000, juin 2006.

[WEB 06] Web Services for management (WS Management), site DMTF, DSP 0226, mai 2006.

Chapitre 12

TOM et eTOM : les processus de gestion

12.1. Introduction

Ce chapitre s'insère dans le contexte global de la gestion des services et des réseaux. Il traite notamment les évolutions des normalisations qui ont succédé aux propositions du RGT.

Comme nous l'avons vu dans le chapitre consacré au RGT, le cadre fonctionnel du RGT s'est limité à la définition des fonctions de gestion qui couvrent les cinq aires fonctionnelles de gestion (FCAPS) [M34 00]. Ces fonctions concernent particulièrement les couches bases EML et NML. Jusqu'à une époque pas très lointaine, la gestion se préoccupait presque exclusivement de la maintenance du réseau support des flux des utilisateurs. L'objectif était de maintenir les réseaux afin de fournir le service de transport avec la QoS exigée. Suite à l'émergence des nouveaux besoins et à la diversification des technologies, de nouveaux services sont apparus et des nouveaux challenges doivent être relevés. La gestion du réseau et des services de transport n'est plus suffisante à elle seule. En plus de cette gestion, les opérateurs doivent maîtriser toute la chaîne « du parcours client » depuis la capture de ses besoins, en passant par l'introduction et la maintenance des services demandés jusqu'à l'établissement de leur facture. Cette gestion « de bout en bout » nécessite de trouver les mécanismes automatiques qui interviennent au-delà des couches EML et NML et qui assurent toutes les relations dynamiques depuis la BML jusqu'à la EML.

Chapitre rédigé par Zakaria BENAHMED DAHO.

C'est dans cette optique qu'évoluent les propositions du *TeleManagement Forum* (TMF) et dont les principaux apports pour la gestion de « bout en bout » sont examinés dans ce chapitre. Le TMF s'est progressivement imposé dans le contexte des OSS et est devenu actuellement l'un des leader de ce domaine. Le succès du TMF est dû, entre autre, à son approche de la gestion. Elle consiste en l'utilisation des processus de gestion du métier (*business process management*) comme support fonctionnel de base pour une gestion complète couvrant les aspects commerciaux, techniques des services et de communication pour les réseaux. Le cadre global du TMF, ses objectifs et ses principaux centres d'intérêts sont présentés dans la section 12.2 qui suit cette introduction. Ensuite, nous détaillons l'approche du TMF de la gestion. Nous verrons, qu'il a reprit les principales propositions fonctionnelles du RGT, à savoir les cinq aires fonctionnelles (FCAPS) et l'organisation hiérarchique des fonctions, qu'il catégorise les services de gestion dans un cadre de référence et précise les flux de traitements (*process flows* ou *workflows*) générés suite à leur automatisation. Ce cadre est le *Telecom Operation Map* abrégé TOM (section 12.3) [GB9 00]. Bien que largement accueilli au début par la communauté des télécoms, le TOM a rapidement montré ses limites car ne couvrant que partiellement les besoins toujours évolutifs des opérateurs. Un cadre étendu du TOM a été donc proposé en 2001 appelé eTOM (*enhanced TOM*) [GB9 04a] (section 12.4) dont le point fort réside dans la démarche qu'il adopte pour la structure des processus de gestion. Cette structure étant nécessaire pour faciliter leur développement. Nous terminons ce chapitre par une conclusion dans laquelle nous précisions les apports et limites de l'approche du TMF (section 12.5).

12.2. Le *TeleManagement Forum* (TMF) : cadre global et objectifs

Le TMF (http://www.tmf.org/) est un consortium industriel international, une organisation à but non lucratif. Le TMF a été créé il y a de cela plus de quinze ans sous l'appellation de *Network Management Forum* (NMF). Le TMF exerce actuellement des activités dans le cadre de la communication industrielle et la fourniture des services. Ses activités sont menées sur la base des besoins actuels et futurs des opérateurs et des fournisseurs de services. Le TMF compte actuellement plus de 300 membres, incluant les fournisseurs de services, les équipementiers, les éditeurs de solutions logiciels, les groupes de recherches et universités, les utilisateurs de services, etc. A raison de deux fois par an, le TMF organise une conférence (*TeleManagement World*) créant ainsi un espace d'échange et de rencontre entre les acteurs concernés autour des dernières avancées du TMF et les outils et techniques récemment mis en application dans l'industrie des OSS/BSS.

Les travaux du TMF sont axés sur la gestion des services et la gestion des réseaux de télécommunications. Le TMF s'intéresse particulièrement à l'automatisation des processus de gestion des opérateurs et fournisseurs de services et à l'intégration des BSS/OSS et ce, en procurant les démarches méthodologiques, les modèles supports, les conseils stratégiques et les solutions pratiques. Par rapport à l'approche du RGT, qui n'identifie que les services et les fonctions [M32 97, M34 00] pour la gestion des équipements et du réseau de télécommunication (approche bottom-up), l'approche du TMF (voir la figure 12.1) est plutôt *business-oriented* et traite les processus pour la gestion totale de l'entreprise (approche top-down). Pour cela, le TMF propose :

– la spécification du niveau *business* des processus de gestion du BSS/OSS et ce, à travers le cadre du TOM puis récemment à travers le eTOM ;

– la spécification de l'architecture des applications et systèmes de gestion pour la nouvelle génération d'OSS (NGOSS) ;

– la spécification des informations partageables entre les applications de gestion ;

– la mise sur le marché des produits par lesquels le TMF démontre la faisabilité des préceptes, des outils et des modèles proposés.

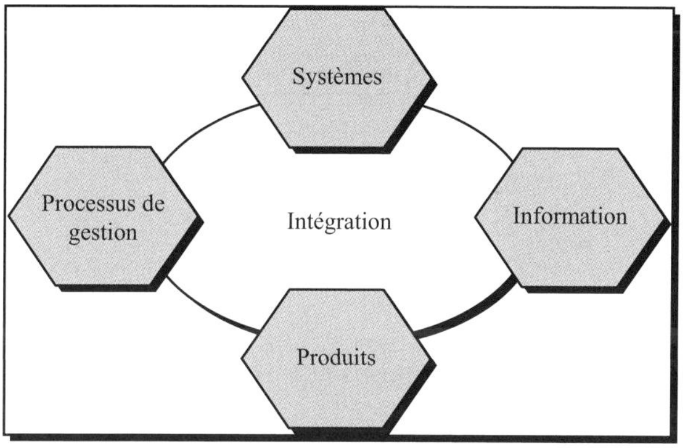

Figure 12.1. *L'approche du TMF*

12.3. Le cadre de la gestion par les processus : le TOM

Pour être efficace, les acteurs de télécommunications doivent disposer d'un cadre bien précis pour la gestion. La figure 12.2 montre le cadre des processus de gestion défini par le TMF. Ce cadre décrit une carte décrivant les processus de gestion des télécoms, réalisés au sein des BSS/OSS.

Un processus est constitué d'un ensemble d'activités (traitements) qui s'enchaînent pour atteindre un objectif de gestion. Comme le montre la figure 12.2, le TOM (*Telecom Operation Map*) est constitué de couches de processus de gestion (*customer care, service development and operation, network and system management, network element management, customer interface management*) dont les trois premières sont les principales. Sur ces dernières, le TOM précise les processus associés, leurs activités et les dépendances avec les autres processus.

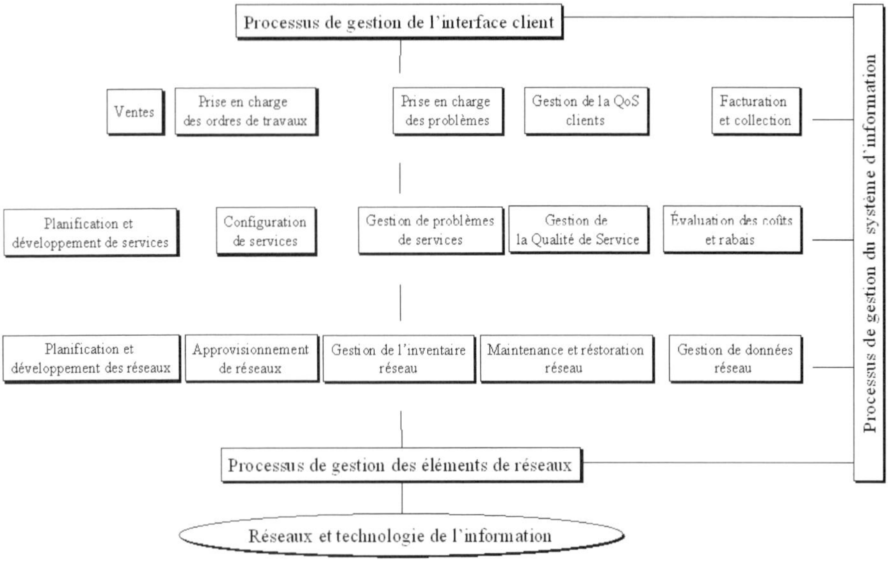

Figure 12.2. *Le cadre des processus de gestion : le TOM*

Les couches de processus de gestion sont les suivantes :

– *la couche Customer Interface Management Processes (CIMP)*, qui permet de gérer de façon sécurisée l'interfaçage entre l'OSS et les clients. Ses processus assurent la traduction des requêtes et des demandes des clients en événements et ordres systèmes. Elle permet aussi de présenter aux clients les réponses des processus de l'OSS par des notifications, des ordres et des rapports ;

– *la couche Customer Care Processes (CCP)*, qui représente les processus de suivi des clients. Ces processus interagissent avec les clients *via* l'interface pour collecter les demandes de services, répondre à leurs requêtes (état des services, SLA, etc.) ainsi que de les informer des pannes rencontrées et des factures qu'ils doivent payer ;

– *la couche Service Development and Operation Processes (SDOP)*, qui décrit les processus de développement des services et de leur gestion. Les processus de cette couche assurent la planification des services et leur introduction dans le réseau, l'évaluation de leurs qualités et performances ainsi que le calcul des coûts de leur usage ;

– *la couche Network and System Management Processes (NSMP)*, qui décrit les processus de gestion du réseau et des systèmes. Les processus de cette couche sont responsables de l'allocation et de la configuration des ressources. Ils ont aussi la charge d'assurer que le réseau supporte le service demandé de bout en bout. Ils assurent aussi les opérations de planification, de maintenance ainsi que la gestion de l'inventaire du réseau ;

– *la couche Network Element Management Processes (NEMP)*, qui contient les processus de bas niveau qui gèrent les éléments du réseau. Ils agissent directement sur les ressources du réseau géré.

L'organisation horizontale (en couches) des processus de gestion du TOM est le résultat du parallèle que le TMF a fait avec les couches de gestion RGT. En effet, les couches de gestion EML et NML du RGT correspondent respectivement aux couches NEMP et NSMP du TOM. Quant aux fonctionnalités de la couche SML, elles sont réalisées par deux couches de processus : la CCP et la SDOP. Ce découpage est dû au fait que le TOM veut séparer entre les processus (ceux du CCP) déclenchés par une demande individuelle du client et les processus (ceux du SDOP) appliqués à un groupe de clients qui ont souscrit à un service ou à une famille de services. Les fonctions de la couche BML ne sont pas prises en charge par le TOM.

Ce regroupement horizontal ne suffit pas à lui seul pour l'automatisation « de bout en bout » des traitements de la gestion. En plus de ce regroupement, des processus « verticaux » sont préconisés. Ces derniers (FAB) assurent la réalisation (*fulfillment*), l'assurance (*assurance*) et la facturation (*billing*) des services demandés. Le TMF aborde cette problématique en définissant trois types de processus primaires de base capables de gérer un service de bout en bout. Ces trois processus, couramment nommés par *FAB End to End Processes*, ont été définis ainsi :

– *le processus Fulfillment (réalisation)* qui garantit la prise en charge de la demande des clients et de sa réalisation, c'est-à-dire le suivi des tâches à accomplir, la planification du service et du réseau, la configuration du service et l'allocation des ressources du réseau ainsi que la livraison des services demandés dans les temps ;

– *le processus Assurance* qui garantit que les performances contractées ont été respectées et que les fautes d'exploitation ont été traitées. Pour cela, le processus Assurance agit sur la couche du service et celle du réseau en maintenant la QoS conforme au SLA, en détectant et résolvant les problèmes et en notifiant aux clients les perturbations éventuelles ;

– *le processus Billing (facturation)* qui a pour objectif la collecte des informations d'usage, le calcul des coûts et des charges, la prise en considération d'éventuels rabais et de générer les factures aux clients.

La figure 12.3 montre le regroupement vertical et horizontal des processus de gestion. Chaque processus sera localisé selon son domaine de gestion (service, réseau ou éléments de réseau) et son principal objectif (réalisation, assurance ou *billing*). Remarquons que le processus *Network Inventory Management* se situe entre le processus de *fulfillment* et celui de l'*assurance*. Ceci est dû au fait que le processus joue un rôle essentiel dans la réalisation et l'assurance et ce, en leur fournissant par exemple les informations relatives aux équipements et aux technologies installés. La même remarque s'applique sur le processus de gestion des données du réseau (*Network Data Management*) qui lui, est partagé entre le *billing* et l'*assurance*. Le processus leur fournit les statistiques et l'usage des ressources du réseau. Ces statistiques sont obtenues en agrégeant les informations fournies par les éléments du réseau.

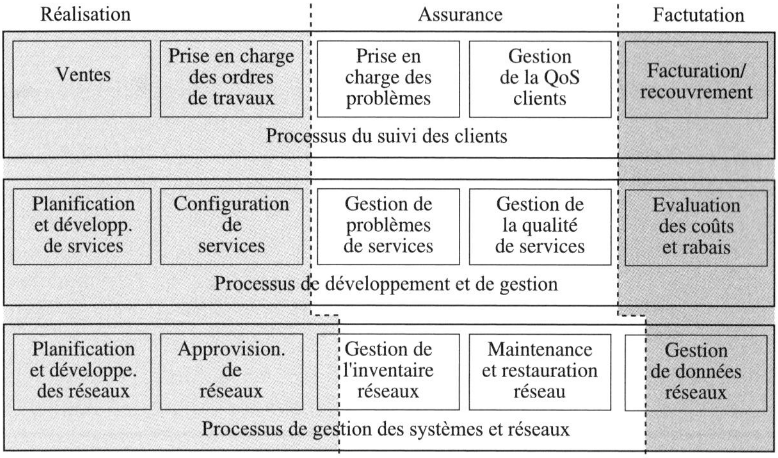

Figure 12.3. *Les processus FAB*

Pour faciliter la définition des processus, le TOM préconise de les décrire à partir de sous-processus et de fonctions de gestion. En effet, selon le TOM, tout processus est constitué de plusieurs sous-processus et chaque sous-processus se décompose en plusieurs groupes de fonctions de gestion. Ces derniers font appel aux fonctions de gestion définies dans la recommandation M3400 du RGT. Cette façon de décomposer les processus (sous-processus, groupe de fonctions, fonctions) permet de les décrire en partant d'une description globale de haut niveau (*business*) vers une description plus fine et plus détaillée (fonctionnelle). Le TOM ne précise pas comment cette décomposition doit avoir lieu. Le TOM ne mentionne aucune règle de décomposition. Dans ce cas, un même processus peut être structuré de différentes manières.

Comme nous venons de le voir, le TOM a précisé un regroupement horizontal de processus selon les couche EML, NML et SML du RGT et un autre regroupement vertical des processus selon qu'ils contribuent dans la réalisation (F), l'assurance (A) ou la facturation (B) des services demandés. Ces regroupements ont aussi pour but de définir les flux de processus horizontaux et verticaux.

Les flux de processus horizontaux sont formés grâce au regroupement horizontal des processus de gestion. Ces flux définissent des cycles de vies. Nous distinguons trois cycles de vies : le cycle de vie de suivi des clients, le cycle de vie de gestion des services et le cycle de vie de gestion du réseau. Nous allons nous focaliser sur le cycle de vie de gestion des services (voir la figure 12.4), vu son importance par rapport au contexte du livre.

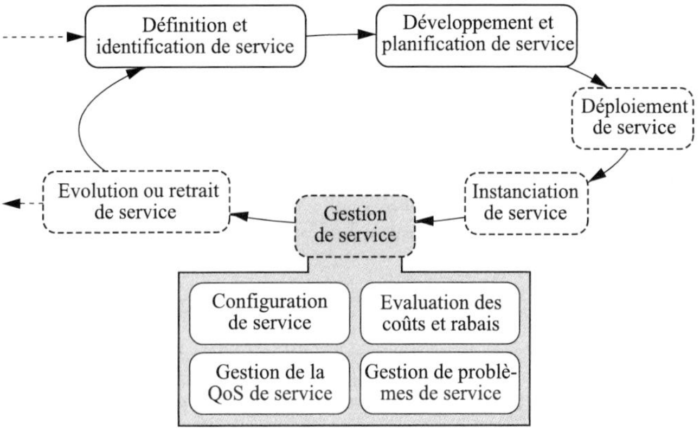

Figure 12.4. *Le cycle de vie des services*

Ce cycle de vie retrace les étapes successives depuis la conception du service jusqu'à son exécution ou son retrait de l'environnement de l'opérateur.

Pour cela, plusieurs étapes sont nécessaires :

– la capture des besoins, l'identification et la définition du service : dans cette étape, il y a lieu de spécifier, à partir des besoins, les composants de services nécessaires qui constituent le service entier (application ou le produit) ;

– la planification et le développement du service : dans cette étape, le service est planifié et dimensionné. Les contraintes techniques liées au développement sont prises en charges pour procéder à l'implémentation du service ;

– le déploiement du service : cette phase consiste à l'introduction des composants de services dans un environnement d'exécution distribué (par exemple, les nœuds du réseau de communication) ;

– la gestion du service : avant cette phase, il y a lieu de créer différentes instances du service qui répondent à des dispositions particulières (par exemple, les désirata du client pour le service demandé). La gestion des instances se traduit par la gestion de leur configuration, par la résolution de leurs problèmes (fautes), par le maintien de leur qualité (QoS) conformément au SLA et par le calcul des coûts de leur usage ;

– la dernière phase dans le cycle de vie consiste à faire évoluer le service pour mieux répondre aux besoins ou tout simplement à le retirer du marché.

Le cycle de vie du service est un cycle important car il influe et guide les autres cycles (suivi des clients et gestion du réseau), c'est-à-dire que les phases des autres cycles de vie sont déclenchées en fonction de l'évolution du cycle de vie du service. Cette dépendance est schématisée dans la figure 12.5.

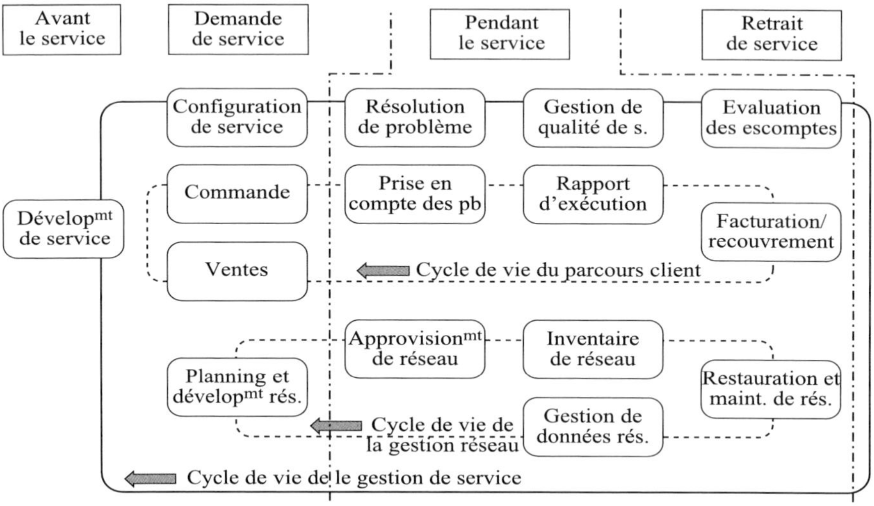

Figure 12.5. *Relation entre les cycles de vie*

Le regroupement vertical des processus (FAB) a pour but la définition des flux de processus de bout en bout (*end-to-end process flows*). Les flux de processus verticaux s'étendent de la couche de suivi des clients ou de l'interface avec les clients jusqu'à la couche de gestion des éléments du réseau. La figure 12.6 montre les trois processus FAB ainsi que les flux prédominants associés (les flèches).

Pour le processus de réalisation, les flux sont initiés de l'interface du client (demande du client) et progressent vers la couche d'éléments de réseau pour, par exemple, l'attribution des ressources. A l'inverse, le sens du flux du processus de facturation commence depuis les éléments du réseau (mesure et collecte des informations) et remonte vers le client pour élaborer la facture. Le flux du processus d'assurance est double, il peut être déclenché soit par le client (détection du problème par le client) ou par les éléments du réseau (dégradation de performances détectée au niveau des éléments du réseau).

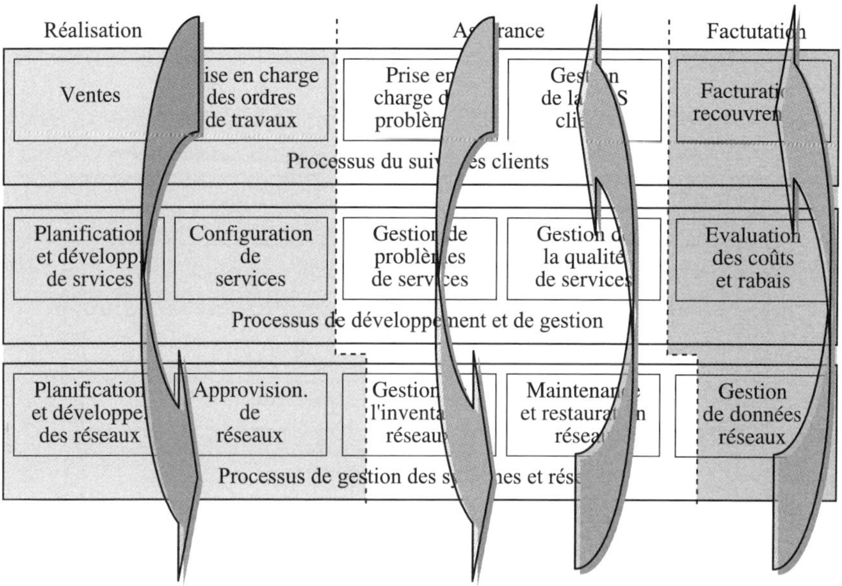

Figure 12.6. *Les flux prédominants des processus FAB*

Ce premier travail (identifier des processus, les cartographier, les organiser, les structurer) constitue un premier pas vers la conception des OSS et des BSS capables de répondre aux nouveaux besoins d'une gestion dynamique. Ce travail a été suivi par d'autres propositions qui élargissent le champ d'investigation du TOM et qui précisent mieux la façon de structurer les processus de gestion toujours dans un souci de les automatiser et de mieux les optimiser afin d'améliorer la réactivité des opérateurs. Ceci constitue l'objet de la section qui suit.

12.4. La carte étendue des opérations de télécom : le eTOM

Lancé vers la fin 2001, le eTOM constitue le nouveau cadre de référence de gestion. Plus large que son prédécesseur, le eTOM couvre la majorité des processus requis par les opérateurs. Récemment adopté par l'UIT-T, il est introduit dans la série M des recommandations définissant ainsi une nouvelle suite de documents codés sous les numéros M.3050.* [M30 04a, M30 04b, M30 04c, M30 04d].

Au-delà d'une plus large couverture fonctionnelle, le eTOM utilise une approche différente, par rapport au TOM, pour mieux structurer les processus. En effet, le eTOM définit une approche basée sur la décomposition successive et hiérarchique des processus [GB9 04b] afin d'affiner progressivement leurs descriptions et leurs structures. Le premier niveau (niveau 0) de la décomposition identifie les grands domaines fonctionnels (secteurs) au niveau de l'entreprise. La figure 12.7 montre la vue conceptuelle la plus élevée du cadre eTOM.

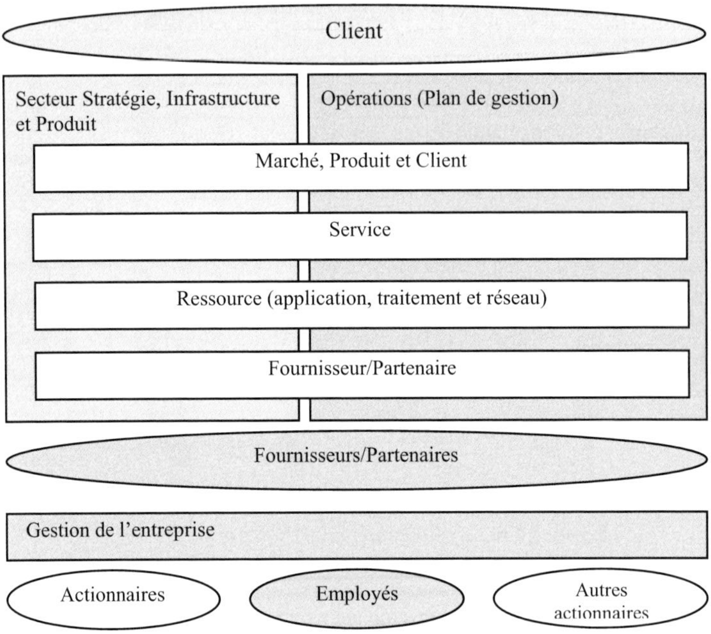

Figure 12.7. *Le niveau 0 du eTOM*

Cette vue différencie les processus de stratégie et de cycle de vie des processus d'opérations et ce, respectivement, dans deux grands secteurs : le secteur *Strategy, Infrastrcture and Product* et le secteur *Operations*. Cette vue différencie également les processus selon qu'ils traitent les aspects commerciaux (marketing, gestion d'offres, CRM, etc.), de services (développement, fourniture, configuration, gestion des problèmes, etc.), de ressources (applicatifs, de calcul, du réseau, IT, etc.) ou bien de partenariat. Cette distinction se traduit par quatre couches transversales aux secteurs identifiés : *Market, Service, Resources* et *Supplier/Partner*. En plus de cela, la vue identifie un autre secteur qui concerne la gestion de l'entreprise elle-même : *Enterprise management*. Ce secteur est identifié séparément dans la partie inférieure du diagramme. Les acteurs internes et externes à l'opérateur sont aussi représentés sous formes ovales. En affinant cette première structure, le niveau 1 de la décomposition est obtenu (voir la figure 12.8).

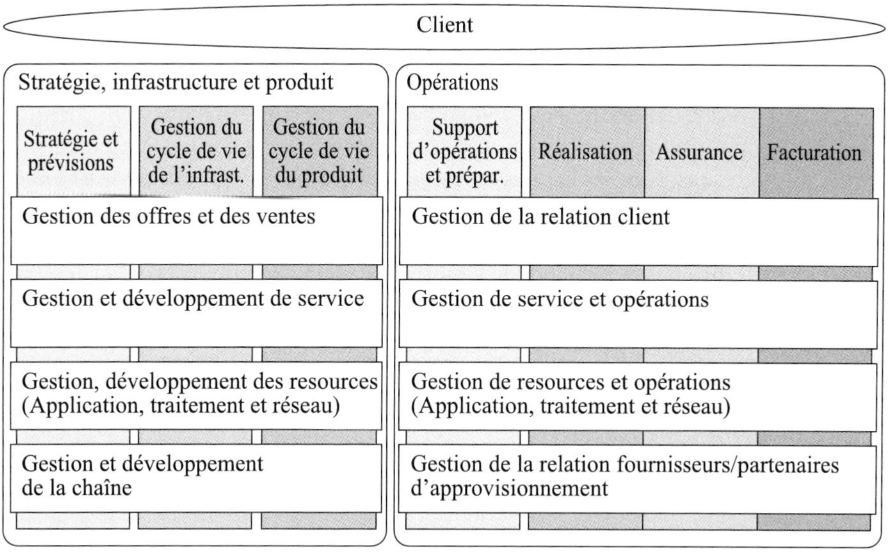

Figure 12.8. *Le niveau 1 du eTOM*

Ce deuxième niveau détermine deux groupements (horizontal et vertical) de processus à l'intérieur de chaque secteur principal. En ce qui concerne le secteur *Operations*, nous distinguons :

– un regroupement horizontal des processus qui permet de préciser le rôle de ces processus dans la mise en œuvre du métier de l'opérateur. Quatre groupes de processus ont été distingués : ceux qui sont responsables de la gestion des relations avec les clients (CRM, *Customer Relationship Management*), ceux qui sont responsables de la gestion des services[1] (SMO, *Service Management and Operations*), ceux qui sont responsables de la gestion des ressources[2] (RMO, *Resource Management and Operations*) nécessaires pour la délivrance des services et enfin ceux qui gèrent les relations avec les partenaires et les fournisseurs (S/PRM, *Supplier/Partner Relationship Management*) ;

– un regroupement vertical des processus qui permet de préciser les processus de bout en bout (du client aux ressources et retour vers le client) pour la réalisation, la

1. Services d'accès, de connectivité, de contenus, etc., demandés (ou nécessaires) par (pour) les clients. Selon le eTOM, la couche SMO correspond à la couche SML du RGT.

2. Tous types de ressources (serveur, réseau, sous-réseau, routeur, systèmes, etc.) ainsi que l'infrastructure du réseau de télécommunication. Selon le eTOM, la couche RMO couvre les couches NML et EML du RGT.

maintenance et la facturation des services. Nous retrouvons donc les trois processus *Fulfillment, Assurance* et *Billing*, définis précédemment dans le TOM ainsi qu'un nouveau processus OSR (*Operations Support and Readiness*) permettant d'assurer les opérations de préparation et de support aux FAB. Il intervient en amont des processus FAB.

En ce qui concerne la décomposition, elle est de type hiérarchique. Elle identifie les éléments fonctionnels du niveau de décomposition *n*-1 à partir des éléments du niveau *n* pour constituer les processus de gestion. Pour ce qui est des flux, nous pouvons distinguer les flux verticaux du FAB et des flux horizontaux. En juxtaposant les deux couches *overlays*, nous obtenons une matrice de processus correspondant au niveau 2 de la décomposition (voir la figure 12.9) dont les flux correspondent à des workflows [WAD 00].

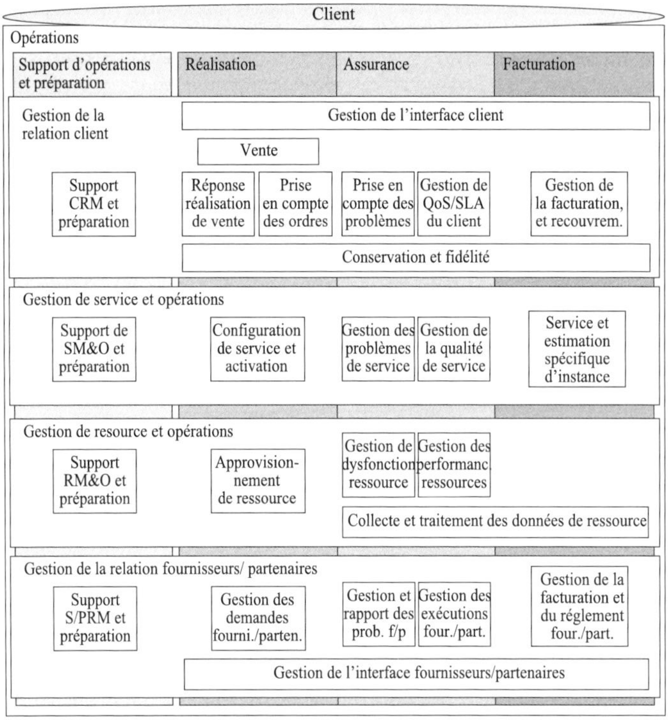

Figure 12.9. *Le niveau 2 du secteur Opération du eTOM*

Cette nouvelle vue apporte des détails plus fins sur les composants de chaque niveau non perçus dans le niveau qui le précède. Ainsi, la décomposition hiérarchique des processus permet de passer d'une définition grossière et globale vers une définition plus détaillée et plus fine des composants. La décomposition se poursuit donc jusqu'à arriver à des composants élémentaires qui représentent des unités de traitements (fonctions élémentaires). Le eTOM stipule qu'il faut cinq niveaux (du niveau 0 jusqu'au niveau 4) de décompositions hiérarchiques pour arriver aux composants finaux.

Les documents [GB9 04b, M30 04c] proposent une décomposition des processus du eTOM selon la technique que nous venons de présenter.

La figure 12.10 présente un exemple de décomposition du composant « gestion des problèmes de service ».

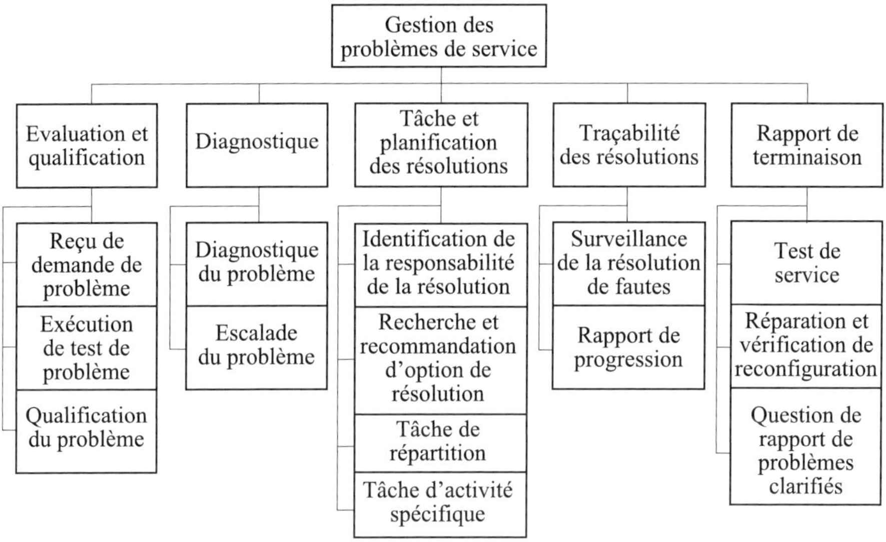

Figure 12.10. *Décomposition du processus* service problem management

L'avantage principal de la technique est qu'elle permet de mieux structurer les processus et de bien définir leurs composants. Les entités complexes (processus du niveau 0, 1 ou 2) peuvent être ainsi mieux structurées et donc faciliter leur utilisation et leur implémentation grâce à la définition de leurs composants élémentaires. Nous avons vu les différents niveaux de l'eTOM et la technique de décomposition. Nous allons voir maintenant quel est son impact sur les flux de processus.

Identiquement au TOM, le eTOM garde la même définition des flux de processus mais précise qu'il s'agit bien d'un aspect dynamique entre les composants de processus. Il précise notamment que ce sont les échanges et les flux qui relient les composants lors d'une automatisation (exécution) de processus.

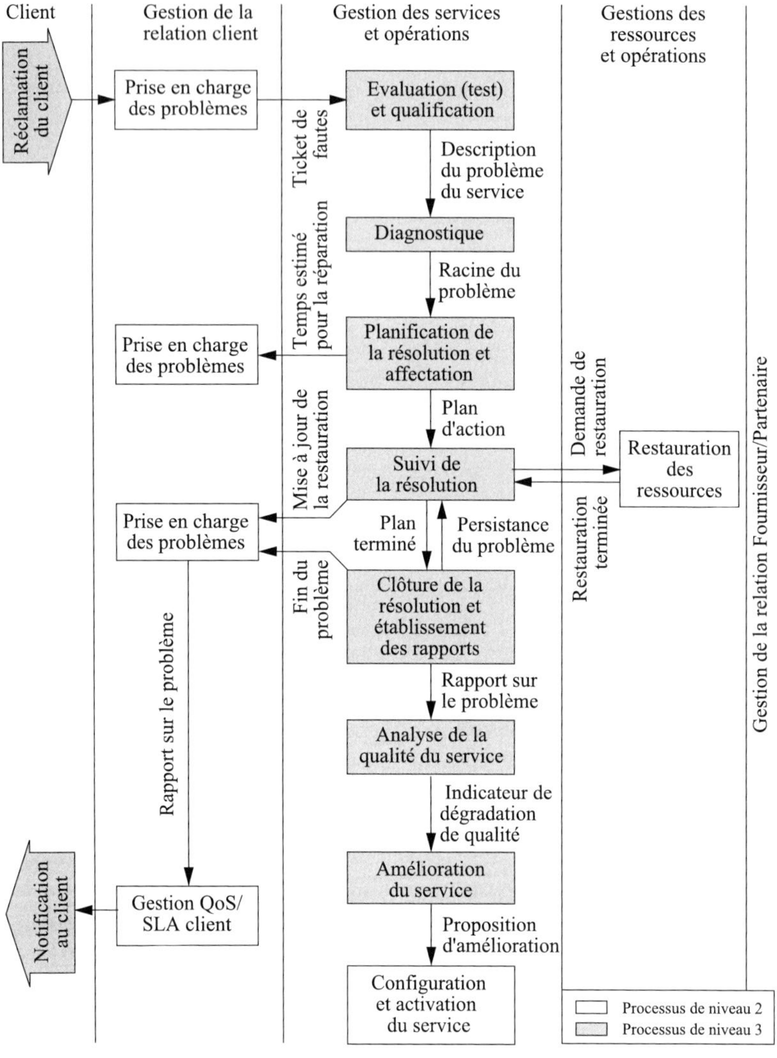

Figure 12.11. *Un scénario d'enchaînement suite à une plainte utilisateur*

En prenant en compte les niveaux de décomposition, le eTOM aborde l'identification des flux de processus en précisant les relations dynamiques horizontales entre les composants de processus du même niveau de décomposition et les relations dynamiques verticales entre les composants de niveaux de décomposition adjacents. Cette façon de faire permet de bien cerner les relations entre les composants de processus et donc de prendre en compte les divers cas de figures qui peuvent se présenter pour le traitement d'une demande ou d'une opération de gestion particulière et donc de mieux définir les divers scénarios.

La figure 12.11 donne un exemple de flux entre les composants de processus de niveau 2 (en blanc) et ceux de niveau 3 (en gris). L'exemple reflète un scénario possible suite à une plainte du client.

12.5. Conclusion

Ce chapitre présente les travaux du TMF sur la gestion des télécoms. Il s'inscrit dans le cadre de l'évolution de la gestion pour les nouveaux services de télécom. Nous avons particulièrement abordé les notions de processus de gestion et de workflow. Les processus définissent les tâches et les enchaînements entre tâches (logique de gestion) pour la réalisation d'un service de gestion. Le workflow constitue une réalisation particulière de ce service. Nous avons abordé aussi le support, c'est-à-dire la carte TOM/eTOM, nécessaire à la définition des processus de gestion et à leur structure.

Les avancés par rapport au RGT sont importantes. Outre les nouvelles notions introduites, le TMF précise d'une part, les processus de gestion à mettre en œuvre sur chaque couche de gestion et d'autre part, la définition des processus du *Fulfillment*, d'*Assurance* et du *Billing* qui reflètent toutes les relations possibles qu'un client peut avoir avec son opérateur. Le but étant l'automatisation complète de la chaîne de délivrance des services de télécom en respectant la QoS exigée.

Les perspectives d'évolution de ce cadre fonctionnel consistent principalement à compléter la spécification des processus de gestion, leur décomposition et à finaliser la spécification du point de vue *business* du cadre fonctionnel de la gestion. La prochaine étape consistera sans doute à aborder la vue « système » en décrivant avec plus de formalisme, en utilisant des machines à états par exemple, les fonctionnalités des processus définis.

12.6. Bibliographie

[GB9 00] GB910, Telecom Operation Map, TMF document, 2000.

[GB9 04a] GB921, Enhanced Telecom Operation Map – the business process framework, TMF document, 2004.

[GB9 04b] GB921D, Enhanced Telecom Operation Map – process decomposition and description, TMF document, 2004.

[M30 04a] M3050.0, Enhanced Telecom Operations Map (eTOM) – Introduction, ITU-T recommendation, 2004.

[M30 04b] M3050.1, Enhanced Telecom Operations Map (eTOM) – The business process framework, ITU-T recommendation, 2004.

[M30 04c] M3050.2, Enhanced Telecom Operations Map (eTOM) – Process decompositions and descriptions, ITU-T recommendation, 2004.

[M30 04d] M3050S3, Enhanced Telecom Operations Map (eTOM) to M.3400 Mapping – Supplement 3, ITU-T recommendation, 2004.

[M32 97] M3200, Management services and telecommunications managed areas: overview, ITU-T recommendation, 1997.

[M34 00] M3400, TMN management functions, ITU-T recommendation, 2000.

[WAD 00] WADE V.P., RICHARDSON T., Workflow- a unifying technology for OSS, IEEE/IFIP Network Operations and Management Symposium, 2000.

Chapitre 13

NGOSS :
Next Generation Operation Support System

13.1. Introduction

Dans le cadre de ses nouvelles orientations pour la gestion BSS/OSS, le *TeleManagement Forum*[1] a récemment proposé une approche pour le développement d'une nouvelle génération des systèmes supports des opérations de gestion (*New Generation Operation Support System*) dont les principaux éléments sont traités dans le cadre ce chapitre.

Ce chapitre est organisé de la façon suivante. Nous commençons (section 13.2) par tracer le cadre général du NGOSS. Nous présentons ses principes et ses objectifs. Ensuite, nous verrons les principaux concepts architecturaux (section 13.3) sur lesquels le NGOSS est bâti. L'une des particularités du programme NGOSS, pour garantir la portabilité et la pérennité de l'architecture NGOSS, est qu'il définit d'abord les concepts de façon totalement neutre, c'est-à-dire indépendamment de toute considération technologique, pour construire une architecture indépendante des technologies (*Technology Neutral Architecture*) (section 13.4). Puis, pour un environnement donné, pour une technologie particulière, l'architecture TNA est spécialisée pour définir une plate-forme NGOSS spécifique à une technologie (*Technology Specific Architecture*) (section 13.5). Quelques éléments sur le passage (ou le *mapping*) d'une architecture TNA à une TSA seront aussi abordés (section 13.6). Nous terminons le chapitre en insistant sur les notions-clés qui font le succès du NGOSS (section 13.7).

Chapitre rédigé par Zakaria BENAHMED DAHO.

1. Disponible à l'adresse : http:\\www.tmforum.org.

13.2. Le cadre du programme NGOSS

Avec la convergence des infrastructures fixes/mobiles des télécoms et l'émergence des nouveaux services, la complexité, l'hétérogénéité et la taille de l'infrastructure de gestion, c'est-à-dire les BSS/OSS, sont en pleine croissance. Cette situation rend difficile l'automatisation de la chaîne de délivrance de service de bout en bout et complique les principales opérations de provisioning, d'assurance et de facturation des nouveaux services. De ce fait, les systèmes de gestion, tels qu'ils sont conçus actuellement, ne peuvent répondre efficacement aux besoins des opérateurs et restent difficilement évolutifs pour supporter les besoins futurs.

Pour répondre aux nouveaux besoins, le TMF a lancé un nouveau programme appelé NGOSS (*New Generation Operation Systems and Software*). L'objectif est double. D'une part, permettre aux opérateurs d'augmenter leur efficacité opérationnelle et de mieux répondre aux besoins de leurs clients. D'autre part, permettre aux développeurs et aux intégrateurs de concevoir le plus rapidement possible et à moindre coûts les nouveaux systèmes de gestion.

Pour atteindre cet objectif, le TMF a défini un cadre (voir la figure 13.1) [GB9 04] pour la construction rapide des applications de gestion ainsi que pour assurer l'intégration flexible des BSS/OSS. Les propositions du NGOSS incluent des modèles, une méthodologie, des plans et des architectures consignés dans des délivrables.

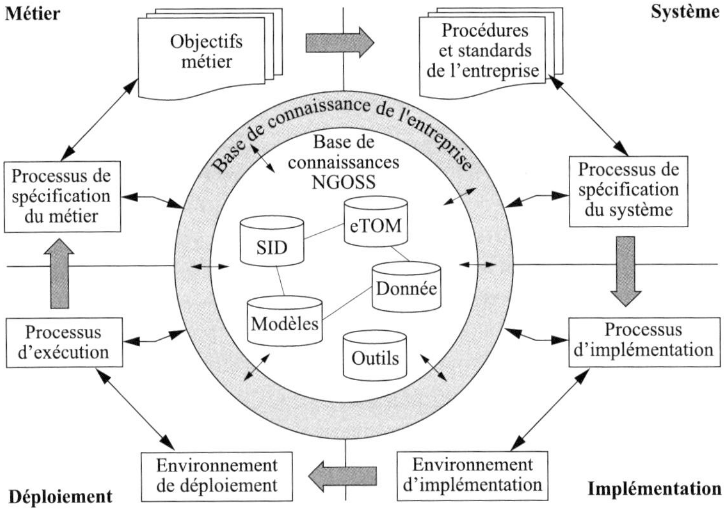

Figure 13.1. *Le cadre du NGOSS*

Ce cadre traduit le cycle de vie du développement des solutions NGOSS. Au centre, nous retrouvons une base de connaissances contenant tous les artefacts nécessaires aux étapes du cycle de vie. Les principaux artefacts utilisés peuvent être répartis en quatre catégories :

– contexte « processus » : regroupe le eTOM, la carte des *workflows*, les plans des processus système et les scripts des processus (implémentation) ;

– contexte « information » : regroupe les entités métier et leur modélisation (SID), les modèles de données et les modèles de mise en œuvre ;

– contexte « opérationnel » : regroupe les contrats, les politiques et le code ;

– contexte « infrastructure » : regroupe les composants architecturaux constituant l'infrastructure NGOSS. Dans le cadre de ce chapitre, nous nous intéresserons aux concepts architecturaux et fonctionnels proposés au sein du programme NGOSS. Ceci nous permettra de mettre en évidence l'évolution des applications de gestion BSS/OSS.

13.3. Les concepts de NGOSS

Les concepts architecturaux de NGOSS sont des concepts de « haut niveau », qui entrent dans la spécification de l'architecture des nouvelles applications NGOSS [TMF 04a]. Ces concepts sont généralement utilisés en modélisation et ne dépendent d'aucune contrainte technologique particulière. Ces concepts sont utilisés pour créer une architecture NGOSS indépendante des technologies où toutes considérations relatives à l'implémentation ne sont pas prises en compte. Une « instanciation » particulière des concepts, dans le cadre d'une technologie donnée, permet la spécification d'une architecture NGOSS spécifique à la technologie choisie.

Outre cette séparation entre les architectures *technology-neutral* et *technology-specific*, l'une des principales caractéristiques des applications NGOSS est qu'elles sont construites à base de composants (*NGOSS components*). Le caractère réutilisable de ces composants garantit la réduction des coûts de développement des applications et la possibilité de supporter des scénarios d'exécution différents (nouveaux *workflows*) à chaque fois que cela est nécessaire. En plus de cela, la flexibilité induite pour le support des nouveaux services se traduit par une accélération du *Time to Market*. En effet, chaque nouveau service sera obtenu en composant/orchestrant les composants NGOSS qui fournissent des bouts du service demandé.

C'est l'intérêt que suscite cette approche qui nous a poussé à regarder de près les concepts architecturaux, présentés dans ce qui suit, relatifs au concept de composant NGOSS.

13.3.1. *Le composant NGOSS*

C'est l'élément architectural de base de toute application NGOSS. Le composant NGOSS représente une unité distribuable dans le cadre d'une architecture TNA. A la différence des *building blocs*, utilisés avant le programme NGOSS, les composants NGOSS sont des composants réutilisables et construits à partir du méta–modèle NGOSS. Tous les composants NGOSS héritent donc d'une même structure interne, ce qui rend leur composition plus facile.

Un composant NGOSS est caractérisé par les services qu'il offre. Ces services sont exposés par des contrats et sont visibles à travers des interfaces. Un composant NGOSS dispose d'un ou de plusieurs contrats pour offrir ses services. Le cycle de vie d'un composant NGOSS (et de ses contrats) est déterminé par le cadre du NGOSS (voir la figure 13.2). Au départ, pour répondre aux besoins, des composants traduisant une vue métier de la solution peuvent être spécifiés. La modélisation peut être utilisée comme formalisme support à cette spécification. La vue système des composants NGOSS prendra en considération les fonctionnalités et les contraintes d'un système donné. A ce stade, la modélisation est toujours utilisée comme support. L'étape d'implémentation traduit les modèles logiques des composants NGOSS en composants physiques (des bouts de logiciels) déployables. La dernière phase consiste à déployer ces composants sur le réseau. L'environnement d'exécution créera des instances de contrat pour les composants déployés afin de leur permettre de communiquer et de rendre le service attendu.

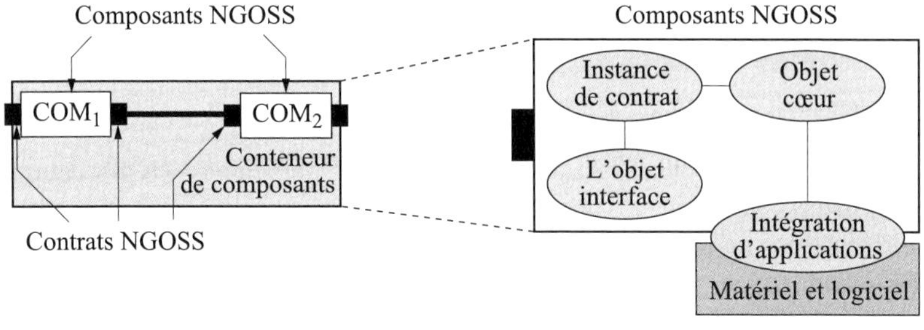

Figure 13.2. *Le composant NGOSS*

La figure 13.2 représente la structure interne d'un composant NGOSS. Nous retrouvons un objet cœur qui traduit les fonctionnalités cœur du composant NGOSS. Les services de l'objet cœur sont offerts par l'instance du contrat NGOSS. L'objet interface traduit l'interface du composant. C'est par cette interface que les composants NGOSS communiquent.

13.3.2. *Le contrat NGOSS*

Chaque composant NGOSS expose les services qu'il peut rendre *via* des contrats NGOSS. Le contrat est un concept fondamental pour l'interopérabilité dans NGOSS [TMF 04b]. En plus de la spécification des services offerts et de la manière dont les composants NGOSS peuvent interagir, le contrat est également utilisé pour surveiller, administrer et maintenir les services rendus ainsi que pour s'assurer que les agréments (SLA locaux) ont été bien respectés. La prise en compte de la qualité est une composante essentielle du contrat NGOSS. Autrement dit, la spécification du contrat NGOSS couvre aussi bien l'aspect fonctionnel que l'aspect non fonctionnel (la qualité) des services rendus. La description de base d'un contrat NGOSS se fait par un formulaire (un *template*) composé de cinq parties :

– la partie générale du contrat qui se compose de :

- la partie *en-tête* qui permet d'identifier le contrat de façon non ambiguë. Elle contient : le nom du contrat, son identifiant, la version et l'identifiant de l'organisme qui l'a spécifié,

- la partie *description* qui permet de décrire textuellement le contrat, son objectif, les mots-clés pour le chercher et le localiser ainsi que des commentaires ;

– la partie *fonctionnelle* qui définit les services pouvant être fournis, les pré-conditions pour l'exécution correcte des services et les post-conditions définissant la fin du service. Le contenu de la partie fonctionnelle peut évoluer d'une vue à une autre selon le cycle de vie des applications NGOSS ;

– la partie *non fonctionnelle* qui concerne les aspects qui régissent ou contraignent le comportement des services (limitations technologiques, géographiques, opérationnelles, organisationnels, etc.), les aspects de QoS (Qualité assigné par contrat SLA au service) et les aspects de coûts. Les attributs de cette partie sont de type texte et peuvent évoluer d'une vue à une autre ;

– la partie *gestion* qui définit les aptitudes ou les services de gestion requis pour la gestion et la maintenance des services de bases du composant NGOSS. Cette partie peut aussi évoluer d'une vue à une autre ;

– la partie *modèle* qui contient divers types de modèles nécessaires pour supporter les différentes vues du contrat (business, système, etc.).

Chaque composant NGOSS dispose de deux types de contrats :

– le contrat qui représente la valeur ajoutée, les services offerts par le composant. Ce contrat détermine alors le rôle du composant dans l'architecture NGOSS ;

– le contrat de gestion utilisé pour gérer le composant NGOSS : tous les composants NGOSS sont des entités gérables. Ces possibilités de gestion se traduisent par la surveillance du composant, son instrumentation, son contrôle et sa configuration.

13.3.3. *Les interfaces*

Les composants NGOSS fournissent/demandent des services *via* leurs interfaces. Deux types d'interfaces peuvent être définis :

– une interface par laquelle les services cœur du composant NGOSS sont fournis. Nous retrouvons dans cette interface la description du service à fournir et son comportement ;

– une interface de gestion offerte par l'objet cœur du composant NGOSS, nécessaire à sa configuration et à sa gestion.

13.3.4. *Les annonces et les interrogations*

La collaboration entre composants NGOSS se fait grâce à des séries d'interactions. Deux types d'interactions ont été définis dans NGOSS :

– interaction par *annonce*. Une annonce correspond à une notification ;

– interaction par *interrogation*. Une interrogation est une interaction à deux phases. La première phase consiste en une *invocation* (du composant client invoque les services du composant serveur). La deuxième phase est appelée *terminaison*. Elle est initiée par le composant serveur et représente sa réponse à l'invocation du composant client.

Ces types d'interactions sont le résultat des appels effectués par/sur les opérations présentes dans le contrat NGOSS (*NGOSSContractOperation*). Nous distinguons alors les opérations d'invocation[2] (*NGOSSContractInvocation*) et les opérations de terminaison[3] (*NGOSSContractTermination*). Que ce soit lors des interrogations ou des annonces, ces deux échanges font appel aux invocations. Les interrogations ont besoin des opérations de terminaisons pour répondre aux demandes.

13.3.5. *Les politiques de gestion*

Dans NGOSS, les politiques sont un concept important. En effet, la gestion de l'ensemble des composants NGOSS (et de tous les éléments du cadre en général) se traduit par des politiques. Cette gestion se fait par l'association d'une politique à un composant NGOSS.

Particulièrement, une politique servira à configurer (initialement) les composants NGOSS et à contrôler leur comportement (durant la phase d'exploitation). Chaque

2. Ou de demande (opération *request*).
3. Ou de réponse (opération *replay*).

politique définit les actions à déclencher suivant l'événement détecté par l'entité et suivant aussi l'état dans lequel elle se trouve. L'usage des machines à états finis (*Finit State Machine*) permet de traduire les actions possibles à un moment donné de la vie du composant NGOSS. Cet aspect « dynamique » de la gestion par politique est très imposant car, au-delà du simple caractère déclaratif des politiques utilisées habituellement dans la phase d'initialisation, elles sont aussi utilisées pour le contrôle durant la phase d'exploitation (*run-time*) des entités NGOSS.

Cette gestion par politique concerne aussi bien les entités NGOSS logiques que physiques. Dans ce cas, des politiques sont assignées à chaque entité. Nous pouvons avoir, par exemple, des politiques qui représentent les règles métier de l'opérateur, des politiques pour la configuration des VPN et d'autres qui traduisent les commandes pour le contrôle des équipements du réseau. Il faudra veiller à ce qu'il y a bien une corrélation entre les politiques de haut niveau, qui concernent le *business* de l'opérateur et celles de bas niveau, qui concernent les équipements de télécom. Le but est de trouver comment réaliser cette corrélation et comment « dériver » les politiques d'une vue à une autre.

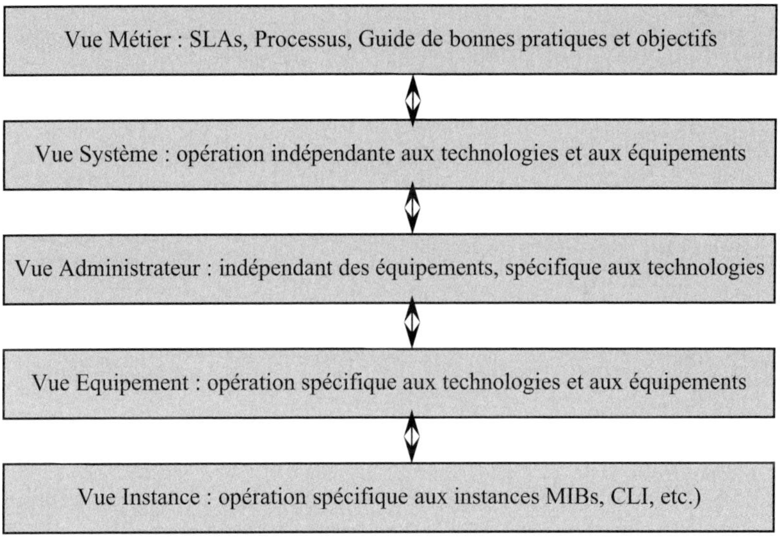

Figure 13.3. *Continuum de politiques*

La figure 13.3 est un exemple dans lequel nous retrouvons les différentes vues d'un système et les secteurs sur lesquels les politiques, de chaque niveau, peuvent agir.

Le modèle informationnel (*Shared Information Data*) est nécessaire pour la dérivation des politiques. C'est au sein de ce modèle que la structure générique des politiques et la définition des entités, sur lesquelles les politiques vont agir, sont exprimées.

13.4. L'architecture indépendante des technologies : TNA

L'ensemble des concepts présentés dans la section précédente est exprimé au sein du méta-modèle NGOSS. La méta-modélisation est un outil fort pour NGOSS. Elle assure l'unification du vocabulaire et la cohérence sémantique des différents concepts NGOSS. Ce qui permet d'assurer l'interopérabilité entre les concepts et l'intégrité de la solution NGOSS.

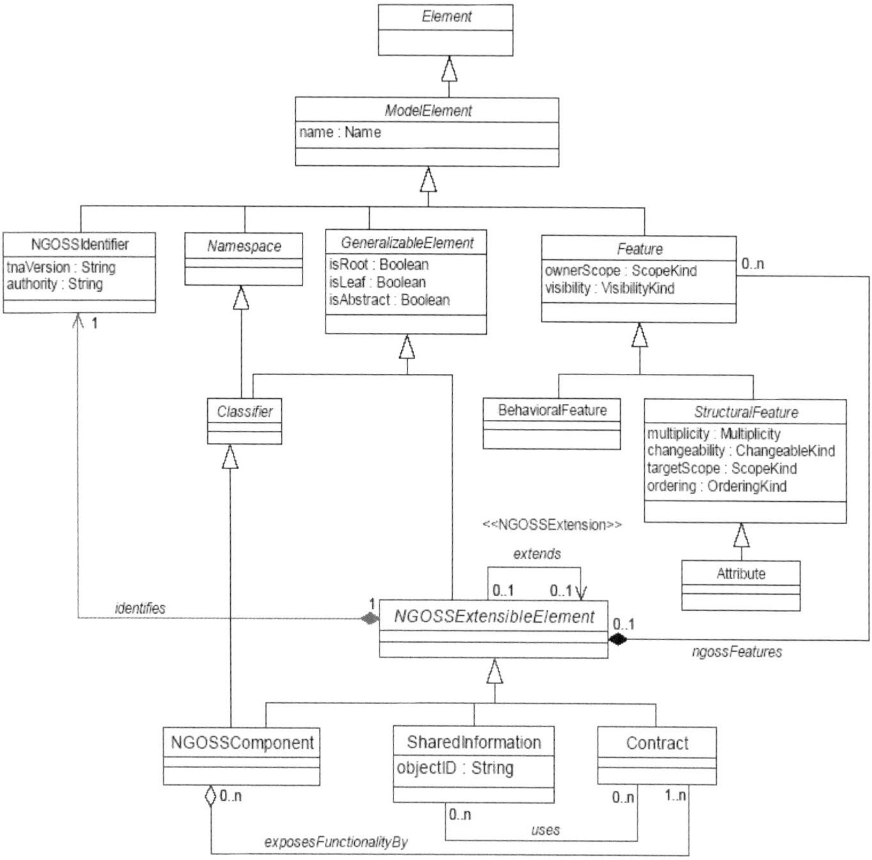

Figure 13.4. *Le méta-modèle du NGOSS (vue simplifiée)*

Le méta-modèle NGOSS définit les relations sémantiques entre les concepts, ce qui permet de les utiliser au sein des modèles du cycle de vie NGOSS. Ces modèles sont à la base de la construction des architectures NGOSS indépendantes des technologies (TNA). La figure 13.4 présente une vue simplifiée du méta-modèle NGOSS.

Le méta-modèle du NGOSS [TMF 04d] reprend puis étend le sous-package Cœur du package Fondation (méta-classes blanches) de UML1.4 et ce, en définissant de nouveaux concepts (méta-classes grises). La méta-classe principale de ce méta-modèle est *NGOSSExtensibleElement*. Cette dernière constitue la base des concepts NGOSS dans une architecture TNA et notamment le concept de composant et celui de contrat NGOSS.

L'élément NGOSS a les caractéristiques suivantes :

– il hérite de *Element,* de *ModelElement* et de *GeneralizableElement,* et se spécialise en : *NGOSSComponents, SharedInformation* et *NGOSSContract* pour traduire les nouveaux concepts de NGOSS. L'élément NGOSS est un élément généralisable, c'est-à-dire qu'une hiérarchie d'éléments NGOSS peut être définie ;

– il peut comporter des caractéristiques (*Feature*). Ces caractéristiques pouvant être structurelles (*StructuralFeature*) ou comportementales (*BehavioralFeature*) ;

– il doit être aussi identifiable. Pour cela, le méta-modèle introduit la méta-classe *NGOSSIdentifier* qui permet de représenter de façon standardisée et unique un élément NGOSS. Plus global qu'un simple identificateur, l'identifiant NGOSS précise, en plus du nom (obtenu par héritage), la version et l'identifiant de l'autorité créatrice de l'élément NGOSS. L'espace de noms contiendra dans ce cas un ensemble d'identifiants NGOSS ;

– en dernier lieu, pour permettre l'extension de tout élément NGOSS, le méta-modèle prévoit la méta-relation réflexive *extends* associée à *NGOSSExtensibleElement.* Elle stipule que tout élément NGOSS peut être étendu par un autre élément NGOSS.

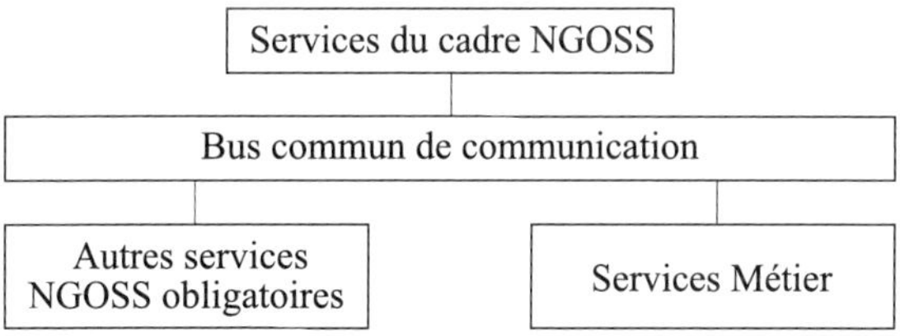

Figure 13.5. *Les services NGOSS*

A partir de la méta-classe *NGOSS Component,* tous les composants NGOSS peuvent être définis. Les composants NGOSS peuvent fournir plusieurs types de services (voir la figure 13.5). Dans le programme NGOSS, les services sont catégorisés en trois types : (i) les services nécessaires au cadre NGOSS (*NGOSS Framework Services*), (ii) les services des applications métier de l'opérateur (*Business Services*) et (iii) les services nécessaires à la gestion du cadre NGOSS (*Mandatory Services*).

– *NGOSS Framework Services* : ce sont les services nécessaires à tout le cadre NGOSS. Ils ne dépendent d'aucune application NGOSS. Ils fournissent les transparences nécessaires aux applications, c'est-à-dire qu'ils cachent la distribution des composants NGOSS et rendre leur localisation et leur accès transparents [TMF 04e]. Nous pouvons citer comme exemple les services suivants :

- le service d'enregistrement (*registration service*). L'enregistrement concerne toutes les entités NGOSS (composants, contrats, les instances de contrats, etc.). L'enregistrement se fait au sein d'un référentiel. Au sein de ce référentiel, nous retrouvons les informations sur la localisation des entités NGOSS et le moyen de les invoquer et de les utiliser. L'accès aux informations de localisation est du ressort du service de localisation ;
- le service de localisation (*location service*) : ce service fournit le moyen de localiser une entité au sein d'un environnement NGOSS en indiquant le nom ou les caractéristiques de l'entité recherchée. Pour cela, il se base sur le service de nommage ;
- le service de nommage (*naming service*) : ce service est responsable du nommage des entités NGOSS. Il assure l'identification (nom logique, alias, etc.) unique des entités NGOSS au moment de leur installation. Cet identifiant servira pour l'accès, à l'invocation et l'utilisation des entités NGOSS ;
- d'autres services peuvent être utilisés par exemple *: Directory services*, *Messaging services*, *Network time services*, etc.

– *NGOSS Business Services* : ce sont les services fournis par les composants qui constituent les applications métier de l'opérateur (application de *rating*, *customer record management*, *customer SLA management*, *QoS management*, *network data management*, etc.). Ils sont nécessaires au métier de l'opérateur et à la gestion de ses services et de son infrastructure de télécom. La collaboration entre ces services nécessite la participation des services du *Framework*.

– *NGOSS Mandatory Services* : ils sont nécessaires pour la gestion du cadre NGOSS. Nous pouvons citer comme exemple : les politiques *policy management service* (règles pour la supervision, le contrôle et validation des opérations, stratégies, etc.), la gestion des processus *process management service* (coordination d'activités des processus, performances, contrôle la logique des processus, etc.) [TMF 04c] et la sécurité *security management* service (identification, autorisation, etc.) [TMF 04f].

Les services du *Framework* et ceux du *Business* doivent être composés et leurs dialogues dirigés selon la logique des processus de l'opérateur. Le but étant la délivrance d'un « service global » conforme à un objectif donné (politiques, stratégie, réponse à une demande de service, etc.). Le dialogue et les échanges applicatifs (workflows) sont supportés par un *middleware*. Ce dernier fournit les mécanismes nécessaires à la communication entre composants pour rendre leurs services. La figure 13.6 représente une vue des services que nous pouvons trouver dans une architecture TNA de NGOSS.

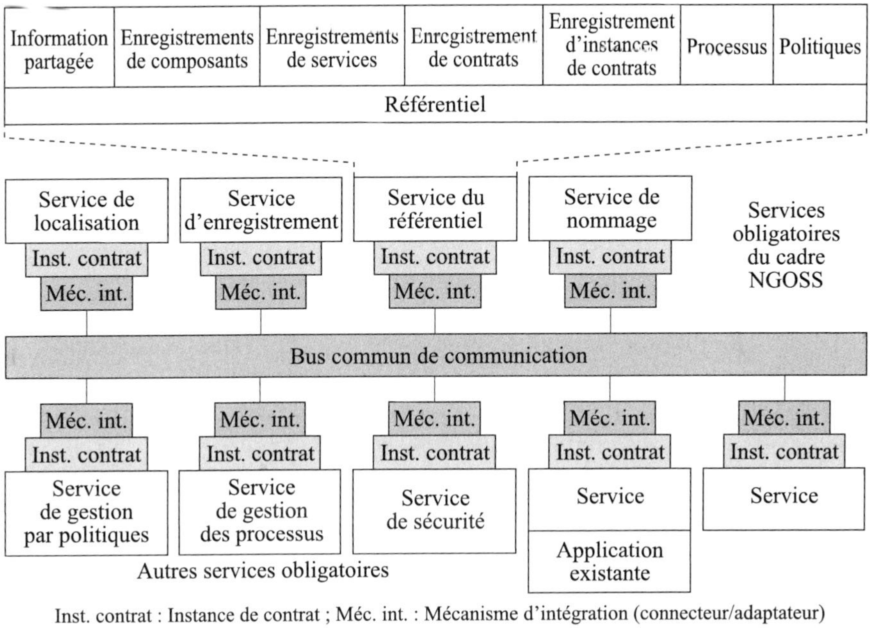

Figure 13.6. *Les services du TNA*

En plus des éléments évoqués, l'architecture prévoit un référentiel (*repository*) qui contient toutes les informations sur les entités NGOSS. Il fournit une vue logique de ces entités. Entre autre, nous retrouvons les informations partageables entre les composants NGOSS (*shared information*), les références et l'identifiant des entités NGOSS, les informations sur leur enregistrement, localisation et états.

En conclusion, les nouvelles applications NGOSS seront construites à partir de composants NGOSS modulables, distribuables et réutilisables, composés ou orchestrés selon les processus de gestion. Le méta-modèle NGOSS a un rôle fédérateur dans la mesure où il unifie le vocabulaire et la définition des concepts NGOSS. L'ensemble des concepts va servir à la spécification de l'architecture TNA. La TSA est une réalisation particulière de la TNA.

13.5. L'architecture spécifique à une technologie : TSA

Une architecture TSA exprime les concepts TNA dans le cadre d'une mise en œuvre particulière dans un environnement donné. Dans une architecture TSA, nous retrouvons des éléments non abordés lors de la construction de la TNA, comme le traitement des exceptions, les types de paramètres, les contraintes et tout ce qui est relatif aux aspects techniques, systèmes et plus généralement à l'environnement d'exécution.

Par exemple, les composants NGOSS peuvent être mis en œuvre par des EJB (*Entreprise Java Bean*) et ce, dans le cadre d'un environnement Java J2EE. Les EJB vont être présents physiquement sous forme de fichiers JAR. Le référentiel peut être physiquement implémenté par plusieurs BDD ayant le même modèle de données. La communication entre composants peut être supportée, par exemple, par un bus CORBA ou bien un JAVA RMI.

13.6. Le *mapping* TNA/TSA

L'idée de séparer les architectures neutres et celles spécifiques aux technologies est conforme aux récentes recommandations de l'OMG qui, à travers le MDA (*Model Driven Architecture*) [MDA 06], sépare deux aspects : les modèles indépendants des plates-formes (*Platform Independent Model*) et les modèles spécifiques aux plates-formes (*Platform Specific Model*). Cette distinction (TNA/ PIM et TSA/PSM) est importante car elle isole le cœur du cadre architectural des dépendances et des contraintes technologiques, de ses variations et évolutions. Cette distinction assure la validité et la continuité de la solution NGOSS dans le temps.

La technique MDA se base largement sur ce qui est communément connu par *Model-based development*, c'est-à-dire le développement basé sur les modèles, une évolution par rapport au développement basé composants. L'idée est de construire des modèles PIM, en langage de modélisation UML, pour traduire la solution à construire de façon abstraite. Cette description doit se faire en fonction des phases du cycle de vie de développement de logiciel. Puis, l'idée est de générer automatiquement des modèles, des PIMs, directement compréhensible par la plate-forme de développement. Tout l'enjeu est d'automatiser le passage TNA/PIM – TSA/PSM et de réduire l'intervention manuelle du concepteur d'application.

Ce passage d'une architecture neutre à une architecture spécifique reste à développer pour NGOSS [TMF 04d]. Ce *mapping* (voir la figure 13.7) traduit le fait que partant d'une TNA, plusieurs TSA peuvent être générées. Une TSA est relative à une seule TNA. Ainsi, avec l'émergence d'une nouvelle technologie, un *mapping* « automatique » peut être réalisé au lieu de développer à chaque fois des adaptateurs appropriés (c'est ce qui se faisait avant NGOSS). La condition de la « neutralité » et de l'indépendance vis-à-vis des technologies, a obligé le TMF a prendre en considération un certain nombre de contraintes (généricité, abstraction, etc.) que le cadre architectural neutre du NGOSS doit respecter.

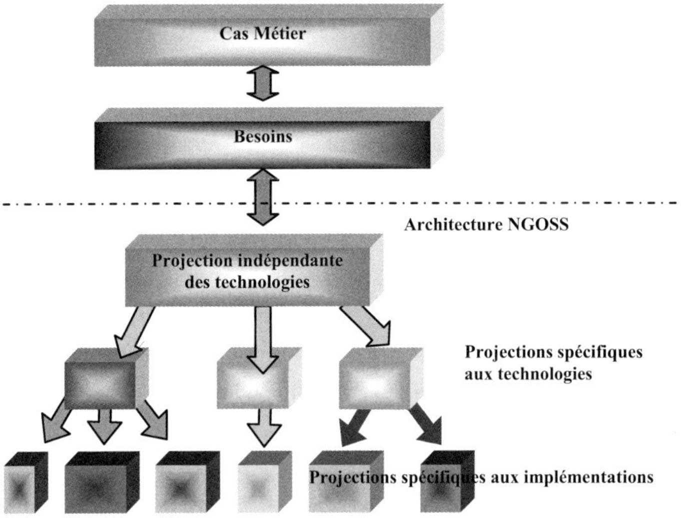

Figure 13.7. *Du TNA au TSA*

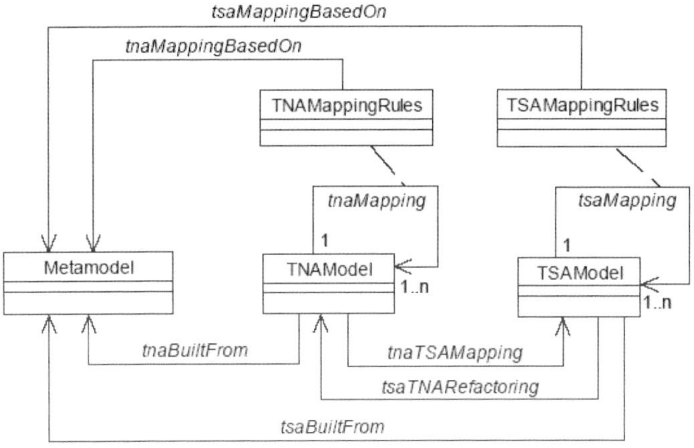

Figure 13.8. *Le modèle du* mapping *« TNA – TSA »*

L'examen de la figure 13.8 montre le rôle joué par le méta-modèle du NGOSS dans le *mapping* TNA/TSA. Que ce soit la TNA ou une TSA, les deux architectures traduisent les mêmes concepts NGOSS, l'une de façon abstraite et l'autre relative à une technologie. L'ensemble des architectures est donc conforme au méta-modèle du NGOSS.

Des règles de *mapping* sont applicables au niveau du TNA. D'autres règles sont dédiées pour le *mapping* au sein d'une TSA. Le modèle reflète le passage TNA/TSA par les deux associations *tnaTSAMapping* et *tsaTNARefactoring*. L'automatisation de ce passage et la définition des règles constituent un challenge à relever.

13.7. Conclusion

Dans ce chapitre, nous avons vu les principaux concepts architecturaux introduits dans le cadre du programme NGOSS. La particularité du programme NGOSS est qu'il :

– se base sur la méta-modélisation et le développement basé sur les modèles *model-based* pour la spécification des architectures NGOSS. Grâce à la méta-modélisation, le TMF garantit l'unicité du vocabulaire et la cohérence des sémantiques de ses concepts. Grâce à l'approche de développement basée sur les modèles, la portabilité de l'architecture et la possibilité de son évolution sont garanties ;

– distingue entre la spécification neutre *technology-neutral* et celle qui dépend des technologies *technology-specific*. Cette séparation est une conséquence directe du point précédant ;

– propose pour chaque composant NGOSS des contrats *contract-based*. La définition des contrats facilite la composition/orchestration des composants de services NGOSS ;

– utilise les processus *process-driven* pour diriger la collaboration entre les composants NGOSS. Cette composition doit se faire suivant la logique du processus. ;

– s'est doté d'une méthodologie couvrant tout le cycle de développement, par laquelle il assure la traçabilité de la solution, c'est-à-dire depuis l'expression des besoins jusqu'à l'implémentation physique des entités NGOSS (qui répondent aux besoins). Ainsi, le changement au niveau des besoins peut être rapidement pris en charge et son impact contrôlé ;

– est favorable à l'accélération du *Return on Investment* et à la réduction du *Time to Market*.

13.8. Bibliographie

[GB9 04] GB927, The NGOSS lifecycle and methodology, TMF Document, 2004.

[MDA 06] MDA, Model-Driven Architecture, http://www.omg.org/mda/, OMG specification, 2006.

[TMF 04a] TMF053, NGOSS Technology Neutral Architecture, TMF document, 2004.

[TMF 04b] TMF053B, NGOSS TNA -System Contract Description, TMF document, 2004.

[TMF 04c] TMF053C, NGOSS Architecture Technology Neutral Specification Behavior and Control Services, TMF document, 2004.

[TMF 04d] TMF053D, NGOSS Architecture Technology Neutral Specification Metamodel, TMF document, 2004.

[TMF 04e] TMF053F, NGOSS Architecture Technology Neutral Specification Distribution Transparency Framework Services, TMF document, 2004.

[TMF 04f] TMF053S, NGOSS Security Principles, TMF document, 2004.

Fil rouge
de la troisième partie

Les architectures de gestion

Cette troisième partie a été consacrée au monde de la gestion, notre intention était d'analyser la façon dont les acteurs de ce domaine ont appréhendé leurs applications. L'architecture de base est de type client/serveur, le client étant le manager qui se trouve dans le système gérant et le serveur étant l'agent qui se trouve dans tous les éléments gérés. Les solutions proposées par les architectures de service ont-elles été suffisantes ? Quelles contributions pouvons-nous porter à l'actif de ce domaine ?

En fait, la préoccupation principale est le système d'information, c'est d'ailleurs également le cas de toutes les entreprises. Cependant, notre grille d'analyse ne portait pas sur cette facette, nous n'avons donc pas rapporté (à l'exception de WBEM) les résultats concernant le modèle d'information. L'éclairage s'est focalisée sur le fonctionnel (applications, services) et la communication (processus).

Pour les services, l'évolution s'est faite dans le monde de la gestion comme dans les autres contextes. Parmi les architectures, celle du RGT constitue l'une des premières contributions en proposant les briques de base pour les applications de gestion de réseaux. La contribution de TINA a consisté à introduire des composants (blocs) de gestion des sessions et un modèle de composant. Puis, nous avons traité le WBEM, bien que, sa contribution a surtout porté sur l'unification de l'information. La contribution suivante réside sur l'élément-clé de l'approche TMF qui consiste en l'utilisation de *building bloc* (pour construire les applications de gestion) activés selon des processus de gestion.

Fil rouge rédigé par Noëmie SIMONI.

L'aspect processus (TOM, eTOM et NGOSS) est le plus porteur, car il introduit la dynamicité dans le traitement d'une demande client (de la prise en compte du SLA à la facturation). Le TMF a fortement contribué à faire évoluer le domaine de la gestion, en définissant les services de gestion et leur architecture. La méthodologie définie pose les jalons de la démarche à suivre pour une vue globale du processus de gestion.

Des processus pour une flexibilité des traitements de bout en bout

Nous voulons maintenant que les processus soient plus flexibles, agiles, optimisés, pouvant traités tous les cas de figures qui interviennent lors d'un traitement d'une demande donnée. Le but étant de pouvoir répondre rapidement et dans les temps aux diverses requêtes des clients, ainsi que réagir rapidement aux problèmes rencontrés. Comment devons-nous donc, aborder cette problématique du *processus* pour intégrer cet objectif de *flexibilité dynamique*[1] ?

Le processus peut être vu comme un « réseau » de tâches. Une réalisation particulière de ce processus induit un flux de traitement (*flow*), déclenché pour réaliser un travail (*work*), d'un point (début du processus) à un autre (fin du processus), définissant ainsi un scénario particulier d'exécution (*workflow*[2]).

Le processus adopte et cultive une vision et un *mode de vision* à la fois global et spécifique de l'entreprise télécom.

Nous devons donc prendre en compte deux aspects : la structuration des tâches et l'optimisation des liens, car la réalisation rapide et flexible du *workflow* en dépend.

Nous cherchons à définir des composants fonctionnels mutuellement indépendants et ne dépendant pas d'une logique d'enchaînement particulière (pas de contraintes de communication à l'intérieur des composants fonctionnels). Cette condition est importante pour la flexibilité recherchée. Nous avons vu durant l'étude des processus TMF que le eTOM, et dans une moindre mesure le TOM, structurent les processus de gestion en adoptant l'approche de décomposition fonctionnelle hiérarchique. Simplifiant dans une certaine mesure le design de ces processus, cette approche ne garantit pas le découplage entre les traitements et les mises en relations ce qui impliquera forcement une réalisation plus ou moins figée du *workflow*. Cette réalisation est souvent non optimale (vis-à-vis du temps par exemple). La séparation entre ces deux aspects (tâches et mises en relation) permet de faire tous les enchaînements possibles et donc de concevoir des processus en réutilisant des

1. Nous rappelons que dynamique signifie « réagir pendant la phase de transfert de l'information ».
2. *Workflow* = *work* + *flow*.

composants fonctionnels permettant de satisfaire les nouveaux besoins de gestion de l'opérateur. La réorganisation (ajout d'un composant, suppression d'un composant ou modification de la logique) se fera selon le besoin et le but à atteindre par les traitements. Comme résultats de leur indépendance, les composants fonctionnels peuvent être par exemple mis en parallèle ou réorganiser de telle sorte que la réalisation du traitement escompté se fasse de la façon la plus optimale possible (la plus rapide par exemple).

Le découplage offre donc une plus grande flexibilité aux traitements car ils seront moins contraints sur la façon dont ils vont être reliés et ce, en comparaison avec l'approche existante. La figure 1 représente l'approche actuelle au niveau des opérateurs (a) ainsi que l'approche du eTOM (b) et celle sous tendue par la NGS (c) par application des propositions que nous venons d'évoquer sur les processus.

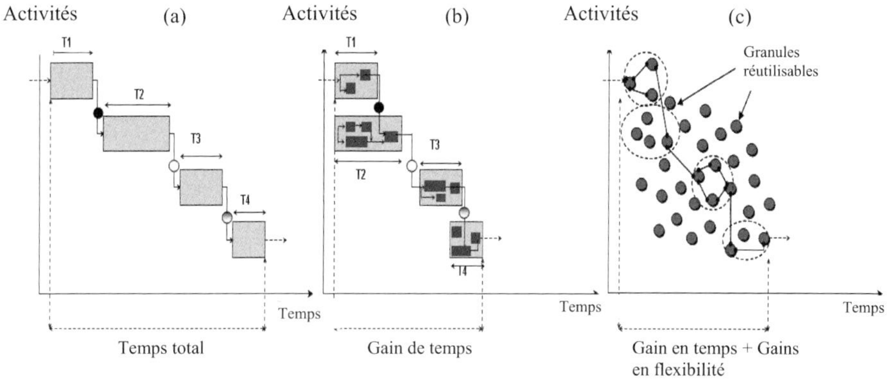

Figure 1. *Processus : de l'approche actuelle à celle de la NGS*

L'indépendance des traitements et des logiques des enchaînements assure la flexibilité et les gains de temps des traitements. L'ensemble étant généralisé et propagé à tous les processus (gestion du eTOM, application ou service spécifiques) afin d'assurer une gestion dynamique de bout en bout, d'optimiser les échanges et de rendre l'ensemble dynamique.

QUATRIÈME PARTIE

Comment repenser les services

Introduction de la quatrième partie

Nous avons introduit cet ouvrage en donnant cette définition du « service » :

Un service est une prestation immatérielle composable,
manifestée de manière perceptible et qui
dans une condition d'utilisation prédéfinie
est source de valeur pour le consommateur et le fournisseur.

Elle a le mérite, à notre sens, de mettre l'utilisateur au premier plan. Mais des décennies se sont écoulées avant que l'on arrive à ce point de vue et bien des erreurs ont été commises en le confondant avec celui du fournisseur.

Cependant, l'utilisateur étant en bout de chaîne, nous devons retenir et positionner les services de notre monde des télécommunications.

En fait, les services de télécommunications regroupent tous les services offerts *par et sur* un réseau de télécommunication.

Les premiers services sont les « services supports » (vue fournisseur) qui sont offerts par le réseau de télécommunication. Ils couvrent les moyens de transmission entre des points d'accès, le routage physique et la commutation. Il s'agit de « services réseaux » (vue du client) lorsqu'ils répondent à une demande particulière en déterminant les caractéristiques de l'acheminement, lorsqu'ils interconnectent des réseaux d'accès et un réseau cœur. Nous trouvons des « services de base » toujours présents et considérés comme obligatoires pour tous les échanges et des « services spécifiques » permettant la différenciation du service rendu.

Introduction rédigée par Noëmie SIMONI.

Les seconds sont ceux offerts *sur* le réseau d'acheminement. Sur le réseau RNIS[1], nous les dénommions « téléservices et/ou services complémentaires », sur le réseau large bande, nous désignons des « services à valeur ajoutée » pour définir des services supplémentaires proposés par un fournisseur de service. Avec les réseaux intelligents, nous parlons « d'élément de service » et de « logique de service ». Où en est-on aujourd'hui ? Peut-on répondre aux besoins galopant des NGN ?

Pour répondre à la question, nous avons analysé et tiré les leçons du paysage (voir la figure 1) et du vécu des « services ».

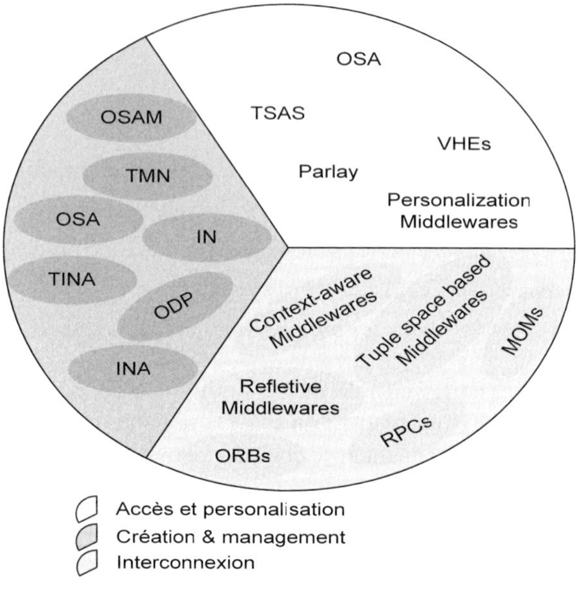

Figure 1. *Les champs de contribution des solutions existantes*

Les avancées structurantes que nous retenons sont :

– du réseau intelligent : les deux premiers plans du modèle INCM. Le premier pour définir des composants de services et le second pour la logique de service. Les SIB devraient garder leur fonction première « d'opérateur » reliant des « opérandes » (données des éléments de services), comme un langage exprimant le scénario d'un service ;

1. RNIS : Réseau numérique à intégration de services.

– des architectures de services : l'évolution vers l'orienté service (SOA) qui se distingue de l'orienté objet en se focalisant sur la propriété « d'autonomie » pour les composants de services ;

– des architectures de gestion : l'aspect processus qui est associé à une infrastructure orientée service concrétise la démarche d'urbanisation (NGOSS). La modélisation des processus donne une vision structurée et structurante des métiers.

Les besoins des NGN se résument comme suit :

– des systèmes distribués à grande échelle pour répondre aux délocalisations, aux multinationales qui se font et se défont et aux utilisateurs qui n'ont plus de frontières commerciales ;

– des systèmes à la portée de tous, pour répondre au plus grand nombre et à tous les cas de figure, que nous soyons néophytes ou spécialistes, que nous soyons au bureau, à son domicile ou en déplacement.

Les concepts non encore intégrés sont :

– la mutualisation,

– la flexibilité dynamique,

– la virtualisation,

– la prise en compte de l'usage pour la personnalisation des services.

Nous avons évoqué plusieurs fois ces propriétés toujours demandées, mais rarement intégrées. La tendance, vers laquelle s'oriente les académiques et les industriels, est bien la prise en compte de l'utilisateur et de son environnement ambiant. C'est pourquoi, il nous paraît intéressant, après avoir présenté les caractéristiques d'un service (chapitre 14), de rapporter la vision de deux projets importants. Le premier propose des réseaux *overlay* de services pour les réseaux ambiants (chapitre 15) et le second des réseaux privés virtuels de services (chapitre 16).

La lecture de cette partie, regroupant les trois derniers chapitres, permettra de :

– appréhender le « comment repenser le service » ;

– retenir les éléments structurants « du vécu des services » ;

– connaître la façon de caractériser les services ;

– entrevoir les « réseaux de services » ;

– avoir une vision d'ensemble structurée.

Chapitre 14

Les services et leurs caractéristiques

14.1. Introduction

Les utilisateurs attendent beaucoup aujourd'hui de leur opérateur Télécoms, de leur fournisseur d'accès ou d'un service sur le *web*. Au-delà du prix, la qualité de la prestation fournie reste un élément déterminant de fidélisation, de conquête commerciale et de satisfaction clients. En fait, le secteur des hautes technologies ne se distingue plus des autres secteurs de consommation et doit maintenant répondre à des exigences de résultats et non plus seulement à des obligations de moyens.

Cependant, pour permettre aux consommateurs d'opérer une démarche d'achat rationnelle, en toute connaissance de cause, encore faut-il leur fournir les principales *caractéristiques*, qui leur permettraient de comparer et de choisir.

Ainsi la qualité de service doit refléter aussi bien le niveau de performance d'un service pour le fournisseur que le comportement attendu de ce service pour ses utilisateurs finaux. C'est-à-dire que le service offert doit correspondre au service attendu, demandé par le SLA (*Service Level Agrement*). Et comme nous allons le formaliser, cela veut dire que la *QoS fourni* doit être égale à la *QoS perçu*. C'est dire l'importance de l'identification des caractéristiques d'un service. Une des premières caractérisations est celle de son comportement, représentant les *aspects non fonctionnel* de ce service autrement dit sa QoS (section 14.2). La seconde relève du cycle de vie du service (section 14.3). Les autres éléments importants pour les services sont : les modalités d'exécution (section 14.4), le *capacity planning* (section 14.5), le test (section 14.6), la promesse (section 14.7) et son organisation (section 14.8).

Chapitre rédigé par Thierry CHAMFRAULT et Noëmie SIMONI.

14.2. La QoS : de la définition à la formalisation

Commençons par essayer d'éclaircir la définition de la QoS, surtout qu'il en existe beaucoup et que cela contribue plus à introduire de la confusion que de la compréhension. Si nous nous référons aux normes internationales ITU-T et plus précisément à l'E800, il nous est proposé comme définition :

Effet global produit par l'exécution d'un service qui détermine le degré de satisfaction de l'utilisateur du service.

En fait, il faut distinguer toutes les composantes de la QoS [BEN 00, BEN 02, GUX 03, MEN 01, SAA 98, SIM 97] pour obtenir une définition. En premier, nous avons son expression (voir paragraphe 14.2.1) qui passe par le SLA et un contrat pour faire converger les points de vue de l'utilisateur et du fournisseur. Puis, nous trouvons son évaluation à partir de critères génériques (voir paragraphe 14.2.2) pouvant caractériser n'importe quel service et évaluables à travers des paramètres mesurables (voir paragraphe 14.2.3).

14.2.1. *Expression de la QoS : points de vue utilisateur* versus *fournisseur*

La QoS[1] s'exprime tout d'abord à travers un contrat (voir la figure 14.1) qui est le résultat de la négociation entre le fournisseur et l'utilisateur, entre l'offre et la demande.

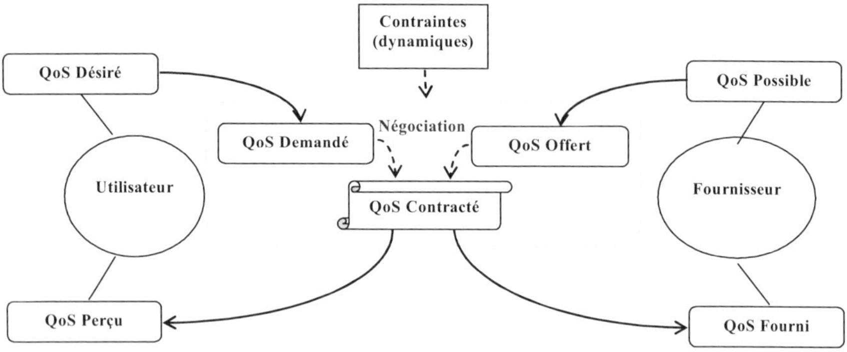

Figure 14.1. *Le contrat, point focal des points de vues de la QoS*

1. QoS et contrat : c'est ainsi que la gestion de la QoS consistera à vérifier la conformité au comportement spécifié.

– *QoS possible* : le niveau de comportement que le fournisseur est capable de fournir.

– *QoS désiré*[2] : le niveau de comportement désiré par l'utilisateur pour son service.

– *QoS offert* : une assertion du niveau de comportement que le fournisseur propose de fournir.

– *QoS demandé* : le niveau de service défini par le représentant du client au sein de l'entreprise, comme par exemple le marketing. Ce niveau est en général plus faible que le niveau réel exprimé par le client. Il intègre les aspects financiers, organisationnels et stratégiques sur lesquels l'entreprise fournisseur est désireuse de s'orienter. Cette information est conservée au sein d'un référentiel et est un axe de pilotage pour le processus d'amélioration des services (roue de Deming ou PDCA).

– *QoS contracté* : une assertion du niveau de comportement que le fournisseur a accepté de rendre à l'utilisateur. Objet de négociation, cette QoS répond à la faisabilité de la qualité de service demandée. Concrètement, on négocie le niveau de service attendu pour que le service à construire puisse être fait au bon niveau de qualité, dans les délais et au juste prix. Un des objectifs sera soit d'atteindre le niveau de service attendu, soit de réviser ce dernier.

– *QoS fourni* : le niveau de comportement effectivement réalisé par le fournisseur et délivré à l'utilisateur. C'est le niveau de service *mesuré* qui est offert par un producteur de services à un client. Ce niveau doit être conforme aux engagements contractés (SLA) avec ce dernier.

– *QoS perçu* : le niveau de comportement expérimenté par l'utilisateur. Il s'exprime en niveau de satisfaction. C'est le degré de satisfaction avec lequel le client apprécie la conformité et l'aptitude d'un service par rapport à ses besoins et ses attentes et ce, au regard de ses engagements avec le producteur de services. Cette appréciation est subjective et ne se mesure pas. Elle s'évalue au travers de questionnaires client.

Une fois établie, la *QoS contracté* sert de référence au fournisseur pour vérifier l'équivalence entre la *QoS fourni* et la *QoS contracté*. Et pour l'utilisateur, il y a satisfaction si sa *QoS perçu* est compatible avec sa *QoS désiré*.

REMARQUE.– A ce niveau descriptif, il nous parait important de montrer qu'il existe une différence significative entre *perception* et *satisfaction client*. En effet, il est tout

2. C'est intentionnellement que nous mettons l'adjectif au masculin pour l'accorder avec service et non avec qualité. La qualité est en fait, la caractérisation du service. Il faut donc comprendre : un type de service, un comportement de service désiré, offert, demandé, contracté, fourni ou perçu. Il ne faut pas comprendre « la meilleure qualité », car un réseau doit fournir un service conforme à sa spécification, ni plus ni moins, sinon ce n'est plus le même service.

à fait dommageable que bien souvent l'on puisse jouer sur un mixte des deux sans trop savoir de quoi on parle. Tout est question de *référentiel* :

– pour *le percept*, le référentiel à considérer est celui qui a été contractualisé avec le fournisseur de services. Je compare sur du *factuel*, je vous ai vendu ce service, avec ce terminal et dans telles conditions d'utilisation ;

– pour *la satisfaction*, le référentiel est celui du marché (actuel). « Je ne traite plus de ce que j'ai concrètement acheté, mais de ce que j'aimerais m'acheter ». Inutile de vous faire un dessin.

14.2.2. *Evaluation de la QoS : des critères génériques*

L'évaluation de la QoS de façon générique n'est possible que par modélisation. Comment donc modéliser les caractéristiques d'un service ? Quels critères cohérents et homogènes peuvent traduire « le comportement » d'un service de « mise en relation » ?

En effet, dans le domaine des télécommunications, la visibilité du service global est toujours une mise en relation par un média afin de transférer des informations de personne à personne ou de personne à machine ou de machine à machine. Cela est également vrai pour la communication tout court (humain à humain, support papier à humain, etc.). Les aspects comportementaux du service sont impactés par la qualité de l'exécution de la *fonction* de transfert, les critères vont donc traduire les *aspects non fonctionnels* du service. En fait, lorsqu'un utilisateur fait appel à un réseau pour être le support de son échange, il désire un support le plus *transparent* possible, c'est-à-dire avec le minimum d'impact sur la fonction de transfert entre les extrémités communicantes. De quelles transparences s'agit-il :

– *transparence temporelle et spatiale* afin de transférer les informations à chaque fois que l'utilisateur en produit et aussi longtemps que dure leur génération, là où il se trouve (*disponibilité*) ;

– *transparence sémantique* afin que le transfert se fasse en totalité et sans modification de son contenu (*fiabilité*) ;

– *transparence à la distance* afin de ne pas impacter la relation temporelle intrinsèque aux informations générées (*délai*) ;

– *transparence au comportement de la source* afin de transférer (de traiter) le volume d'information instantanément généré (*capacité*).

C'est pourquoi nous préconisons de retenir ces quatre critères (voir le tableau 14.1), *Disponibilité, fiabilité, délai et capacité* (DiFDC) pour caractériser les aspects non-fonctionnels de n'importe quel service de télécommunication. Ils sont *nécessaires et suffisants* pour la vue fournisseur du service. En effet, ces quatre critères sont nécessaires pour qualifier la fonction de transfert et suffisants pour définir le comportement d'un échange.

Critère	Définition	Applicabilité
Disponibilité	Aptitude d'une entité à être présente et prête à remplir une fonction requise à un instant donné ou à un instant quelconque d'un intervalle de temps donné, dans des conditions données.	Disponibilité d'un équipement Accessibilité à un réseau Accessibilité à un service Présence d'une police de caractères
Fiabilité	Aptitude d'une entité à accomplir la tâche requise, sans altération, dans des circonstances données.	Fiabilité d'un lien Fiabilité d'un réseau Transparence sémantique d'un document
Délai	Temps mis par l'entité pour accomplir une action , dans des circonstances données.	Durée de vie de l'information Temps de traversée d'un commutateur Temps de traversée d'un réseau Temps de réponse
Capacité	Aptitude d'une entité à traiter les volumes soumis, dans des circonstances données.	Charge optimale de la CPU (Mips) Débit du lien (bits, messages) Capacité d'une organisation

Tableau 14.1. *Critères génériques : définitions et applicabilités*

Quelques précisions supplémentaires :

– disponibilité : caractérise un point de vue producteur de service. Unité : « 98 % », alors que l'accessibilité caractérise un point de vue client ou utilisateur et non producteur. Unité : « 980/1 000 ». L'accessibilité est un taux de réussite suite à des sollicitations (degré de sévérité). Ce taux s'exprime par un nombre de réussites pour un nombre de tentatives normalisé (à 10, 100, 1 000, etc.). La sévérité d'acceptation de ce taux par un client est d'autant plus importante que le nombre de tentatives est élevé. L'accessibilité suppose que le service pour le client soit disponible ;

– délai : caractérise le temps de traversée d'un système ou le temps de mise à disposition du service. Dans le monde *web*, on caractérise la performance de la Home page, par le temps total de chargement des objets de la page. Unité : « secondes » ;

– fiabilité : s'attache aussi bien au contenant (j'ai bien reçu l'email) qu'au contenu (le message est lisible). Lors de la restitution d'un contenu, la fiabilité qualifie l'intégrité, la complétude et la lisibilité des informations. Unité : de nature très diverse (nombre de fautes, contenu à jour, etc.), expression soit d'une quantité objective soit d'une qualité subjective ;

– capacité : caractérise souvent le niveau d'adaptation aux événements. Unité : nombre de connexions/seconde, volume maximal de stockage (Mo), etc. Pour la vue utilisateur de service les possibilités de traitement (capacité) dans les délais attendus se traduisent par la « rapidité » de délivrance du service.

Pour clore cette section, retenez bien cet adage de la QoS :

Un système est d'autant plus disponible qu'il n'est pas accessible!

14.2.3. *Paramètres mesurables*

On associe les paramètres mesurables aux critères de QoS (voir le tableau 14.2), ils personnalisent la vision fournisseur et utilisateur. En effet, prenons par exemple le critère de Disponibilité, un opérateur va rejeter un N^{e} utilisateur (taux de rejet), si son réseau est dimensionné pour N-1, donc pour ce N^{e} utilisateur, le réseau est inaccessible (taux d'inaccessibilité). Notons que le réseau est néanmoins en activité et disponible pour les N-1 premiers utilisateurs.

Ces paramètres mesurables doivent être spécifiques au service considéré.

Paramètres mesurables Vision opérateur	**Critère QoS**	**Paramètres mesurables Vision utilisateur**
Taux de rupture Taux de rejet (CAC) Taux de pertes	Disponibilité	Taux d'indisponibilité Taux d'inaccessibilité Taux de présence
Taux d'erreurs	Fiabilité	Taux d'altération des messages (erronés)
Latence Gigue Temps de propagation Temps de traversée	Délai	Temps de réponse demandé Délai de bout en bout Délai de rétablissement
Bande passante Débit (crête, moyen)	Capacité	Débit applicatif (messages/seconde)

Tableau 14.2. *Les paramètres mesurables associés aux critères de QoS*

14.3. Le cycle de vie du service

Le service peut être caractérisé par son cycle de vie (voir la figure 14.2). Ce cycle est issu d'un document de l'OGC (Office gouvernemental du commerce anglais) et plus précisément du référent ITIL (*Information Technology Infrastructure Library*).

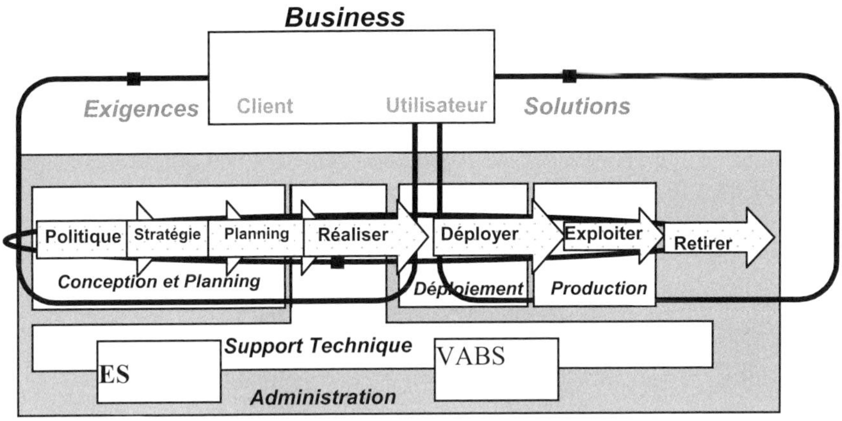

Figure 14.2. *Le cycle de vie du service*

Ce type de cycle nous est en général assez familier, à une exception près qui est la distinction très forte entre le client et l'utilisateur. Le client étant concrètement celui qui paye. Pour le caractériser, nous proposons d'identifier trois jalons majeurs :

– *un début de cycle :* un service doit être décrit d'une manière normalisée[3] dans un document standard proposé sous l'intitulé : *Exigences de service (ES)* ;

– *une fin de cycle de développement :* une procédure de vérification du service en exploitation doit être mise en place. Cette procédure porte le nom de : *Vérification d'aptitude de bon service (VABS)* ;

– *une fin de vie du service :* un ou plusieurs critères objectifs vont caractériser et déclencher la fin opérationnelle du service. (exemple : *baisse du nombre d'utilisateurs entraînant une perte d'exploitation).*

3. Le service peut se caractériser au travers des items suivants : un contenu, la modalité d'exécution, un contexte d'utilisation, un coût de production, une modalité de vente (forfait, prépayé, etc.), un niveau de service, un profil de consommation, un prix de vente, une classe, une typologie d'utilisateur, une nature (acte, récurrent, à la demande), composant/composé, niveau de risque technologique, un responsable, des indicateurs, sa capacité, une promesse, etc.

Il est important de noter que par les approches technologiques émergeantes autour des services, nous puissions espérer que le retrait d'un service se fasse de manière simple et économique contrairement à ce que nous vivons habituellement avec les applications.

En prenant l'exemple du métier de l'IT, nous avons essayé de représenter tous les référentiels qui corroborent à la vie d'un service dans le cadre d'une entreprise[4]. En toute simplicité, nous lui avons donné le nom de : « maison ou temple du service » (voir la figure 14.3). Y sont proposés les référents les plus pertinents (enfin il nous semble) qui donnent vie à un service, le produisent et enfin le gouvernent dans le cadre de la stratégie de l'entreprise. D'un point de vue normatif, vous pourrez noter la complémentarité de l'ISO 20000 et ISO 9000 qui ne se situent pas exactement dans le même registre de finalité.

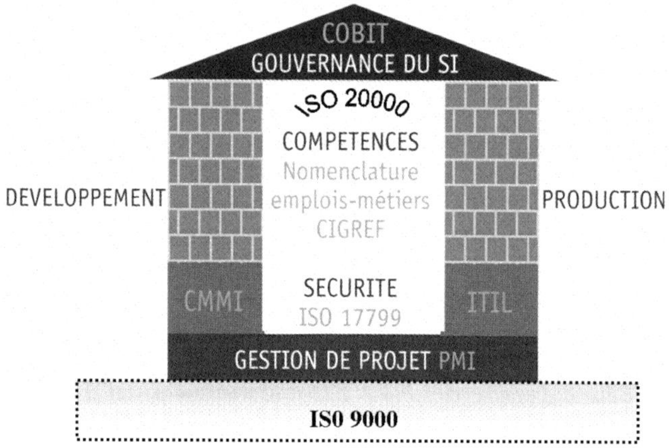

Figure 14.3. *Un référentiel en assistance opérationnelle*

14.4. Les modalités d'exécution d'un service

Un service peut ne pas toujours être dans une modalité de fonctionnement optimal. Prenons l'exemple du service de transport comme un taxi. Au cours du service qui doit vous amener à l'aéroport, le véhicule subit une crevaison. La seule issue est de remplacer la roue défectueuse par la roue de secours. Or, chacun sait que cette dernière est d'une configuration particulière, la vitesse de roulement est limitée. Nous allons donc devoir passer de la vitesse nominale autorisée à une vitesse dégradée, conforme aux consignes du constructeur.

4. *ITIL et la gestion de services*, T. Chamfrault et C. Durand, Dunod, Paris, 2006.

C'est ainsi que naissent plusieurs modalités d'exécution du service, à savoir :

– *mode nominal* : ce mode caractérise un service qui dispose de l'ensemble de ses ressources et capacités pour rendre le service conformément à ce qui a été annoncé ;

– *mode dégradé* : ce mode caractérise le comportement d'un service lors d'une perte d'un des composants de service qui le constitue. Ce mode doit toujours permettre d'assurer une continuité de service (exemple du pot d'échappement défectueux sommairement fixé à la carrosserie par un fil de fer) ;

– *mode croissance* : ce mode caractérise le comportement d'un service lors d'une augmentation des sollicitations ou des volumes. Ce mode est en général très dépendant d'une modification de l'usage. Très souvent une confusion est faite avec le mode dégradé. Si je souhaite faire référence à un exemple courant significatif, le « bouchon des départs en vacances » caractérise bien ce mode. Les routes ne sont pas conçues pour le trafic d'un jour ! Ce mode fixe implicitement une baisse des performances.

Le nombre de mode n'est en rien exhaustif. Il vous sera donc possible d'en ajouter d'autre.

14.5. La capacité d'un service

Les objectifs sont de s'assurer que la capacité réelle (actuelle et future) des plates-formes de services corresponde aux exigences du client ou utilisateur et ce, de façon rentable, en respectant les engagements de niveau de service. Cette approche doit permettre d'anticiper les ruptures de fonctionnements récurrents et événementiels par la gestion des capacités à court, moyen et long terme et ainsi planifier les évolutions des systèmes (infrastructure et licence).

Nous constatons que ce thème est très peu abordé, voire complètement éludé par les producteurs de services. *A contrario*, il faut avouer que le sujet n'est pas simple. La capacité d'un service dépend fondamentalement d'un acte client, « quels sont vos prévisions d'usage pour l'instant ou pour les mois à venir ? ». Ceci n'a pas pour but de dédouaner le producteur, mais de sensibiliser le client ou l'utilisateur qu'il joue un rôle important dans la vie du service. Si nous reprenons l'exemple du service de transport, vous comprendrez facilement qu'il est difficile de mettre six personnes dans un véhicule de type « Smart », loué la semaine dernière en ne tenant compte que du critère coût. Et pourtant !

La vision à moyen terme du service, au sens consommation, est une nécessité voire une obligation. La prévision va donner naissance à un document dénommé *Capacity Planning* (voir la figure 14.4). La gestion de la capacité des services, comme tout autre ressource, se traite selon trois axes :

– *planification à moyen et long terme* : planifier la croissance de capacité des infrastructures de service afin d'absorber les évolutions de charge ;

– *gestion à court terme* : gérer des flux récurrents ou événementiels, en sachant qu'il est très difficile de dimensionner vos infrastructures de services afin de répondre, de manière optimale, aux deux types de flux sur une même infrastructure ;

– *évaluation des modèles* : construire un modèle de capacité des infrastructures pour mieux anticiper leurs comportements, établir des règles pour être proactif et se diriger vers une gestion dynamique.

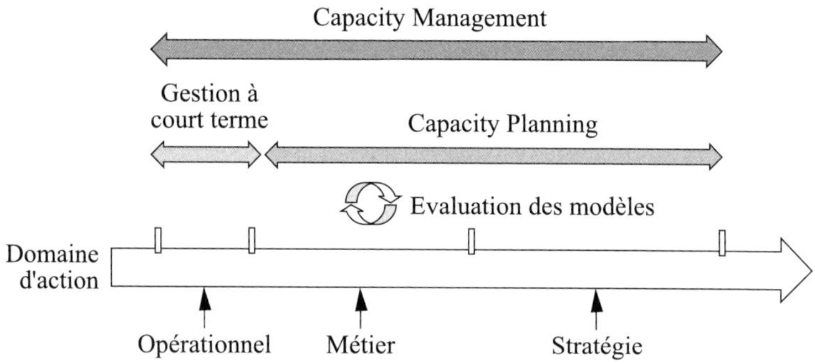

Figure 14.4. *Capacity Planning*

Retenez que fondamentalement une capacité ne peut qu'être anticipée.

14.6. Le test de service

Le vocable « test » est à prendre, comme nous allons le voir, dans toutes ces acceptions, qu'elles soient de production ou de développement de services. C'est ainsi que l'on peut caractériser le comportement d'un service selon trois visions :

– *supervision de service.* Alerter en temps réel le producteur d'une baisse ou rupture de QoS. Cette supervision est concrètement implémentée sur les domaines critiques de la responsabilité du producteur (approche boîte blanche) ;

– *mesure de la qualité de service (QoS).* Caractériser la performance d'un service sur une période significative (semaine, mois, etc.) – QoS offert, QoS perçu. Cette mesure est réalisée généralement de *bout en bout* (approche boîte noire) et pour être pertinente, nous vous conseillons de l'exécuter selon un point de vue utilisateur. Cette mesure de QoS, aussi paradoxal que cela puisse paraître, doit être réalisée en corrélation avec le profil d'usage. Concrètement, si votre service n'est pas utilisé sur certaines plages horaires, il n'y a aucune pertinence à mesurer sa QoS ;

– *qualification d'un service.* Evaluer avant une mise en ligne, la QoS offert par un nouveau service. Cette qualification est réalisée lors d'une phase dédiée dénommée « VABS », *Vérification d'aptitude de bon service.* Cette qualification atteste de la conformité du service développé aux *Exigences de service* (ES). La traçabilité du comportement lors de cette phase doit servir de référent pour le futur.

Le test de service doit à moyen terme devenir un service pour le test. La figure 14.5 représente l'orientation « services » de test.

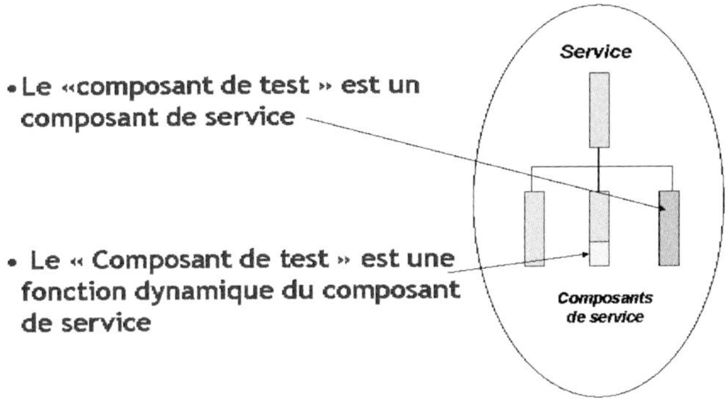

Figure 14.5. *Le test de service*

L'approche service, comme nous vous l'avons déjà précisé, est extrêmement pénalisante pour le producteur de service, car le client et l'utilisateur y sont parties prenantes. Tout est lié (et nous ne vous le répéterons jamais assez) au « contexte d'exécution ». Si le contexte n'est pas traçable, vous êtes corps et âme à la merci de votre client, d'autant plus que la loi est de principe en sa faveur.

Aussi, nous vous proposons que le programme de tests et d'identification de contexte soit non plus la réalisation d'une phase de développement, mais un service. Ce service de test est :

– soit un *composant de service* à part entière du service offert et dans ce cas, il teste et conserve le contexte d'exécution du service lors de son utilisation par le client ou l'utilisateur ;

– soit le *composant de test* est une fonction dynamique du composant de service afin qu'il puisse le suivre d'un point de vue comportement. On peut imaginer aisément de rentrer alors dans des processus d'auto correction. Ainsi, dès que la QoS offert n'est plus équivalente à la QoS attendu, des règles sont appliquées.

Ces approches vont ainsi faire évoluer le métier du test. Mais comme le montre la figure 14.6, il n'en demeurera pas moins que tester, c'est avant tout, comprendre le comportement du client tout au long de sa vie d'utilisateur. Le test doit être une activité de production et son industrialisation doit faire partie intégrante des infrastructures de service[5]. Et comme nous serons amenés à acheter des services (type ASP), le test devient une exigence de service à laquelle le fournisseur doit s'astreindre.

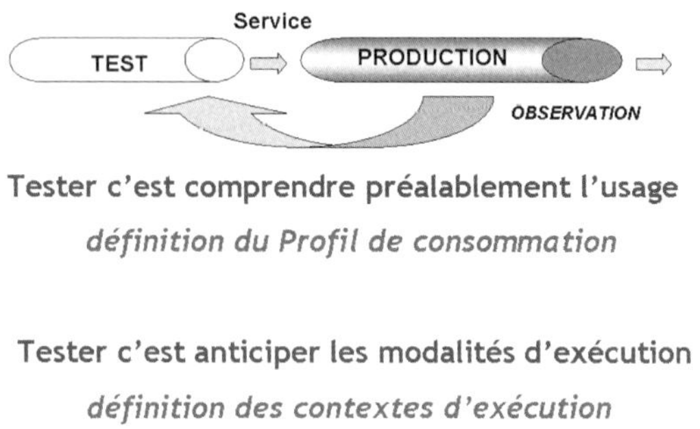

Figure 14.6. *Le métier de test*

14.7. La promesse de service

Nous pourrions nous exclamer : « des promesses, encore des promesses, toujours des promesses ». Et si nous devions comparer les points de vue de J.-J. Rousseau : « la promesse qu'il faut tenir sans cesse est celle d'un honnête homme et toujours ferme dans son devoir » à celle de Lamartine « d'autres siècle viendront, chargés d'autres promesses. Ils tromperont encore nos trompeuses sagesses », nous donnerions la préférence à J.-J. Rousseau. L'enjeu est dans le crédit que l'on donne à la valeur de la promesse. La promesse a la particularité d'être applicable à soi-même.

Ne pas respecter une promesse c'est quelque part ne pas se respecter soi-même. Le monde du business a donné ou plus humblement redonné vie à ce vieil objectif. Combien d'abus, combien de discrédits risquent de renaître !

La promesse est au marketing ce que la qualité de service est au producteur.

Cette comparaison nous parait intéressante car difficilement dissociable. En effet, faire une promesse c'est s'assurer préalablement de sa capacité à la satisfaire.

---

5. De notre point de vue, c'est ainsi que tous les composants de services de gestion doivent se composer avec les services de base pour aboutir à une automatisation complète. Ce sera l'avènement des systèmes autonomes.

La promesse est une métaphore fondée sur la raison qui trouve sa correspondance dans la réalité de la qualité du service offert au client.

Concrètement, avant de pouvoir faire une promesse, il faut impérativement que l'émetteur de cette dernière évalue, réévalue, mesure, etc., la qualité et la pertinence de son service ou de son offre. Il n'en demeure pas moins que les résultats obtenus peuvent être soumis à une analyse de risques dans le cas où ils ne seraient pas en parfaites cohérences avec le contenu de la promesse. Promettre est risqué, mais l'enjeu de business est source de différentiation concurrentielle. Mais c'est comme tout, en abuser peut devenir dangereux pour la santé de l'entreprise !

14.8. L'organisation de service

Pour terminer le parcours des caractéristiques du service, nous allons évoquer son organisation à travers les profils du producteur (voir paragraphe 14.8.1) et des acteurs (voir paragraphe 14.8.2) du service.

14.8.1. *La production de service : un intégrateur*

Les organisations de nos entreprises sont très empreintes des modalités de fonctionnement liées aux produits. De cet exposé sur les approches de service, il nous semble important de retenir que le service est quelque part piloté par le client et sa consommation. Ces principes demandent de disposer d'organisations « agiles » où la composition des services en mode *plug and play* est source d'efficacité pour les processus métier de l'entreprise et source d'efficience dans la production des services.

Le producteur de service va être, tel un chef d'orchestre, un intégrateur de partitions de service (composants) pour faire que le service perçu par le client soit en conformité avec les attentes de ce dernier. Le client va commander une symphonie et non plus une série de partitions individualisées, qui dans un contexte d'exécution idéal, auraient très certainement permis d'offrir une plénitude de l'ambiance.

C'est pourquoi, il est logique d'imaginer que pour répondre à ces critères, le client ne puisse et ne doit avoir qu'un *seul interlocuteur*, le producteur de service. Ce dernier aura en charge de composer, de s'engager sur un niveau de service et d'assurer un point important que nous n'avons pas encore traité, à savoir : « la continuité de service » et pour ne pas encore aborder ce qui va sous tendre à ce principe vital, « la continuité de business ». Tout un programme auquel nos organisations vont être confrontées. Nous proposons donc que l'organisation de service (voir la figure 14.7) soit ainsi constituée.

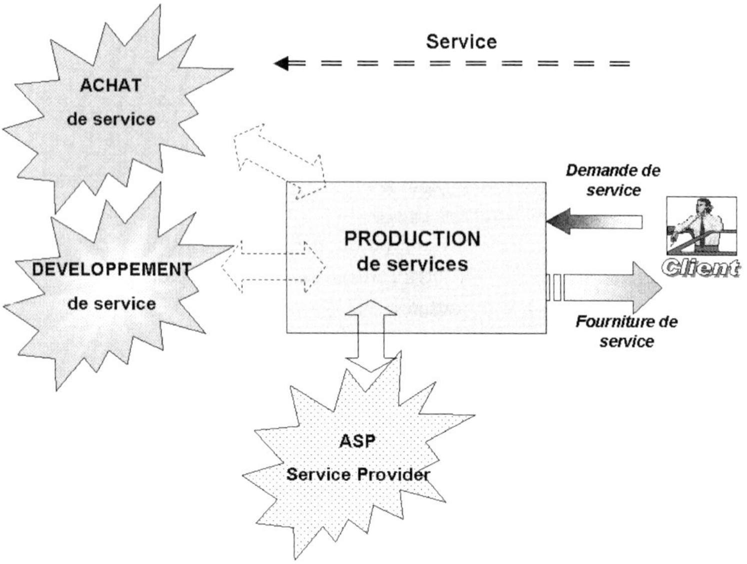

Figure 14.7. *L'organisation du service*

Si nous voulions comparer cette proposition d'organisation opérationnelle aux organisations actuelles, nous pourrions dire que le processus global de fourniture de service *s'inverse*. Il part de la fin et remonte vers le développement.

Pour finaliser cette proposition, nous attirons votre attention sur le fait que la notion d'agilité y trouve beaucoup plus de capacité à s'y développer. Le principe de composition impose de développer que dans le cas où le composant n'existe pas. Dans tous les autres cas, il suffit de mettre ou d'enlever un composant de service pour satisfaire l'attente du client. D'un point de vue investissement financier, inutile de discourir longuement.

Attention : nous vous invitons surtout à ne pas transposer purement et simplement les organisations actuelles pour construire cette cible.

14.8.2. *Les acteurs du service*

Dans la figure 14.8, il est présenté les différents types d'acteurs de service. Certains se rencontrent assez fréquemment, type « MOE domaine », en revanche, d'autres telles la MOE (Maîtrise d'œuvre) service sont beaucoup plus rares. La MOE service à un rôle d'intégrateur de service pour la MOA (Maîtrise d'ouvrage). C'est ainsi qu'elle va définir les exigences de service, les niveaux voulus à partir desquelles elle va négocier les niveaux de chacun des domaines de l'infrastructure de services.

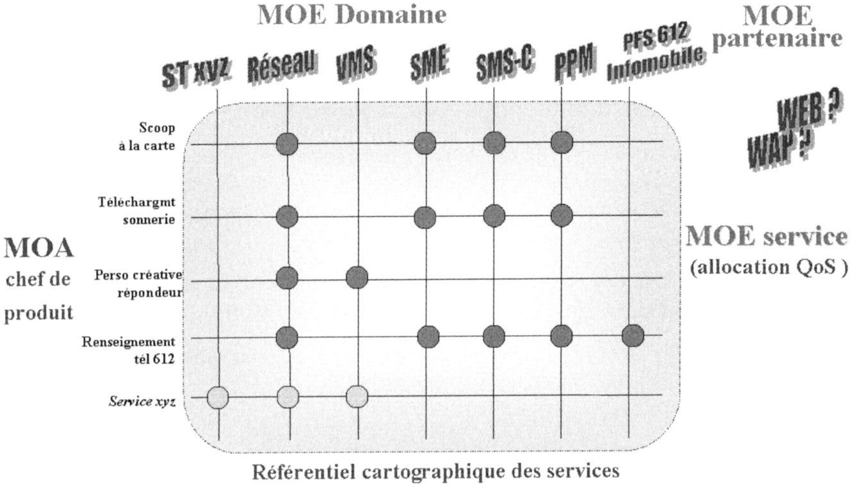

Figure 14.8. *Les types d'acteurs de service*

Cependant et si nous faisons référence à la norme ISO 20000, il est très intéressant de noter le besoin de disposer pour l'entreprise d'un acteur portant tous les services. On pourrait presque le surnommer, le *monsieur QoS de l'entreprise*. Et si nous revenons à notre schéma, ce nouvel acteur a entre autre la responsabilité de gérer le référentiel cartographique des services. Aujourd'hui, nous constatons que les entreprises sont assez peu matures sur cette notion organisationnelle. Nous pensons que l'ISO 20000 va apporter un point très positif par l'expression de cette exigence.

14.9. Conclusion

Nous concluons ce chapitre en insistant sur le fait que la caractérisation d'un service passe par la représentation et le suivi de son comportement. Le candidat proposé est l'ensemble des quatre critères de QoS (DFDC) et les paramètres mesurables associés. Ils permettent le suivi des services tout le long du cycle de vie, ils servent de référence pour le *Capacity planning* dans un contexte d'autogestion, ils permettent d'anticiper l'usage.

Nous allons maintenant nous projeter dans le contexte des réseaux ambiants et des NGN en évoquant dans les chapitres suivants ce que pourrait être « les réseaux de service ».

14.10. Bibliographie

[BEN 00] BENNANI F., SIMONI N., « Dynamic management for end to end IP QoS. An best-effort to personalized services », *Terena Networking Conference 2000*, p. 22-25, Lisbonne, mai 2000.

[BEN 02] BENNANI F., IP et la QoS : vers une maîtrise dynamique de bout en bout, Thèse ENST, 2002.

[GUX 03] GU X., NAHRSTEDT K., « QoS-Assured Service Composition in Managed Service Overlay Networks », *ICDCS*, 2003.

[MEN 01] MENASC D.A., BARBAR'A D., « Preserving QoS of Ecommerce Sites Throught Self-Tuning : A Performance Model Approach », *Proceedings of the third ACM conference on Electronic Commerce*, p. 224-234, 2001.

[SAA 98] SAAD N., SIMONI N., « Tactical network management for preserving the QoS. An implementation for an industrial local network », *Milcom'98*, Bedford, Etats-Unis, 1998.

[SIM 97] SIMONI N., ZNATY S., *Gestion de réseau et de service – Similitude des concepts, spécificité des solutions*, InterEditions, Paris, 1997.

Chapitre 15

Réseaux *overlays* de services pour les réseaux ambiants

15.1. Introduction

L'arrivée de types de réseaux différents (Personal Area Network, Home Network, Wireless Local Network, Wide Area Network, etc.), le déploiement de réseaux d'accès variés (Wifi, Wimax, UMTS, *ad hoc*, etc.) et l'émergence de terminaux de plus en plus nombreux (PDA, PCs, SmartPhone, etc.) ont induit les chercheurs à étudier comment les communications pouvaient être mises en œuvre depuis n'importe quel terminal utilisant n'importe quel réseau, dans n'importe quelle situation. Ces études ont entre autre introduit la notion de réseaux ambiants (section 15.2). Les réseaux *overlays*, réseaux virtuels, logiques au-dessus des infrastructures sont étudiés depuis quelques années. Dans ce chapitre, nous allons décrire comment les réseaux *overlays* (section 15.3) peuvent être mis en œuvre pour permettre la création et la fourniture de services dits de nouvelle génération, dans le cadre de réseaux ambiants (section 15.4). La conclusion (section 15.5) permettra de faire ressortir les avantages d'une telle solution.

15.2. Présentation des réseaux ambiants

Le concept des réseaux ambiants est apparu récemment (2002/2003) et peut se résumer comme une architecture ouverte d'interconnexion de réseaux, utilisant des infrastructures différentes, qui se composent dynamiquement permettant la mise en relation dynamique et automatique des équipements relatifs aux utilisateurs. Ainsi pour un utilisateur isolé, possédant un assistant personnel (PDA), un téléphone

---

Chapitre rédigé par Bertrand MATHIEU.

mobile, un casque bluetooth et un ordinateur portable, un réseau ambiant intégrant ces quatre équipements sera créé.

De la même manière, un réseau ambiant peut être créé dans un bus ou dans une gare, reliant les équipements de la gare et offrant éventuellement une interface vers un réseau extérieur (par exemple, un réseau Internet) et par ce biais, un réseau ambiant élargi. Lorsque le premier utilisateur s'approchera de la gare, les deux réseaux ambiants se détecteront et pourront se composer, permettant ainsi la communication des équipements entre les réseaux ambiants. On voit par ce simple exemple qu'un réseau ambiant peut être très petit, de type réseau personnel PAN, mais aussi à très grande échelle, si le propriétaire du réseau ambiant n'est plus un individu mais une ville ou un opérateur de réseau ou un fournisseur d'accès Internet ou après composition de réseaux ambiants plus petits (la composition de deux réseaux ambiants aboutissant à la création d'un réseau ambiant plus grand).

L'objectif des réseaux ambiants est donc d'assurer la coopération entre réseaux hétérogènes et de permettre la composition/décomposition des réseaux. Une des attentes sous-jacentes est aussi de faciliter la convergence fixe-mobile tant attendue pour les services.

Le projet européen *Ambient Networks* [NIE 04, ABR 05] vise à étudier les réseaux ambiants sous diverses perspectives : interfaces réseaux, composition des réseaux, gestion du contexte, gestion de la mobilité, gestion du réseau, fourniture de services, etc. Ce projet, initié en janvier 2004, regroupe plus de quarante partenaires (universitaires, opérateurs et industriels) et environ 200 personnes par an travaillent sur le projet. France Telecom R&D contribue dans ce projet sur plusieurs aspects et notamment sur le sous-projet relatif à la fourniture de services adaptés au contexte utilisateur. Dans la suite de ce chapitre, ce sont les architectures relatives à ce sous-projet qui sont présentées.

Les caractéristiques principales des réseaux ambiants sont :

– basées sur une solution de réseaux IP ;

– composition/décomposition : les réseaux ambiants peuvent se composer/décomposer automatiquement après détection. Des accords de composition doivent bien évidemment être définis et échangés pour définir les rôles de chacun après la composition (rôle partagé, un maître, réseaux fusionnés ou simple communication, etc.). Cette composition est essentielle pour permettre la fourniture de services avancés, n'importe où, dans n'importe quelle situation ;

– gestion transparente de la mobilité : aussi bien pour la mobilité des utilisateurs dans un réseau ambiant que des réseaux ambiants eux-mêmes (notamment par la composition/décomposition) ;

– les infrastructures physiques peuvent être différentes ;

– gestion autonome et automatique par des mécanismes de contrôle, configuration et d'échanges d'information ;

– les entités d'administration peuvent être différentes puisque les réseaux ambiants peuvent englober différents domaines ;

– gestion du contexte, aussi bien au niveau réseau ambiant qu'au niveau utilisateur : cela permet aux applications de pouvoir adapter le service fourni au contexte de l'utilisateur à chaque instant ;

– des interfaces définies permettant aux services de bénéficier pleinement de cette solution et des avantages inhérents (gestion transparente de la mobilité, sécurité, découverte du voisinage et éventuellement composition, etc.) : déploiement de modules de services, interrelation entre modules, création de réseau overlay spécifique au service, etc. ;

– des services inaccessibles à un utilisateur peuvent le devenir en cas de composition de réseaux ambiants.

La figure 15.1 récapitule les fonctionnalités qu'un réseau ambiant peut fournir, gérées par une entité globale (ACS, *Ambient Control Space*) ainsi que les interfaces définies pour contrôler les équipements réseaux des réseaux hétérogènes (ARI, *Ambient Resource Interface*), pour communiquer entre réseaux ambiants et éventuellement permettre la composition (ANI, *Ambient Network Interface*) et pour permettre aux services d'être déployés sur ces réseaux ambiants (ASI, *Ambient Service Interface*).

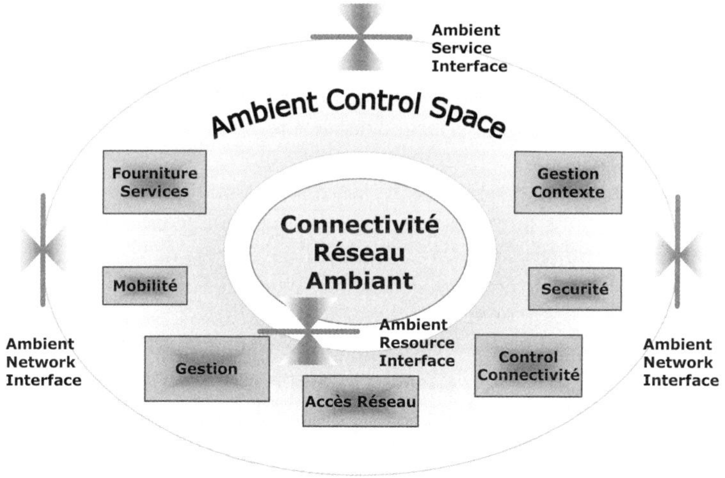

Figure 15.1. *Fonctionnalités et interfaces d'un réseau ambiant*

15.3. Présentation des réseaux *overlays*

Les réseaux *overlays* sont apparus comme une solution pour s'affranchir des caractéristiques et des contraintes des réseaux physiques. Un réseau overlay est un réseau virtuel (logique) au-dessus des réseaux physiques, qui implémente ses propres mécanismes de contrôle et qui définit et maintient un protocole de routage au niveau overlay, indépendant du routage physique sous-jacent. Cette solution permet, de définir son propre réseau applicatif, de faire évoluer le réseau overlay indépendamment des réseaux physiques, d'optimiser le routage en s'adaptant en cas de problèmes des réseaux physiques, tels que les congestions de réseau, l'arrivée ou départ de nœuds mobiles.

Les exemples les plus connus d'utilisation de réseaux *overlays* sont les réseaux Pair à Pair [LUA 04]. Les protocoles P2P tels que Chord [STO 01], CAN [RAT 01], Tapestry [ZHA 04], Pastry [ROW 01] définissent ainsi leur propre réseau virtuel, connectant leurs utilisateurs, quel que soit le réseau physique sous-jacent et maintiennent leur topologie virtuelle par leur protocole de routage spécifique. Le cas répandu d'échange d'information est bien connu, mais d'autres types de services sont aussi possibles tels que les stockages d'information, la diffusion de contenu vidéo, des jeux, etc.

D'autres études utilisent les réseaux *overlays* pour optimiser le réseau. Dans RON [AND 01], un réseau overlay pour rendre le transport plus fiable et résilient, ce qui permet de compenser rapidement en cas de problèmes (panne, réseau bloqué, ou surchargé, etc.) ; dans QRON [LIZ 03], qui est une extension de RON, l'objectif est de fournir une architecture de base de réseau overlay pour améliorer la qualité du réseau Internet, principalement en utilisant un routage logique, évitant les nœuds critiques des réseaux physiques. Dans un objectif semblable, OverQoS [SUB 04] vise à étudier la qualité de Service dans les réseaux *overlays*. Dans MBONE [KUM 95], le réseau overlay est utilisé pour transporter des paquets multicast tout en optimisant le transport et l'efficacité du réseau pour le multicast. XBone, lui, fournit à l'utilisateur une interface graphique, qui permet de créer un réseau overlay IP au-dessus du réseau IP [TOU 05]. L'objectif de ce type de réseau overlay est de permettre la construction d'un *testbed* aussi facile que possible.

D'autres types de réseau overlay apparaissent tels que les réseaux *overlays* sémantiques dans lesquels les réseaux sont constitués en fonction de la sémantique des informations mises à disposition.

Il est ainsi clair que l'avantage principal des réseaux *overlays* est la capacité de déployer une topologie spécifique, un routage spécifique et l'inclusion de nœuds spécifiques dans ce réseau overlay en fonction des besoins et des objectifs. Ainsi, des réseaux *overlays* différents peuvent être créés pour différents services.

15.4. Réseaux *overlays* de services pour les réseaux ambiants

La brève introduction des réseaux ambiants a permis de mettre en évidence les notions de mobilité et de contexte (et intrinsèquement de composition) qui sont cruciaux dans de tels réseaux et sur lesquels les services peuvent se reposer pour fournir un service adapté. Les réseaux *overlays* offrant une architecture flexible, gérant la mobilité des nœuds. L'utilisation des réseaux *overlays* pour la fourniture de service dans des réseaux ambiants s'impose comme une solution intéressante.

Cette solution a été définie dans le contexte du projet sous les noms de SSON (*Service Specific Overlay Networks*) [AMB 05a] puis de SATO (*Service-aware Adaptive Transport Overlay networks*) permettant de créer un réseau overlay spécifique pour un service donné pour délivrer un service optimisé pour l'utilisateur, où qu'il soit, quel que soit son réseau physique, quel que soit son terminal, etc. Les nœuds faisant partie de ce réseau overlay seront les nœuds terminaux (serveurs et clients) mais aussi des nœuds intermédiaires, appelés *SatoPorts* (SP), qui sont chargés de réaliser des traitements applicatifs selon les requis du service (en termes de qualité de service par exemple), selon les besoins du contexte (en cas de composition ou de mobilité de l'utilisateur ou en cas de changement de terminal par l'utilisateur).

Ce réseau overlay est créé par service (ou par type de service) et sur demande mais bien évidemment, la topologie de ce réseau peut évoluer en fonction des utilisateurs se connectant ou se déconnectant au service ou en fonction de l'évolution du réseau ambiant (mobilité de l'utilisateur, composition avec d'autres réseaux ambiants, etc.). Ainsi, le réseau overlay doit pouvoir être étendu (rajout de nœuds offrant le traitement adéquat) ou diminué (suppression de nœuds devenus inutiles) en fonction du contexte. La maintenance et la gestion de vie du réseau overlay, depuis la phase de création jusqu'à la phase de destruction en passant par les phases d'adaptation, sont donc un problème crucial à gérer.

15.4.1. *Architecture de réseau*

L'architecture proposée sur la figure 15.2 présente clairement la notion de réseau *overlays*, réseau logique au-dessus des réseaux physiques réels. Dans l'exemple ci-dessous, certains nœuds font partie des deux réseaux alors que certains routeurs ne font pas partie du réseau *overlays*.

Comme il a été décrit précédemment, un réseau overlay définit ses propres mécanismes de communication et de maintenance du réseau. Pour la communication, les données *overlays* sont encapsulées dans un en-tête overlay spécifique avant d'être encapsulées dans l'en-tête IP traditionnel pour pouvoir être véhiculées. Un nœud overlay doit donc posséder la couche OSL (*Overlay Support Layer*) qui assure cette fonction [AMB 05a, AMB 05b].

La figure 15.2 met aussi en évidence les éléments composant le réseau overlay. Les *SatoPorts* sont placés entre les serveurs et les clients pour permettre de réaliser les traitements applicatifs que le service nécessite. Plusieurs instances de SATO sont créées puisqu'un SATO est spécifique à un service ou un type de service ; la composition des éléments de service, réalisés par les *SatoPorts*, étant différente selon le service à fournir. Un nœud overlay peut héberger plusieurs SPs et ainsi offrir plusieurs modules de services. Un SP peut aussi appartenir à plusieurs réseaux *overlays* et fournir le traitement pour plusieurs services [MAT 06].

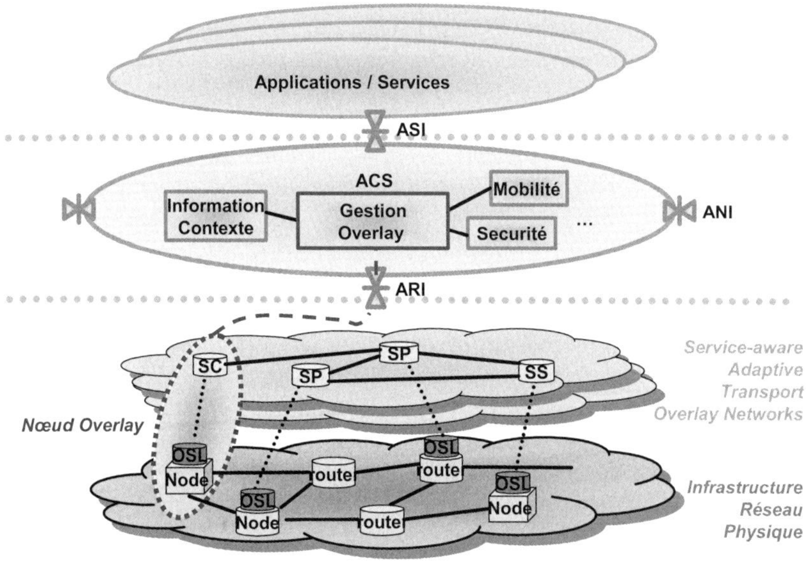

Figure 15.2. *Architecture du réseau* overlay *de service*

La gestion des réseaux *overlays* SATO est assurée par une entité fonctionnelle dédiée, faisant partie du module de contrôle du réseau ambiant. Cette entité est ainsi en relation avec les autres entités fonctionnelles telles que la mobilité, la gestion du contexte ou encore la sécurité pour permettre d'adapter les réseaux overlays SATO dynamiquement, automatiquement et de manière transparente pour les services déployés dans le réseau ambiant.

Les services s'interfacent avec le module de contrôle du réseau ambiant *via* l'interface ASI. Cette interface permet aux services de demander la création d'un réseau overlay spécifique SATO, en définissant les requis du service et la qualité de service souhaitée. L'entité de gestion du réseau overlay analyse la requête et cherche à établir un tel SATO en intégrant les nœuds permettant de fournir la qualité demandée en fonction des requis spécifiés. *Via* l'interface ASI, les services sont aussi en mesure de demander des modifications du SATO pour, par exemple, ajouter de nouveaux clients, de nouvelles contraintes. Enfin, les services peuvent demander la terminaison du réseau overlay et donc la libération des ressources.

15.4.2. *Composition de services*

La section précédente décrit l'architecture du réseau overlay et les SPs le composant. Nous voyons ainsi que le service fourni aux utilisateurs sera réalisé par la succession de traitement par des modules de services, les *SatoPorts*. Cette façon de fournir un service diffère des architectures traditionnelles de type Client/Serveur et donc la conception des services devra être prévue dans cet esprit.

La notion de chaîne de service est ainsi introduite pour décrire comment un service final peut être rendu en utilisant les modules de services intermédiaires (SPs) et principalement leurs enchaînements. Cette chaîne est bien évidemment spécifique au service et aux fonctions à réaliser mais aussi dépendante de la réalisation des modules de traitements.

En effet, en fonction de la granularité des modules de services intermédiaires, certaines fonctions peuvent varier. Par exemple, la fonction de transcodage audio/vidéo peut être fournie par un seul SP ou bien 2 SP, l'un réalisant le transcodage audio, l'autre le transcodage vidéo.

La figure 15.3 présente un exemple de chaîne de service, composée de cinq modules de services intermédiaires.

Figure 15.3. *Chaîne de service initiale pour un service défini*

Lors de la recherche des nœuds overlay pouvant offrir les SP requis [ASM 05], l'entité de gestion overlay peut ne pas trouver de SP réalisant la fonction. Dans ce cas, l'entité de gestion peut modifier la chaîne de service en fonction des SP existants pour rendre un service similaire. Par exemple, un service peut nécessiter l'usage d'un module capable de traiter les requêtes de 1 000 clients simultanés mais aucun module de ce type n'existe. Dans ce cas, l'entité de gestion de réseau overlay peut adapter la demande et proposer l'utilisation de deux modules traitant 500 clients en parallèle. Ainsi, en appliquant un tel cas sur notre exemple de ci-dessus pour SP3, nous obtenons la figure 15.4.

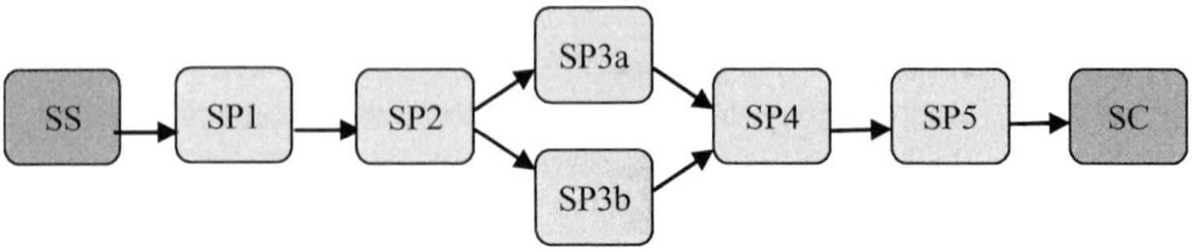

Figure 15.4. *Chaîne de service modifiée*

Une fois la chaîne de service finalisée et les nœuds *overlays* hébergeant des SP offrant les fonctionnalités requises trouvés, un réseau overlay SATO intégrant ces SP est créé. Ce réseau SATO ne contient pas uniquement une instance de chaque module de service mais plusieurs. Ceci permet au routage overlay de sélectionner le meilleur SP lorsque le service sera utilisé par les clients. Ainsi, pour un même SATO pour un service donné, un flux d'un client pourra passer par un SP pour une fonction spécifique et le flux d'un autre client pourra passer par un autre SP offrant la même fonction. Le choix du SP est dynamique et fait en temps réel en fonction du contexte courant. Le SATO, pour ce service particulier, peut donc être représenté par la figure 15.5, les chemins des flux utilisateurs en trait plein et pointillé pour les deux clients.

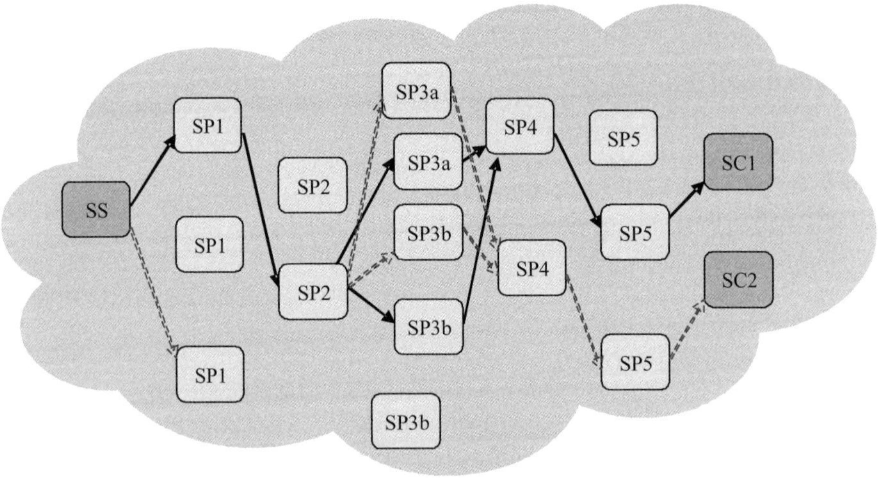

Figure 15.5. *SATO et les flux utilisateurs*

15.4.3. *Le routage du niveau transport*

Dans ce réseau overlay SATO, le protocole de routage overlay joue un rôle crucial puisqu'il a en charge de sélectionner le prochain SP dans la chaîne de service pour réaliser le traitement applicatif.

En début de section, il a été dit que la taille des réseaux ambiants est très variable et peut être petite ou très grande. Ainsi, il est clair qu'un protocole de routage unique ne conviendra pas à toutes les situations. Chaque réseau overlay utilisera un protocole de routage adapté et donc plusieurs protocoles de routage *overlays* peuvent être implémentés sur un même nœud faisant partie de plusieurs SATO.

Des protocoles de routage basés sur les protocoles réseau courants tels que RIP ou OSPF peuvent être utilisés, mais les protocoles de routage P2P sont aussi étudiés pour les réseaux à large échelle et très dynamique. De la même manière, pour les réseaux *overlays* requérant une qualité de service précise, des protocoles de routage *overlays* avec QoS doivent être mis en œuvre. Le protocole de routage overlay est donc un élément primordial de cette architecture puisque c'est par son intermédiaire que sera réalisée la composition des modules de service dans le réseau overlay.

15.5. Conclusion

Pour conclure, il est possible de résumer les avantages majeurs d'une telle solution par :

– la composition dynamique des éléments de services : les modules ne sont pas liés entre eux de manière fixe, mais peuvent évoluer en fonction du contexte et de l'évolution du réseau ambiant. Ainsi, une QoS requise par un service peut influer sur les choix des modules de service *via* le protocole de routage mis en œuvre ;

– la mutualisation des éléments : un même composant de service (SP) peut être utilisé par plusieurs services ayant le requis d'un tel module. Cela réduit le temps de mise en œuvre des services, le nombre d'instances d'un même module ;

– la fiabilité et tolérance aux pannes des services : en effet, plusieurs instances des modules de la chaîne de service sont disponibles dans le SATO et le choix d'utilisation de l'un est défini en temps réel par le protocole de routage overlay. Ainsi, la qualité de service peut toujours être assurée. En cas d'échec, d'un module, un autre est utilisé et l'entité de gestion du réseau overlay peut adapter le SATO pour inclure un nouveau SP assurant cette fonction.

15.6. Bibliographie

[ABR 05] ABRAMOVICZ H. *et al.*, AN Framework Architecture, IST-2002-507134-AN/WP1-D05, Ambient Network Project, 2005.

[AMB 05a] Ambient Networks Work Package 5, D5-3, SMART: Final Architecture Design, IST–2002-507134-AN/WP5/D03, www.ambient-network.org, 2005.

[AMB 05b] Ambient Networks Work Package 5, D5-1, SMART: Draft Architecture Design, IST–2002-507134-AN/WP5/D01, www.ambient-network.org, 2005.

[AND 01] ANDERSEN D., BALAKRISHNAN H., KAASHOEK F., MORRIS R., « Resilient overlay networks », *Proc. 18th ACM SOSP*, Banff, Canada, 21-24 octobre 2001.

[ASM 2005] ASMARE E., SCHMID S., BRUNNER M., « Setup and Maintenance of Overlay Networks for Multimedia Services in Mobile Environments », *Proc. 8th International Conference on Management of Multimedia Networks and Services (MMNS 2005)*, Barcelone, Espagne, p. 82-95, 24-26 octobre 2005.

[KUM 95] KUMAR V., *Mbone: Interactive Multimedia on the Internet*, Macmillan Publishing, New York, 1995.

[LIZ 03] LI Z., MOHAPATRA P., « QRON : QoS-aware Routing in Overlay Networks », *IEEE JSAC*, 2003.

[LUA 04] LUA E.K., CROWCROFT J., PIAS M., SHARMA R., LIM S., « A survey and comparison of Peer-to-Peer overlay networks schemes », *IEEE Communications Survey*, mars 2004.

[MAT 06] MATHIEU B., KLEIS M., SONG M., « A P2P Approach for the Selection of Media Processing Modules for Service Specific Overlay Networks », *International Conference on Internet and Web Applications and Services, Workshop on P2P Systems and Applications (ICIW P2PSA 2006*), French Carribean, 23-25 février 2006.

[NIE 04] NIEBERT N. *et al.*, « Ambient Networks : An Architec-ture for Communication Networks Beyond 3G », *IEEE Wireless Communications*, avril 2004.

[RAT 01] RATNASAMY S., FRANCIS P., HANDLEY M., KARP R., SHENKER S., « A Scalable and Content-Adressable Network », *Proc. ACM SIGCOMM*, San Diego, Etats-Unis, août 2001.

[ROW 01] ROWSTRON A., DRUSCHEL P., « Pastry : Scalable, decentralized object location and routing for large-scale peer-to-peer systems », *Proc. of the 18th IFIP/ACM International Conference on Distributed Systems Platforms (Middleware 2001)*, Heidelberg, Allemagne, novembre 2001.

[STO 01] STOICA I., MORRIS R., KARGER D., KAASHOEK M., BALAKRISHNAN H., « Chord : A scalable peer-to-peer lookup service for Internet applications », *Proceedings ACM SIGCOMM*, 2001.

[SUB 04] SUBRAMANIAN L., STOICA I., BALAKRISHNAN H., KATZ R., « OverQoS : An Overlay Based Architecture for Enhancing Internet QoS », *Proc. 1st NSDI*, San Francisco, mars 2004.

[TOU 05] TOUCH J.D., WANG Y.S., PINGALI V., « A Global X-Bone for network Experiments », *First International Conference on Testbeds and Research Infrastructures for the DEvelopment of NeTworks and COMmunities (TRIDENTCOM'05)*, Trento, Italie, 2005.

[ZHA 04] ZHAO B.Y. *et al.*, « Tapestry: A Resilient Global-Scale Overlay for Service Deployment », *IEEE Journal on Selected Areas in. Communications (JSAC)*, vol. 22, n° 1, janvier 2004.

Chapitre 16

Les réseaux privés virtuels de services pour les NGN

16.1. Introduction

Dans l'introduction de cette quatrième partie, nous avons dit que les services de télécommunications regroupent tous les services offerts *par et sur* un réseau de télécommunication. L'évolution induite par les réseaux ambiants et les NGN [POD 04, KNI 05] nous conduit vers des services offerts *en* réseau. Réseaux *overlays* de service et réseaux privés virtuels de services sont des propositions architecturales qui étudient des solutions pour les besoins d'aujourd'hui. Dans ce dernier chapitre, nous allons revenir sur le contexte des NGN (section 16.2) centré sur l'utilisateur. L'intégration de l'usage (section 16.3) à des fins de personnalisation des services nous a conduit à proposer une architecture de services en réseau (section 16.4). Sommes-nous en rupture avec les architectures précédentes ? Quelles sont les propriétés qui nous font *repenser les services* et nous font rentrer dans les nouvelles générations de services (NGS) ? Nous conclurons sur ces questions qui nous ont motivés tout le long de cet ouvrage (section 16.5).

16.2. Présentation du contexte

Nous n'allons pas reprendre ce que nous avons évoqué dans le chapitre précédent, si ce n'est que les NGN englobent les réseaux ambiants, les cœurs de réseau à différenciation de services et tous les types de réseaux d'accès. L'objectif final, lorsque nous faisons la synthèse des caractéristiques attendues, étant une *continuité de service personnalisé, sans couture*.

Chapitre rédigé par Noëmie SIMONI.

L'architecture, structure d'ensemble qui doit supporter la sémantique spécifique de nos attentes, englobe non seulement les composants vitaux couvrant le concept *anytime anywhere anyhow* mais aussi, ceux fournissant une possibilité de personnalisation dynamique des services selon le souhait de l'utilisateur, à laquelle nous avons associé le concept *every service for everyone*.

Le projet « VTC2e[1] » auquel a fait suite le projet *Seamless Userware* vise à étudier ce nouveau contexte. Ce sont les résultats, de ces projets ENST[2], en partenariat avec SFR[3], que nous allons consigner dans ce chapitre.

La figure 16.1 représente l'architecture logique proposée pour supporter l'intégration de l'usage et la fourniture d'un service de bout en bout personnalisé dans le contexte des NGN.

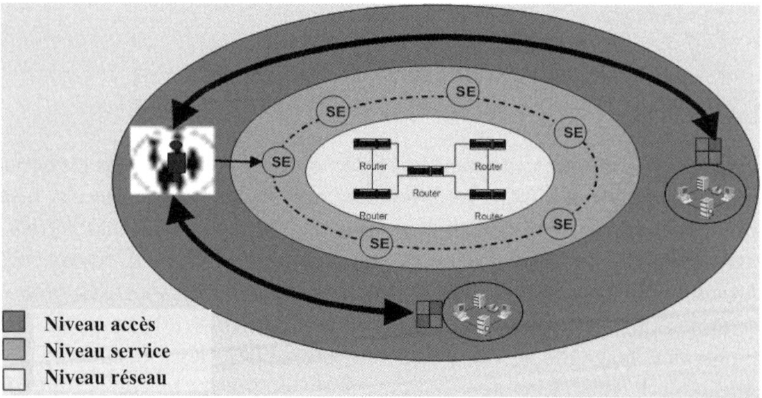

Figure 16.1. *Architecture à intégration de l'usage*

La couronne extérieure couvre le niveau utilisateur. Satisfaire ses besoins, suppose de tenir compte de ses préférences, de l'ensemble des paramètres (spatiaux et temporels) liés à son contexte et plus précisément à « l'usage » de son contexte. Ce niveau *utilisateur* traduit son niveau décisionnel des services exposés (choix des différents offreurs).

La couronne intermédiaire regroupe les services offerts *par et sur* un réseau de télécommunication et que nous proposons de mettre *en réseau*. C'est ce niveau qui constitue le socle de la nouvelle génération de service (NGS). C'est à ce niveau que

1. VTC2e : *Virtual Telecommunication Community* : every service for everyone.
2. ENST : Ecole nationale supérieure des télécommunications.
3. SFR : Société française de radiotéléphone.

nous trouvons les réseaux *overlays* et les réseaux privés virtuels de services VPSN (*Virtual Private Service Network*) [BEN 06].

Le niveau central représente le réseau d'acheminement.

16.3. Intégration de l'usage

Face à une urbanisation des technologies d'accès, à des architectures hétérogènes, à des services diversifiés et à des réseaux juxtaposés, nous avons besoin d'offrir aux utilisateurs un accès générique aux services offerts. En fait, l'intégration de l'usage nécessite :

– d'une part, *une base de connaissance structurée* avec des mécanismes offrant *de nouveaux services tournés vers l'utilisateur* afin de traiter et d'avoir une offre adaptée à ses besoins et à ses préférences temporelles et spatiales ;

– et d'autre part, *une nouvelle conception des services*, séparant, dissociant le service applicatif (qui reste le même) de son usage (qui change en fonction des conditions) afin de maximiser la capacité de réutilisation des composants.

Pour les premiers services, le projet VTC2e a défini un *framework Userware* [ROS 04] et un ensemble de *profils* permettant d'avoir l'image structurée de chaque composant de base du système avec ses possibilités et ses contraintes. Ces études portent aussi bien sur une dimension fonctionnelle (services de choix et de sélection), que sur la modélisation des connaissances. Pour ce faire, un modèle informationnel, représentation structurée et cohérente du contexte ambiant de l'utilisateur et de son profil, propose une représentation fiable et homogène du comportement des ressources et des connaissances ambiantes requises pour fournir l'accès personnalisé. Une *infosphère*[4] de l'utilisateur contribue à l'intelligence et l'efficacité du système.

Pour l'intégration des différents usages de manière indépendante des services applicatifs, l'idée est de concevoir des éléments de service traduisant la personnalisation plutôt que de paramétrer les services applicatifs. Ainsi, les services applicatifs ont une QoS répondant aux besoins de l'application, indépendamment des souhaits des utilisateurs. La QoS demandée par ces derniers reposant sur une composition adéquate des éléments de service. C'est cette composition personnalisée qui constitue *le réseau privé virtuel de service* : le VPSN. Au même titre que les réseaux *overlays*, les VPSN sont des solutions pour s'affranchir des caractéristiques et des contraintes des réseaux physiques d'acheminement, avec des capacités supplémentaires de solutions en cas de défaillance du réseau support et des capacités supplémentaires d'organisation des services par la virtualisation.

4. L'infosphère est en quelque sorte le système d'informations de l'utilisateur.

16.4. Les VPSN pour les NGN

Commençons par expliquer ce que recouvre cette dénomination « VPSN », réseau privé virtuel de service.

Le premier terme important est bien sûr le vocable « réseau ». Il traduit la volonté de la mise *en* réseau des composants de services. Donc, dans le contexte NGN, nous voulons mettre en œuvre la virtualisation des services. Nous n'aurons plus des serveurs d'applications centralisés, mais nous aurons des réseaux de serveurs de services. Les composants de service seront déployés et gérés dynamiquement sur des plates-formes, en fonction des contrats de QoS. Le vocable *réseau* évoque également la *mutualisation* de ces composants et les mécanismes de provisionnement lors des partages des ressources « service ».

En bref, tout ce qui est relatif à la « technologie réseau » avec en particulier les notions de *nœud* et de *lien*.

Ce réseau est *privé* car il est constitué pour répondre à une demande de service d'un client donné ayant une exigence particulière de QoS. Le VPSN représente l'application du client et sera construit par demande de service et par appel. Les nœuds (composants de service) et les liens (processus d'enchaînement de la logique de service) seront choisis conformément au contrat de SLA. Le VPSN a en charge la QoS de bout en bout. Son rôle est donc d'établir dynamiquement une session qui respecte la logique du service demandé et le contexte NGN. C'est-à-dire la prise en compte de la mobilité de l'utilisateur et de celle des terminaux dans le respect de la QoS demandé. Le VPSN assure la *continuité de service.*

Ce réseau est *virtuel* puisqu'il repose sur des ressources partageables. Il s'agit des composants de service, mais aussi de liens virtuels. La partageabilité des nœuds composants de service impose la gestion des services durant tout leur cycle de vie, depuis la phase de création jusqu'à la phase de destruction, en passant par les phases de déploiement, de publication et d'exploitation. Le VPSN repose sur une architecture et une topologie flexibles qui induisent la gestion de la *mobilité de session.*

Pour terminer, c'est un réseau de *service* qui est donc censé rendre des services de natures différentes, à savoir des services applicatifs et des services de personnalisation, mais aussi des services de gestion, de sécurité, etc. Nous avons recours aux techniques de composition de services, de découverte de services et d'exposition de services. Le détail de son architecture est présenté dans ce qui suit.

16.4.1. *Architecture de réseau de services*

L'architecture présentée (voir la figure 16.2) met en évidence la modélisation « réseau » sur plusieurs niveaux[5], avec des nœuds et des liens pour représenter les réseaux équipements, les réseaux d'acheminement, les réseaux de service et celui de l'utilisateur. Pour les réseaux de service, nous avons des nœuds VPSN (SE, Service élément) et des liens VPSN (processus d'enchaînement supporté par un bus[6] de service). Les sous réseaux de services AS (*Access Service*) accessibles par les ASR (*Access Service Router*) regroupent les services offerts par le fournisseur. On aura des interconnexions de sous réseaux de service, puisque les NGN se veulent *transorganisation*. Pour ce faire, l'architecture propose des ASG (*Access Service Gateway*).

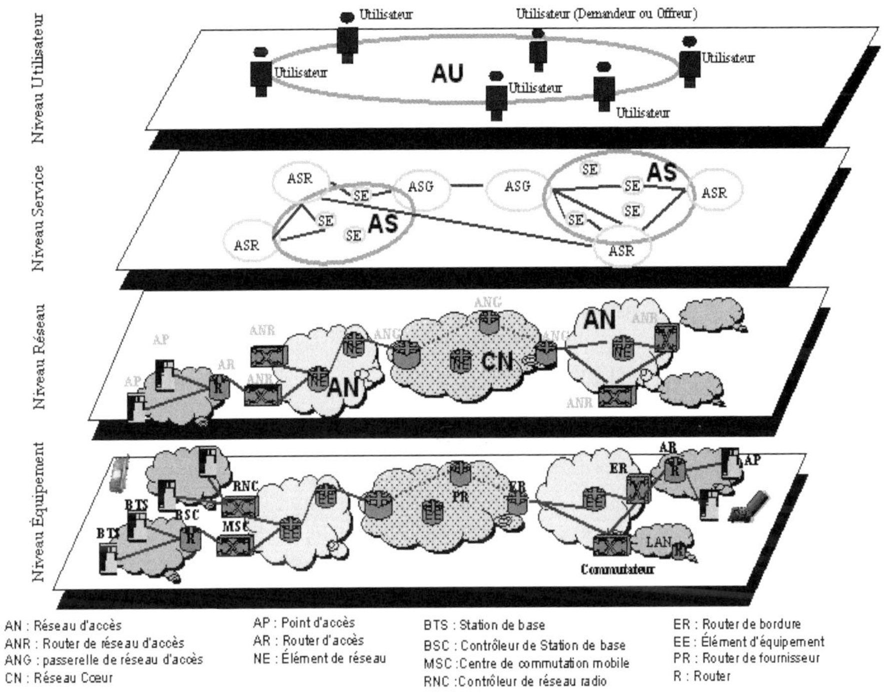

Figure 16.2. *Architecture de réseau de services (service level)*

5. Les niveaux sont relatifs à la nature des entités mutualisées et donc partageables, à savoir : les ressources physiques (CPU, mémoire), les ressources réseaux (fonctions d'acheminement et d'interconnexion), les composants de services et la connaissance des offreurs demandeurs.

6. Bus de service : dénomination faite par analogie au bus objet ou au bus de messages. Il supporte les échanges entre les composants de service.

Chaque composant possède son contrat de QoS. Son profil d'usage nous indique son offre. Avec cette information et la QoS demandée, le VPSN établira une session répondant à la demande de l'utilisateur en tenant compte des capacités des composants de service. Une auto gestion des composants maintient la QoS de bout en bout.

16.4.2. *La mobilité de session*

La section précédente a décrit une architecture qui se voulait résolument dynamique. Prenons le cas d'une vidéo à la demande (VoD). Le service (simplifié) est rendu avec les composants de service (voir la figure 16.3) : agent client (SE4), transcodeur (SE3), cache (SE2), diffuseur (SE1). La première route (1) est trouvée, en fonction de la logique de service, des capacités des composants de service et des capacités des bus de services (supportés par un réseau d'acheminement). L'utilisateur se déplace (mobilité du terminal), donc nouveau point d'accès, la route (2) est modifiée. Si la QoS n'est plus respectée, une route (3) avec des composants de services fonctionnellement équivalents sera empruntée. Nous venons de décrire la mobilité de session. L'automatisation des processus favorisera la *continuité de service*.

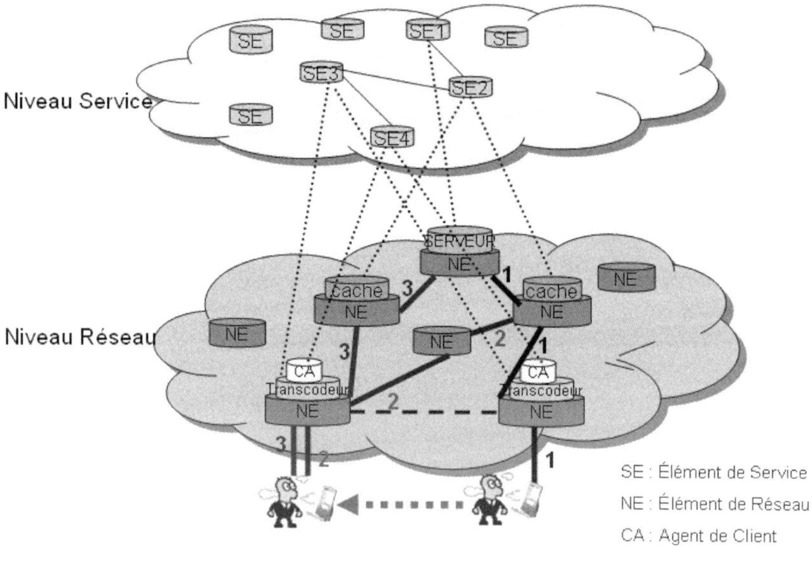

Figure 16.3. *Mobilité de session*

16.4.3. *Les NGS pour les NGN*

Les sections précédentes ont présenté les propositions et résultats de travaux de recherche qui avaient pour but de répondre aux besoins des NGN. Les propriétés à retenir pour les NGS, que nous avons au fur et à mesure identifiées, sont consignées ci-dessous.

Mutualisation des composants de services : au-delà de la réutilisabilité d'un composant de service, c'est bien la partageabilité d'une ressource service en réseau dont il est question dans la NGS. Cela commence par une conception de composants à la « superficie » aussi petite que possible pour favoriser leurs interactions et leur communication. Des propriétés de simplicité et d'indépendance entre les éléments de service induiront la viabilité du système.

Autonomie des composants de services : même la notion de SOA (pour architecture orientée service), lancée par le Gartner, ne correspond pas tout à fait au concept d'autonomie de service. En effet, elle définit à la base un modèle d'interaction applicative mettant en œuvre des connexions en couplage lâche entre divers composants logiciels (ou agents). Le « service » est une action exécutée par un composant « fournisseur » mais à l'attention d'un composant « consommateur », basé éventuellement sur un autre système. Nous sommes encore dans une architecture client/serveur. Alors que dans la NGS, le service est une action exécutée par un composant « fournisseur », mais qui est le composant suivant dans la chaîne des éléments de service constituant l'application et appartenant à un réseau. La topologie d'une application orientée NGS évolue en fonction de l'ubiquité des services qui interagissent les uns sur les autres de façon transversale.

Interfonctionnement de services : les services NGS interagissent entre eux sur la base de schémas (et non de classes) pour les structures et de contrats pour les comportements. Cette séparation entre structure et comportement est ce qui faisait défaut à l'orientée objet. L'architecture basée sur des schémas et des comportements permet de garantir l'intégrité d'un service isolé autant que d'un système intégré. De plus, la compatibilité structurelle n'est plus confondue avec la compatibilité sémantique. La NGS veut traiter ces deux aspects séparément et de la façon la plus automatisée possible. Nous avons proposé pour la compatibilité sémantique une expression explicite des possibilités et des exigences de chaque composant à travers la *QoS offert* et la *QoS demandé*. Un Pilote organisationnel (*PO*) [NAD 04] réactif pouvant appliquer la stratégie désirée est présent dans chaque composant. Muni d'une base de connaissances décisionnelle, il peut même être proactif. Dans le vocable « interfonctionnement », nous incluons « interconnexion » (mise en relation) et « interopérabilité » (traitement, action).

Technologie réseau : au-delà de la mutualisation, nous pouvons faire appel à tous les autres concepts des réseaux. En premier, la modélisation qui permet de représenter un réseau par un ensemble de nœuds (composant de services) et de liens (processus d'enchaînement d'élément de services). Ainsi, nous pouvons optimiser ces liens en ayant recours à la simulation pour évaluer les performances de ce réseau de service. Ensuite, nous avons tout ce qui est en relation avec le routage (routage sémantique, qui permet d'avoir la logique de service, l'arbre de précédence pour construire le VPSN). Puis, viennent déploiement et provisionnement des services et tout ce qui est relatif à la gestion de services.

Des services dynamiques et qui s'auto organisent : une fois les services construits, ils doivent être capables de se recomposer, de s'auto organiser et de se réorganiser de façon dynamique en fonction des besoins (QoS, demande, état du réseau, etc.) et du contexte des clients. Ceci implique que de nouveaux mécanismes doivent être développés pour supporter ce besoin.

Des services virtuels : fournir des services aux clients de façon transparente est parmi les besoins les plus importants que l'opérateur doit satisfaire dans le contexte NGN. En plus de l'autonomie et de la dynamicité, il faut se doter de mécanismes offrant au client par exemple la transparence de la localisation des services qu'il demande, à leur déploiement (distribution), à leur composition, à leur organisation et gestion. Le client aura donc accès aux services qu'il demande sans se soucier de leur localisation réelle ou des mécanismes qui sont mis en œuvre pour le maintien de leur QoS et de leur continuité. Dans ce cas, les services doivent être virtualisés. Le support, pour assurer les transparences nécessaires à la virtualisation des services est justement le VPSN.

Exposition de service, c'est la dernière étape de l'intégration pour associer les services à la stratégie Métier (Business). Effectivement, toutes les décisions relèvent du modèle Métier. Pour la sécurité, on se pose la question : combien je pers si… Mais doit-on exposer tous les services ? Il faut faire attention avec ceux qui ont une granularité trop fine, l'exposition risque de ne pas être maîtrisée.

16.5. Conclusion

Les contributions, résultant des projets « VTC2e » et *Seamless Userware*, pour les NGS sont d'ordre architectural et organisationnel. Elles tiennent compte du point focal des NGN, c'est-à-dire, *l'User Centric*. Un niveau de connaissances décisionnelles intégrant l'usage, permet d'avoir la bonne information au bon moment. Un réseau de services élémentaires répond à une demande de service tout en optimisant le partage des ressources. La rupture avec les approches précédentes permet d'entrevoir des fournitures de services à grande échelle.

Les NGS induisent la maîtrise de l'autonomie des composants de services pour favoriser la mutualisation et l'interfonctionnememt des services ainsi que la maîtrise de la technologie réseau pour assurer la virtualisation et l'auto organisation des réseaux de services.

16.6. Bibliographie

[BEN 06] BENAHMED DAHO Z., SIMONI N., « Towards Dynamic Virtual Private Service Networks : design and self-management », *IEEE/IFIP NOMS'06*, Vancouver, 2006

[KNI 05] KNIGHTSON K., MORITA N., TOWLE T., « NGN Architecture: Generic Principles, Functional Architecture, and Implementation », *IEEE Communications Magazine*, 2005.

[NAD 04] NADOUR T., SIMONI N., DU CHÉNÉ G., « Towards Dynamic Vertical Self-Organization », *Proc. of IEEE International Conference on Networks (ICON'04)*, Singapour, novembre 2004.

[POD 04] PODHRADSKY P., « Migration scenarios and convergence processes towards NGN », *International Symposium Electronics in Marine*, 2004.

[ROS 04] ROSTAMBEIK S., SIMONI N., « Userware : Virtual Service Access towards Usage Integration », *NGNM, Networking 2004*, Athènes, 2004.

Conclusion

Les services et les réseaux de communication ont une place importante dans la société de l'information. Nous sommes aujourd'hui à la 3e génération et préparons la 4e génération où les technologies du « tout IP » et la convergence fixe/mobile seront déployées et où, les aspects d'ubiquité et de continuité de service seront une réalité. Si la technique a dirigé les premières générations axées essentiellement sur les réseaux, c'est *l'usage centré sur l'utilisateur* qui est le vecteur directeur des nouvelles générations axées sur *les services.* Si l'évolution des réseaux est une affaire de technicité, la percée des services repose sur l'organisation métier (source de valeur) des opérateurs et fournisseur de service.

L'entreprise IT est de ce fait soumise à une pression consumériste. Elle se retrouve *pilotée par le client et par le service.* La notion de « bout en bout » est différenciatrice mais de plus en plus engageante. La maîtrise de la *qualité des services* offerts et du système d'informations (*SI*) du service IT est capitale.

C'est pourquoi, nous avons défini le *service* comme étant une prestation immatérielle qui doit être *une source de valeur pour le consommateur et le fournisseur.*

C'est cette nouvelle *donne* qui a motivé cet ouvrage. Comment les technologies mises à dispositions des fournisseurs de services tiennent-elles compte de cette nouvelle composante ? Que doivent faire les opérateurs pour relever ces défis majeurs ? Comment introduire rapidement de nouveaux services et garantir leur QoS conformément aux contrats ? Autant de questions aussi importantes les unes que les autres car elles conditionnent la survie et le maintien des différents acteurs dans ce nouveau paysage.

Conclusion rédigée par Noëmie SIMONI.

Pour répondre à ces questions, nous vous avons proposé une grille de lecture pour analyser les technologies existantes et un « fil rouge » pour, tout au long des parties de l'ouvrage, tirer les leçons à retenir pour appréhender cette *nouvelle génération de service* (NGS).

Nous avons commencé par les réseaux intelligents (première partie) qui posèrent les prémisses de la technologie des services. Puis ce fut le tour des architectures de services (deuxième partie) qui prirent en compte, petit à petit, les deux concepts de base des services. Ensuite, nous avons parcouru dans la troisième partie, les architectures de gestion, qui avec le NGOSS sont sur la bonne trajectoire. Pour finir (quatrième partie), nous avons présenté les résultats de travaux de recherche, qui en rupture avec l'existant, répondent au « comment penser les services ».

Avec *le réseau intelligent* (RI), une certaine forme d'indépendance service/connexion naissait. Bien entendu, cette indépendance ne fut pas complète, il eut fallu pour cela que le service précède la connexion, ce qui ne fut pas le cas dans cette technologie, mais jamais auparavant un tel degré de séparation service/connexion n'avait été atteint. Le but était bien d'avoir une architecture indépendante de la mise en œuvre des services. Toutes mises en œuvre de nouveaux services ne devaient pas impliquer une modification de l'architecture. Pour l'introduction *rapide et flexible* des nouveaux services, dans un environnement ouvert, multi opérateurs et multi fournisseurs, ce sont les notions d'élément de services et de logique de service qui ont été proposés (les deux premiers plans du modèle conceptuel (INCM)). Précurseurs des technologies de services, ils furent trahis par la mauvaise utilisation des SIB.

Avec les *architectures de services*, nous avons retracé l'évolution des concepts et des outils pour la mise en œuvre des services. Pour l'interopérabilité, nous avons les contributions des systèmes distribués, pour l'interconnexion celles des *middlewares* et pour l'ouverture, celles des premières architectures de services. C'est avec les EAI et les services *web* que les deux concepts fondamentaux émergent : *composants de service et enchaînement* (processus).

Dans un système distribué, l'interopérabilité et les interactions entre les composants distribués prennent en compte les contraintes et exigences de l'environnement. Pour faciliter la tâche des concepteurs d'applications, les solutions middlewares, fournissent une transparence vis-à-vis de la *distribution* et de la *localisation* permettant d'accéder à l'ensemble des composants de services (locaux ou distants) d'une manière générique. Les middlewares réflexifs couvrent les contextes *aware*. Avec VHE, le nomadisme est envisageable puisqu'il fournit de manière consistante aux utilisateurs les mêmes dispositifs personnalisés, avec la même interface customisée et les mêmes services, indépendamment du réseau, du terminal et de leurs localisations. Et il a fallu attendre TSAS pour que les préférences des utilisateurs commencent à être pris en compte.

Les plates-formes EAI ont assuré un premier niveau de découplage entre les applications et ce, en faisant supporter toute la communication applicative par un middleware, en adoptant l'approche « processus » permettant de définir les logiques d'enchaînements de ces applications et en automatisant cet enchaînement grâce au moteur de *workflows*. La séparation entre l'aspect « communication » et l'aspect « traitement » des applications, permet de supporter tous les enchaînements possibles (différents *workflows*) et donc de satisfaire les nouveaux besoins métier de l'opérateur de façon plus *flexible*. Modifier les plates-formes ou déployer un nouveau service sans impacter de façon significative le SI devient alors possible et les changements sont maîtrisés.

Cependant, les EAI n'ont pas résolu les problèmes de structure, car les applications à intégrer sont restées monolithiques et propriétaires. C'est avec les « services *web* », composants de service mis à disposition sur Internet, que ce dernier verrou a été levé. Les mécanismes de *découverte* des composants, de *localisation* et de *composition* ont été proposés. Ces mécanismes favorisent l'approvisionnement dynamiquement des composants de services nécessaires à la construction « à la volée » de l'application demandée par le client.

Avec les *architectures de gestion*, l'évolution des services s'est faite comme dans les autres contextes. Parmi les architectures, celle du RGT constitue l'une des premières contributions proposant les briques de base pour les applications de gestion de réseaux. La contribution de TINA est la notion de session, avec la distinction de l'accès, du réseau et du service. TINA préconise également la séparation des architectures de services et de réseaux. Cette séparation facilite le déploiement de nouveaux services sur des réseaux de transport hétérogènes. La contribution suivante réside sur l'élément-clé de l'approche TMF qui consiste en l'utilisation de *building bloc* (pour construire les applications de gestion) activés selon des processus de gestion.

Avec la convergence des infrastructures fixes/mobiles des télécoms et l'émergence des nouveaux services, la complexité, l'hétérogénéité et la taille de l'infrastructure de gestion, les BSS/OSS ont eu des difficultés à automatiser la chaîne de délivrance de service de bout en bout. Les principales opérations de *provisioning*, d'assurance et de facturation des nouveaux services se complexifiaient. Il faudra attendre le NGOSS pour se diriger vers les SOA. En effet, les nouvelles applications NGOSS sont construites à partir de composants NGOSS modulables, distribuables et réutilisables, composés ou orchestrés selon les processus de gestion. Le TMF a fortement contribué à faire évoluer le domaine de la gestion, en définissant les services de gestion et leur architecture. La méthodologie définie pose les jalons de la démarche à suivre pour une vue globale du processus de gestion.

A ce niveau là de notre analyse de l'évolution, le point focal des technologies de services est la capacité à séparer les deux aspects fondamentaux que sont les *tâches* et les *processus*. Le but est de pouvoir faire tous les enchaînements possibles en réutilisant des composants de services pour satisfaire de nouveaux besoins. La réorganisation (ajout d'un composant, suppression d'un composant ou modification de la logique) doit se faire selon la demande. L'indépendance des composants permet, entre autre, la mise en parallèle ou la réorganisation des enchaînements à des fins d'optimisation. Ce sera donc un gage de *flexibilité* et de *dynamicité*.

Pour ce faire, la quatrième et dernière partie du livre, a présenté les solutions *réseaux overlays* et *réseaux privés virtuels de services* qui sont des propositions *architecturales de services en réseau* sur des architectures de réseaux d'acheminement hétérogènes (NGN). Ces solutions répondent aux concepts *anytime anywhere anyhow* et *every service for everyone* qui induisent une *continuité de service personnalisé, sans couture*. Elles intègrent les capacités de composition dynamique des éléments de services, de mutualisation des composants de services et de tolérance aux pannes des services. SATO et VPSN sont des candidats potentiels pour les NGS.

De notre exposé sur le service, rappelons qu'il est important de retenir que le service est quelque part piloté par le client. La gestion de sa consommation demande de disposer d'organisations où la composition des services et le *capacity planning* sont maîtrisés. Le service est caractérisé par son comportement, représentant les *aspects non fonctionnel* (QoS) et son cycle de vie.

Nous arrivons au terme de notre analyse qui nous a permis de poser les jalons d'une nouvelle vision des services. Vision où l'utilisateur est au centre de la problématique. Utilisateur à considérer selon ses usages. Usages, qui aujourd'hui englobent la mobilité, la possession de plusieurs terminaux, la possibilité d'accéder à plusieurs réseaux, la continuité du service et la conformité au SLA demandé. Ce qui signifie pour le fournisseur d'avoir des services personnalisés, adaptés au contexte, respectant la QoS. Sa maîtrise de cette nouvelle génération de service (NGS) passe par sa capacité à offrir des services « composables » selon un « processus ».

TRAITÉ IC2

INFORMATION – COMMANDE – COMMUNICATION

(liste des ouvrages au 31 janvier 2007)

L'ensemble du traité IC2 sera de 250 volumes (dont 160 déjà publiés avec la participation de près de 3 500 chercheurs francophones).

Les noms qui apparaissent en regard de chaque titre correspondent aux coordonnateurs des ouvrages.

Comité scientifique

Bernard Dubuisson, UTC – président du comité scientifique

- COGNITION ET TRAITEMENT DE L'INFORMATION
  série dirigée par Jean-Marie Pierrel, Université Henri Poincaré
- INFORMATIQUE ET SI
  série dirigée par Jean-Charles Pomerol, Université Pierre et Marie Curie
- MANAGEMENT ET GESTION DES STICS
  série dirigée par Jean-Marie Doublet, président du CFC et FNEGE
- RÉSEAUX ET TÉLÉCOMS
  série dirigée par Guy Pujolle, Université Pierre et Marie Curie
- SYSTÈMES AUTOMATISÉS – PRODUCTIQUE
  séries dirigées par Hisham Abou-Kandil, ENS Cachan
- INFORMATION ET SCIENCE DU VIVANT
  série dirigée par Isabelle Magnin, INSERM
- TRAITEMENT DU SIGNAL ET DE L'IMAGE
  série dirigée par Francis Castanié, ENSEEIHT *(Signal) et par* Henri Maître, GET / Télécom Paris *(Image)*

Série INFORMATIQUE ET SYSTÈMES D'INFORMATION

sous la direction de Jean-Charles Pomerol

Apprentissage connexionniste,
Bennani Younès

Bases de données et internet : modèles, langages et système,
Doucet Anne et Jomier Geneviève

Calcul et arithmétique des ordinateurs,
Bajard Jean-Claude et Muller Jean-Michel

Concepts et méthodes pour l'aide à la décision 1, 2 & 3,
Bouyssou Denis, Dubois Didier, Pirlot Marc et Prade Henri

Cryptographie et sécurité des systèmes et réseaux,
Ebrahimi Touradj, Leprévost Franck et Warusfel Bertrand

Les documents écrits : de la numérisation à l'indexation par le contenu,
Mullot Rémy

Enjeux de la sécurité multimédia,
Ebrahimi Touradj, Leprévost Franck et Warusfel Bertrand

Flexibilité et robustesse en ordonnancement,
Billaut Jean-Charles, Moukrim Aziz et Sanlaville Éric

Gestion des données multimédias,
Mostefaoui Ahmed, Préteux Françoise, Lecuire Vincent
et Moureaux Jean-Marie

Gestion dynamique des connaissances industrielles,
Eynard Benoît, Lombard Muriel, Matta Nada et Renaud Jean

Informatique musicale,
Pachet François et Briot Jean-Pierre

Informatique pour l'analyse du transcriptome,
Boulicaut Jean-François et Gandrillon Olivier

Ingénierie des langues,
Pierrel Jean-Marie

Ingénierie des systèmes d'information,
Cauvet Corine et Rosenthal-Sabroux Camille

Ingénierie et capitalisation des connaissances,
Zacklad Manuel et Grundstein Michel

Interaction homme-machine pour les SI 1 & 2,
Kolski Christophe

Série MANAGEMENT ET GESTION DES STICS

sous la direction de Jean-Marie Doublet

Enseignement ouvert et à distance : épistémologie et usages,
Saleh Imad et Bouyahi Soufiane

Les bibliothèques numériques,
Papy Fabrice

L'innovation à l'ère des réseaux,
Christofol Hervé, Richir Simon et Samier Henry

Piloter le changement avec les cybertechnologies,
Saadoun Mélissa

Série COGNITION ET TRAITEMENT DE L'INFORMATION

sous la direction de Jean-Marie Pierrel

Compréhension des langues et interaction,
Sabah Gérard

Environnements informatiques pour l'apprentissage humain,
Grandbastien Monique et Labat Jean-Marc

Interpréter en contexte,
Corblin Françis et Gardent Claire

Les hypermédias : conception et réalisation,
Saleh Imad

Phonologie et phonétique : forme et substance,
Nguyen Noël, Wauquier-Gravelines Sophie et Durand Jacques

Sémantique et corpus,
Condamines Anne

Sémantique et TALN,
Enjalbert Patrice

Symétries : symétries et asymétries du vivant,
Siksou Maryse

Série RÉSEAUX ET TÉLÉCOMS

sous la direction de Guy Pujolle

L'autonomie dans les réseaux,
Krief Francine et Salaün Mikaël

Contrôle dans les réseaux IP,
Pujolle Guy

Ingénierie des protocoles et qualité de service,
Cavalli Ana

Intelligence dans les réseaux,
Gaïti Dominique

Les évolutions du monde IP,
Pujolle Guy

Les réseaux radiomobiles,
Lagrange Xavier

Les systèmes radiomobiles reconfigurables,
Vivier Guillaume

L'internet ambiant,
Pujolle Guy

Méthodes exactes d'analyse de performance des réseaux,
Fdida Serge et Hébuterne Gérard

Méthodes heuristiques d'analyse de performance des réseaux,
Fdida Serge et Hébuterne Gérard

Multicast multimédia sur Internet,
Benslimane Abderrahim

Principes et évolution de l'UMTS,
Lagrange Xavier

Réseaux ATM,
Rolin Pierre

Réseaux mobiles *ad hoc* et réseaux de capteurs sans fil,
Labiod Houda

Réseaux sans fil et mobiles,
Al Agha Khaldoun

Sécurité des réseaux et systèmes répartis,
Deswarte Yves et Mé Ludovic

Sécurité des systèmes d'information,
Mé Ludovic et Deswarte Yves

Simulation des réseaux,
Becker Monique et Beylot André-Luc

Standards pour la gestion des réseaux et des services,
Festor Olivier et Schaff André

Systèmes multimédias communicants,
Dabbous Walid

Série INFORMATION ET SCIENCE DU VIVANT

sous la direction d'Isabelle Magnin

Compression des images et des signaux médicaux,
Naït-Ali Amine et Cavaro-Ménard Christine

Série SYSTÈMES AUTOMATISÉS

sous la direction de Hisham Abou-Kandil

Algèbre et analyse pour l'automatique,
Richard Jean-Pierre

Analyse des systèmes linéaires,
De Larminat Philippe

Analyse et modélisation des robots manipulateurs,
Dombre Étienne

Applications non manufacturières de la robotique,
Dauchez Pierre

Assistance technique au handicap,
Pruski Alain

Automatique des bioprocédés,
Dochain Denis

Automatique et procédés chimiques : modélisation, estimation, cristallisoirs,
Corriou Jean-Pierre

Automatique pour la gestion des ressources en eau,
Georges Didier et Litrico Xavier

Commande adaptative et applications,
Lozano Rogelio et Taoutaou Damia

Commande de procédés chimiques, réacteurs et colonnes de distillation,
Corriou Jean-Pierre

Commande des moteurs asynchrones 1 & 2,
Canudas De Wit Carlos

Commande des robots manipulateurs,
Khalil Wisama

Commande des systèmes linéaires,
De Larminat Philippe

Commande floue 1 & 2,
Foulloy Laurent, Galichet Sylvie et Titli André

Commandes non linéaires,
Lamnabhi-Lagarrigue Françoise et Rouchon Pierre

Conception des commandes robustes,
Bernussou Jacques et Oustaloup Alain

Contrôle-commande de la voiture,
Gissinger Gérard et Le Fort-Piat Nadine

Identification des systèmes,
Landau Ioan Doré et Besançon-Voda Alina

Identification et commande adaptative,
Lozano Rogielo et Taoutaou Damia

La commande optimale des systèmes dynamiques,
Abou-Kandil Hisham

La commande prédictive : avancées et perspectives,
BOUCHER Patrick et DUMUR Didier

La microrobotique,
Bourjault Alain et Chaillet Nicolas

La robotique mobile,
Laumond Jean-Paul

La voiture intelligente,
Gissinger Gérard et Le Fort-Piat Nadine

Les bond graphs,
Dauphin-Tanguy Geneviève

Les procédés agroalimentaires 1 & 2,
Boillereaux Lionel et Flaus Jean-Marie

Mathématiques pour les systèmes dynamiques,
Richard Jean-Pierre

Mesure et instrumentation 1 & 2,
Placko Dominique

Modèles et raisonnements qualitatifs,
Travé-Massuyès Louise et Dague Philippe

Outils d'analyse pour l'automatique,
Barraud Alain

Systèmes dynamiques hybrides,
Zaytoon Janan

Systèmes non linéaires,
Lamnabhi-Lagarrigue Françoise et Rouchon Pierre

Téléopération et réalité virtuelle,
Kheddar Abderrahmane et Coiffet Philippe

Téléopération et télérobotique,
Coiffet Philippe et Kheddar Abderrahmane

Série PRODUCTIQUE

sous la direction de Hisham Abou-Kandil

Automatique et statistiques pour le diagnostic,
Dubuisson Bernard

Diagnostic, intelligence artificielle et reconnaissance des formes,
Dubuisson Bernard

CAO et simulation en mécanique,
Chedmail Patrick

Évaluation des performances des systèmes de production,
Tahon Christian

Évaluation et décision dans le processus de conception,
Bonjour Éric et Yannou Bernard

Fabrication assistée par ordinateur,
Bernard Alain

Fondements du pilotage des systèmes de production,
Pujo Patrick et Kieffer Jean-Paul

Gestion de production : fonctions, techniques et outils,
Erschler Jacques et Grabot Bernard

Indicateurs de performance,
Bonnefous Chantal et Courtois Alain

Ingénierie de la conception et cycle de vie des produits,
Roucoules Lionel, Yannou Bernard et Eynard Benoît

La qualité : démarche, méthodes et outils,
Cherfi Zohra

Maîtrise des risques et sûreté de fonctionnement des systèmes de production,
Niel Éric et Craye Étienne

Maîtrise et organisation des flux industriels,
Campagne Jean-Pierre et Burlat Patrick

Méthodes du pilotage des systèmes de production,
Pujo Patrick et Kieffer Jean-Paul

Ordonnancement de la production,
Lopez Pierre et Roubellat François

Organisation et gestion de la production,
Erschler Jacques et Grabot Bernard

Performance industrielle et gestion des flux,
Burlat Patrick et Campagne Jean-Pierre

Série TRAITEMENT DU SIGNAL ET DE L'IMAGE

sous la direction de Françis Castanié et Henri Maître

Analyse de signaux bidimensionnels,
Garello René

Analyse des données,
Govaert Gérard

Analyse spectrale,
Castanié Francis

Approche bayésienne pour les problèmes inverses,
Idier Jérôme

Codage de canal : des bases théoriques aux turbocodes,
Glavieux Alain

Compression et codage des images et des vidéos,
Barlaud Michel et Labit Claude

Décision dans le plan temps fréquence,
Martin Nadine et Doncarli Christian

Décision et reconnaissance des formes en signal,
Lengellé Régis

Filtrage adaptatif : théorie et algorithmes,
Michaut François et Bellanger Maurice

Fusion d'informations en traitement du signal et des images,
Bloch Isabelle

Images de profondeur,
Gallice Jean

La tomographie : fondements mathématiques, imagerie microscopique et industrielle,
Grangeat Pierre

La tomographie médicale : imagerie morphologique et imagerie fonctionnelle,
Grangeat Pierre

Le traitement des images,
Maître Henri

Les ondelettes et leurs applications,
Misiti Michel, Misiti Yves, Oppenheim Georges et Poggi Jean-Michel

Les systèmes de vision,
Jolion Jean-Michel

Sommaire détaillé de chaque ouvrage du traité IC2 sur les sites :

www.lavoisier.fr

www.hermes-science.com
